国家社会科学基金青年项目“我国统一法律解释制度构建研究”（18CFX005）成果
江苏高校“青蓝工程”、江苏省“十四五”重点学科资助

WOGUO TONGYI FALÜ
JIESHI ZHIDU GOUJIAN YANJIU

我国统一法律解释制度构建研究

李相森◎著

法律出版社
LAW PRESS · CHINA
北京

图书在版编目(CIP)数据

我国统一法律解释制度构建研究 / 李相森著. -- 北京 : 法律出版社, 2024

ISBN 978-7-5197-8762-2

Ⅰ. ①我… Ⅱ. ①李… Ⅲ. ①法律解释-研究-中国 Ⅳ. ①D920.5

中国国家版本馆 CIP 数据核字(2024)第 023098 号

我国统一法律解释制度构建研究
WOGUO TONGYI FALÜ JIESHI ZHIDU GOUJIAN YANJIU

李相森 著

策划编辑 邢艳萍
责任编辑 冯雨春 邢艳萍
装帧设计 贾丹丹

出版发行 法律出版社
编辑统筹 法律应用出版分社
责任校对 王 丰 郭艳萍
责任印制 刘晓伟
经 销 新华书店

开本 A5
印张 12.75 **字数** 300 千
版本 2024 年 6 月第 1 版
印次 2024 年 6 月第 1 次印刷
印刷 北京新生代彩印制版有限公司

地址:北京市丰台区莲花池西里 7 号(100073)
网址:www.lawpress.com.cn
投稿邮箱:info@lawpress.com.cn
举报盗版邮箱:jbwq@lawpress.com.cn

销售电话:010-83938349
客服电话:010-83938350
咨询电话:010-63939796

书号:ISBN 978-7-5197-8762-2 **定价**:58.00 元

凡购买本社图书,如有印装错误,我社负责退换。电话:010-83938349

自　　序

重要的不是法律被制定成什么，而是被解释成什么。立法决定了文本上的法律是什么。法律的解释则关系着法律实际上是什么。不仅要制定良好的法律，还需要良好的解释，才可能最大化地实现立法本旨。立法者一旦将法律制定出来，法律是什么就不再由其决定。

现代法治社会允许人们对法律有不同的解释，允许不同法律解释之间的自由竞争。所有接触法律的主体，包括但不限于法律的遵守者、实施者、阅读者、研究者，都将参与法律意义的二次建构。基于不同的认知能力和水平，不同的立场、价值观念，不同的文化背景和社会环境等，不同主体对于同一法律的理解和认知会有所不同。有关法律文本的不同解释有时会在立法的射程之内，有时会处于模糊的中间地带，有时也会越出立法射程。于是，它便关系着合法与非法，罪轻与罪重，甚至是生与死。因此，法律解释是一个充满竞争的场域，也是话语权争夺的高地。

众所周知，在市场经济条件下，市场主体之间可以自由竞争，但竞争必须在法律框架之下，遵循相应的法则。法律解释之间的竞争同样如此。法律解释本身应遵循一定的规则,比如最基本的语言的、逻辑的规则。立法本身也会为法律解释划定边界。同时,有关法律的解释还会受到法律传统、法律学说,以及特定社会的惯例、观念、情感等的限制。经营者在市场上竞争,法律解释者则在“法场”上竞争。有关法律的不同解释汇聚到法庭的角斗场上,发生激烈的碰撞。各方都力图证明自己的解释正确,对方的解释错误。因为在具体的司法裁判中,有关法律的解释必须是确定的,而且只能有一个解释胜出。

其实,作为裁判者的法官也是法律解释者之一,也要参与竞争。在特定司法裁判中胜出的法律解释,依然存在被质疑、被推翻的可能。诉讼审级的设置,为法律解释的继续竞争提供了空间。但有关法律的解释,不能没有最终的、确定的结果。人类之所以需要法律,是因为法律能够提供确定性。法律解释的不确定性会侵蚀法律存在的必要和价值。法律解释的确定性指向法律解释的统一。

那么,穷尽所有审级之后的裁判所认可或作出的法律解释应当是终局性的吧?答案并非显而易见。何种主体有权最终决定何种法律解释取得“胜利”,或者说,何种主体可以宣布法律应当如何解释并作出统一的法律解释,是一个非常复杂的问题。在历史上,立法者、司法者、其他主体(主要是法律专家与学者)都曾经承担过这一角色。事实上,他们也是法律解释竞争场上的主要竞争者。

读者如果弄不清文本所表达的意思,最好的解决方法是去问问文本的创作者。同理,如果对法律产生疑问,最简便、直接的办法是去问一下立法者。立法者作为法律文本的作者,其理想是自己所制定的"完美"的法律得到普遍遵行,不希望自己的作品被曲解。同时,统治者为贯行自身意志,控制各级官吏,也希望其所创制的法令能够得到不折不扣的执行,从而将法律解释权牢牢控制在自己手中。

事实上司法者必须解释法律才能适用法律,是当然的法律解释者。司法裁判中有关法律的解释有国家强制力作背书,直接关涉当事人的切身利益。其他利益相关主体基于"趋利避害"的本能,往往倾向于选择与司法机关的法律解释保持一致。由此,司法机关认可或作出的法律解释具有很强的竞争优势,司法机关具有天然的"统一"法律解释的功能。

与立法者、司法者的法律解释相比,法学家的法律解释没有国家强制力做后盾,在效力上没有竞争优势。但是,法律是一种共识,法学是说理的艺术。某一主体有关法律的解释要想获得其他主体的承认,达成有关法律解释的共识,就要依靠缜密的逻辑、严密的论证,而这正是法学家的专长。在历史上,统治者与法学家走到一起,权力与学理优势互补,从而统一法律解释的现象并非鲜见。

具体到不同的国家和地区,以及不同的历史时期,由何种主体负责统一法律的解释,有不同的做法。可以说,统一法律解释制度或实践是历史地形成的,受到政治体制、理论学说、文化观念等多种因素的影响。但无论是由何种主体来统一法律解释,法律解释都不应是"一言堂",虽然我们需要也最终会形成有关法律解释的定论。在定论作出之前,有关法律的解释的观点应经过充分的碰撞。问题的关键是,以什么样的方式、经由何种程序,保障各主体的解释权利,使各种解释能够自由而充分地竞争,实现法律的统一解释与法律的自由解释之间的平衡。

本书是作者关于我国应当由哪个机关以什么形式经过何种程序来统一有关法律的解释的思考。首先,本书界定了统一法律解释制度的含义,分析了构建统一法律解释制度的理论必要性,明确了统一法律解释制度在我国现行法律制度整体架构中的功能定位。然后,考察了人类法制历史上有关统一法律解释的做法,总结了现行法律解释制度的利弊得失,调查了各主体对法律解释的制度需求。在此基础上,探讨了我国法律解释制度的统一协调机制,包括统一法律解释权力的划分及配置,统一法律解释的创制程序、效力及清理汇编等问题,试图构建一套逻辑自洽、有坚实理论支撑、切合实际需求的统一法律解释制度。

本书是作者多年考察研究我国近代及现行法律解释制度的结果,很难说足够系统、精细,也仅仅是一种理论探讨,是否有益于实践,尚不敢言。倘若本书能够对大家有所启发,足矣!

目　　录

绪 论

一、问题的提出

当前,中国特色社会主义法律体系已经形成,完善法律体系、保障法律的精确解释及适用成为我国社会主义法治建设的重要工作。2014 年,党的十八届四中全会通过的《中共中央关于全面推进依法治国若干重大问题的决定》明确指出,坚持立改废释并举,增强法律法规的及时性、系统性、针对性、有效性;加强法律解释工作,及时明确法律规定含义和适用法律依据;加强和规范司法解释和案例指导,统一法律适用标准。2021 年 1 月,中共中央印发的《法治中国建设规划(2020—2025 年)》提出坚持立改废释并举,建设完备的法律规范体系,以良法促进发展、保障善治;加强法律法规解释工作;建设全国统一的法律、法规、规章、行政规范性文件、司法解释和党内法规信息平台。① 2022 年 10 月,中国共产党第二十次全国代表大会报告中明确提出推进科学立法、民主立法、依法立法,统筹立改废释纂,增强立法系统性、整体性、协同性、时效性。但是我国现行的法律解释制度尚存在诸多问题,尤其

① 参见《中共中央印发〈法治中国建设规划(2020—2025 年)〉》,载《人民日报》2021 年 1 月 11 日,第 1 版。

是法律解释源出多门，不利于法律的统一性、权威性，不利于中国特色社会主义法律体系的健全，不利于法律的正确、有效实施。深入推进依法治国顶层设计，全面推进法治国家建设，公正司法、严格执法的现实需要都要求构建统一法律解释制度。

建立统一法律解释制度日益成为学界的共识，但是在具体的制度设计上，存在两种不同的制度建构主张：一者主张建立以最高立法机关为主导的统一法律解释制度，另一者主张建立以最高审判机关为主导的统一法律解释制度。主张建立以最高立法机关为主导的统一法律解释制度的一方，承认当前我国《宪法》及法律对法律解释体制的基本安排，只是针对其运行中的问题提出改革完善的举措。而主张建立以最高审判机关为主导的统一法律解释制度的一方则要求改变我国当前《宪法》和法律有关法律解释制度的安排。

这两种主张各有其合理性。第一种主张以我国《宪法》规定的法律解释制度安排为基础，将法律解释权统一于最高立法机关，与我国人民民主专政的政体相符合；第二种主张则建基于西方经典法律解释理论之上，将法律解释权统一于最高司法审判机关，并在一定程度上符合了我国法律解释制度运行的实际。但两种主张也各有其问题。第一种主张缺少坚实而系统的理论支撑，而且对法律解释权的定性和配置、解释程序及方式等问题没有深入地探讨。而第二种主张最大的问题则是与我国的政治原则和政治制度相冲突，构建的成本太高，缺乏现实上的可行性。

对此，笔者认为，当前我国的法律解释制度确有改革完善之必要，但应当在《宪法》和法律规定的制度框架范围内，以既有的法律解释制度为基础，围绕法律解释的目标和功能，重新定性法律解释权，确立法律解释权力体系，划定各主体的法律解释权限,细化法律解释程序,构建由全国人民代表大会常务委员会(以下简称全国人大常委会)主导的统一法律解释制度。

二、国内外研究现状

(一)国内研究现状

迄今为止,国内学术界对我国现行法律解释制度及实践作了深刻反思。学者们普遍认为有必要建立统一法律解释制度,并对统一法律解释制度之下法律解释权的界限、配置及行使方式等问题进行了探讨。

第一,有关全国人大常委会主导的统一法律解释制度的研究。早在20世纪90年代就有学者主张在全国人民代表大会法律委员会①之下设立专门的统一解释法律委员会,制定"统一解释法律委员会法",但并没有就具体的制度安排展开深入、详细的探讨。② 此后,部分学者对全国人大常委会主导的统一法律解释制度的具体制度安排进行了构设,主要有两种观点:一是全国人大常委会行使最终法律解释权、最高人民法院行使统一司法解释权。具体而言,将《立法法》所规定的法律解释制度与裁决、审查、监督机制结合起来构建全国人大常委会法律统一解释体制;③最高人民法院的司法解释权调整为统一司法解释权,取消检察解释

---

① 2018年改为全国人大宪法和法律委员会,下同。

② 参见梁慧星:《关于法律统一解释问题及设立统一解释法律委员会的建议》,载《法学》1999年第3期。

③ 参见田芳:《论全国人大常务委员会法律统一解释体制构建》,载《西南政法大学学报》2013年第3期。

及行政解释。[①] 二是全国人大常委会主导法律解释，加强对最高人民法院、最高人民检察院（以下简称“两高”）司法解释的监督，引导和规范地方机关的法律解释，增强立法解释的主动性和权威有效性，建立良性互动的法律解释体系。[②]

第二，有关最高司法审判机关主导的统一法律解释制度的研究。同样在20世纪90年代，学者们提出建立由最高司法审判机关主导的统一法律解释制度的主张，逐渐成为一种具有较大影响力的观点。在法律解释权的配置上，学者主张赋予最高司法审判机关首要的和主要的法律解释权，由其承担法律统一解释功能。[③] 在此种法律解释体制之下，部分学者主张取消全国人大常委会的立法解释权；[④]还有学者主张将全国人大常委会的解释权调整为对司法解释的监督，[⑤]而最高人民检察院、国务院

---

① 参见田芳：《法律解释如何统一——关于司法解释权的法律统一解释功能的思考》，载《法律科学（西北政法学院学报）》2007年第6期；张立刚：《法律解释体制重构研究》，光明日报出版社2014年版，第85～91页、第100～107页。

② 参见杨建军：《现行法律解释机制的完善》，载《政法论丛》2016年第2期。

③ 参见陈金钊：《法律解释的哲理》，山东人民出版社1999年版，第47页；张洁：《法律解释体系的重新构建——论我国的法律解释体系及其完善途径》，载《复旦学报（社会科学版）》2001年第6期；周旺生：《中国现行法律解释制度研究》，载《现代法学》2003年第2期；魏胜强：《司法解释的错位与回归——以法律解释权的配置为切入点》，载《法律科学（西北政法大学学报）》2010年第3期。

④ 参见丁戊：《法律解释体系问题研究》，载《法学》2004年第2期；周永坤：《我国现行法律解释与法治观念的冲突》，载《现代法学》2006年第4期；魏胜强：《谁来解释法律——关于我国法律解释权配置的思考》，载《法律科学（西北政法学院学报）》2006年第3期。

⑤ 参见张洁：《法律解释体系的重新构建——论我国的法律解释体系及其完善途径》，载《复旦学报（社会科学版）》2001年第6期。

及其主管部门的法律解释权应予取消。[①] 在法律解释权的行使方式上,有学者主张在最高人民法院内部设置大法官会议,按照严格程序专职作出统一法律解释;[②]有学者主张只能由司法机关解释法律,取消立法、行政机关对法律的解释权,但并不主张由最高司法机关垄断解释权,而是由各级法院法官解释,[③]授予法官法定的法律解释权;[④]还有的学者则更进一步,主张抛弃现行的司法解释制度,确立判例制度,以实现法律解释和适用的统一。[⑤] 此外,还有学者将法律解释限定为司法解释或法官解释,通过对历史及当前世界各国法官解释法律的制度及实践的考察,构建了法官法律解释权的五种模式,并主张我国应当采用第三种模式,即当法律条文明确无误时,法官要坚守法律的字面含义、严格适用法律;当法律条文存在不确定性时,法官要利用法律解释学的方法进行法律解释;当法律存在漏洞时,法官应利用法学方法论进行漏洞填补。[⑥]

---

① 参见魏胜强:《谁来解释法律——关于我国法律解释权配置的思考》,载《法律科学(西北政法学院学报)》2006 年第 3 期。

② 参见魏胜强:《司法解释的错位与回归——以法律解释权的配置为切入点》,载《法律科学(西北政法大学学报)》2010 年第 3 期。

③ 参见张卫平等:《司法改革:分析与展开》,法律出版社 2003 年版,第 161 ~ 162 页。

④ 参见魏治勋:《法律解释体制与法官的法律解释权》,载《东方法学》2013 年第 3 期。

⑤ 参见蒋集跃、杨永华:《司法解释的缺陷及其补救——兼谈中国式判例制度的建构》,载《法学》2003 年第 10 期;贺日开:《司法解释权能的复位与宪法实施》,载《中国法学》2004 年第 3 期。

⑥ 参见徐凤:《法律解释权模式研究》,法律出版社 2020 年版,第 258 ~ 259 页。

(二)国外研究现状

国外有关法律解释理论的研究成果非常丰富,对法律解释的目标、方法、规则等问题有深入的探讨。[①] 国外学者对中国的法律解释制度及实践有所关注,但研究成果相对较少,而且不够系统、深入。

在西方法学理论中,解释是一种媒介行为,解释者借此将其

---

① 西方及日本学者关注更多的是法律解释的目标、方法、规则等理论问题。英国法学家威廉·布莱克斯通在其1765年出版的《英国法释义》中探讨了法律解释的方法,归纳了制定法解释的10条规则。参见[英]威廉·布莱克斯通:《英国法释义(第一卷)》,游云庭、缪苗译,上海人民出版社2006年版,第71~73页、第100~104页。德国法哲学家卡尔·拉伦茨在《法学方法论》一书中专章探讨了法律解释的任务、目标、标准、影响解释的因素以及狭义及广义解释、例外规定的解释、习惯法与判例法的解释、宪法解释等解释上的特殊问题。参见[德]卡尔·拉伦茨:《法学方法论》,陈爱娥译,商务印书馆2003年版,第193~245页。美国法学者阿德里安·沃缪勒对英美传统的(主要是威廉·布莱克斯通以及边沁的法律解释理论主张)、当时权威的法律解释理论(哈特、萨克斯、德沃金、曼宁、布雷耶、埃斯科里奇、波斯纳的主张)以及文学解释中的意图主义进行了梳理和反思,认为之前的解释理论都是忽视了制度的理论,提出应转向制度主义来构建法律解释理论,主张法官应遵循形式主义的方法解释法律,即在法律文本明白而清晰时,遵循法律文本的字面含义;在法律文本模棱两可时,服从立法机关或者行政机关对法律文本的解释。参见[美]阿德里安·沃缪勒:《不确定状态下的裁判——法律解释的制度理论》,梁迎修、孟庆友译,北京大学出版社2011年版,第20~66页。日本学者对法律解释问题也多有关注。川岛武宜分析了法律解释的概念,以及作为一种行为的法律解释的结构和功能;川岛武宜还提到栗生武夫在《法律的变动》一书中对法律解释本质进行了探讨。参见[日]川岛武宜:《现代化与法》,申政武、王志安、渠涛、李旺译,王晨校,中国政法大学出版社1994年版,第286~293页。还有学者专门对法律解释方法进行了研究,参见[日]石田穣:《法解释学的方法》,青林书院新社1980年版。

认为有疑义的文字变得可以理解。[①] 法律解释与法律适用密切相关,司法裁判者作为法律适用者必然要解释法律。但是在西方法制历史上,法律解释权曾被立法机关所垄断,法官无权解释法律。直至19世纪末20世纪初,法国、德国等国家才开始承认法官的法律解释权,由最高司法机关承担统一法律解释功能。2000年,欧洲最高法院院长会议第16届大会对欧洲最高法院在保证法律统一解释中的作用进行了研讨。[②]

国外学者对我国的法律解释制度及实践也有所关注。德国学者何意志(Robert Heuser)在《法治的东方经验——中国法律文化导论》一书中介绍了我国法律解释体制的基本概况,认为"中国的解释体制也体现了这样一种尝试,即垄断法律的控制权",并将最高人民法院制定发布的司法解释[如《最高人民法院关于贯彻执行〈中华人民共和国民法通则〉若干问题的意见(试行)》(已废止)、《最高人民法院关于贯彻执行〈中华人民共和国行政诉讼法〉若干问题的意见(试行)》(已废止)等]视为法律规范制定的形式,认为最高人民法院制定解释是在行使"补充立法"的职权。[③] 有国外学者认识到了最高人民法院的司法解释对于下级法院审理某类案件的重要作用——保证了法

---

① 参见[德]卡尔·拉伦茨:《法学方法论》,陈爱娥译,商务印书馆2003年版,第193页。

② 参见丁广宇:《欧洲各国最高法院保证法律统一解释的作用与机制》,载《法律适用》2007年第3期。

③ 参见[德]何意志:《法治的东方经验——中国法律文化导论》,李中华译,北京大学出版社2010年版,第150～151页、第162～165页。

律解释的统一。[①] 还有国外学者探讨了最高人民法院司法解释的统一法律适用功能。[②] 当然,最高人民法院通过司法解释进行立法的现象也被国外学者所关注。他们分析了最高人民法院司法立法对我国法制改革的作用,[③]以及最高人民法院司法解释的立法功能与全国人大常委会法律解释权之间的冲突。[④]

(三)既有研究存在的问题

学界既有研究成果为本书相关研究的展开提供了很好的基础,但也存在以下问题和不足。

第一,理论研究多,调查研究少。既有研究多是理论上的逻辑推导,建基于立法权、司法权、行政权三种权力相互制衡的权力理论,从主要是来自西方的经典法律解释理论出发,围绕法律解释的目标、功能等提出构设或改革我国法律解释制度的对策,但对我国法律解释制度的实效及法律实施机关对法律解释的制度需求缺少调查研究。因此,既有研究成果可能是符合某种理论的,但却不一定符合我国政治体制安排和法制实践的

---

① See Jeong Yi-Keun, *The Judicial Interpretation System of the Supreme People's Court of China*, Public Law Journal, Vol. 11:3, p. 129 – 152 (2010).

② See Wiatrowski & Piotr, *Supreme Court Resolutions and Their Role in Ensuring the Uniformity of the Application of Law in Court Decisions*, Cracow Review of Economics and Management, No. 887(2012).

③ See Lo Vai Io, *Towards the Rule of Law: Judicial Lawmaking in China*, Bond Law Review, Vol. 28:2, p. 149 – 168 (2016).

④ See Benjamin Pissler & Von Knut, *The Role of the Supreme People's Court in Law-Making by Means of Judicial Interpretations in the People's Republic of China*, Rabels Zeitschrift Fuer Auslaendisches Und Internationales Privatrecht, No. 2(2016).

需要。

第二,宏观对策多,精细设计少。既有研究提出的对策多为粗线条构想。宏观上,没有厘清统一法律解释制度与宪法解释、司法解释、行政解释及案例指导制度的功能定位和相互关系;微观上,对统一法律解释的主体、权限、方式、效力等问题存在不同主张,而且不够精细、系统。以学者对全国人大常委会为主导的统一法律解释制度的论述为例,相关研究仍然存在不少问题。由全国人大常委会行使最终法律解释权、最高人民法院行使统一司法解释权的主张没有解决全国人大常委会与最高人民法院法律解释权之间的关系问题;取消最高人民检察院、国务院的法律解释权,忽视了检察系统、行政系统的法律解释需求,而且将触动我国国家机关的权力配置和平衡;有的虽然承认各法律实施主体的法律解释权,但并不主张改变司法机关的"立法性"解释,不符合法律解释的本旨;虽然提出要完善全国人大常委会主导法律解释的程序机制,增强全国人大常委会释法的主动性及其与法律实施主体释法需求的衔接,划定"两高"司法解释的界限,加强全国人大常委会对司法解释的监督及对地方人大常委会立法解释的指导,但是对于相关程序如何衔接、解释界限如何划定、监督指导如何开展等,并没有进行系统而精细的设计。

第三,借鉴西方多,本土经验总结少。既有研究多以西方法律解释理论和制度为参照样本,而对近代以来我国统一法律解释制度建构和实践的研究付之阙如。近代中国建构了统一解释法令制度,并实际运行三十余年,创制了大量的统一法律解释文件。中国共产党领导的革命政权也对法律的统一解释进行了制度化探索。中华人民共和国成立之后,《宪法》对法律解释问题作出了安排。20 世纪 80 年代以后,全国人大常委会、最高人民法院、最高人民检察院、国务院、各地方国家机关等展开了广泛的法律解释实践。这些都为我国统一法律解释制度的构建提供了丰富的本土经验,但学界对这些经验的总结尚不够全面、系统。

三、研究目的及意义

本书试图对统一法律解释制度的宏观架构及微观运作进行探讨,构建一套逻辑自洽、有坚实理论支撑、切合实际需求的统一法律解释制度,以解决我国当前法律解释制度及实践中存在的问题,具有一定的理论和现实意义。

第一,在理论意义上,本书试图构建一套有关统一法律解释的理论。学界有关法律解释的探讨主要有两种倾向:一是将法律解释作为一种法律适用方法,探究法律解释的方法规则及运用技术;二是将法律解释界定为一种权力,探讨法律解释权的配置、行使、效力等问题。在有关法律解释权的研究中,存在法律解释权主体只能是司法机关,以及法律解释权主体多元论等不同的观点。本书在承认所有法律实施者都有权对法律进行解释的基础上,从功能角度出发,以是否具有统一法律解释的功能为标准,对法律解释权进行划分,重构法律解释权力体系,界定统一法律解释权的内涵、性质及功能,解决最高立法机关或最高司法机关主导统一法律解释之间的理论对立,为统一法律解释制度的构建提供理论支撑。

第二,在现实意义上,本书可以为改进、完善我国当前法律解释制度提供参考。当前我国的法律解释实践与传统的经典法律解释理论之间存在悖反，法律文本上的法律解释制度与各法律实施主体对法律解释制度需求之间有所背离。本书在借鉴西方制度的基础上，充分吸收本土经验，尊重现实国情，构建具有中国特色的统一法律解释制度。本书详细探讨了统一法律解释权的配置、运行、效力以及解释文件的清理汇编等问题，为我国当前法律解释制度的改进完善及制定统一的“法律解释法”提供参考。同时，我国的宪法解释工作正在不断深入地推进，宪法解释制度也在建立之中。而宪法解释与统一法律解释具有密切联系。一般而言，宪法解释主体与统一法律解释主体是同一的，宪法解释程序是统一法律解释程序的升级版。因此，本书还可以为我国未来宪法审查及宪法解释制度的构建打下基础，提供思路。

四、研究方法、思路及主要内容

本书采用调查研究法，通过实地调研、问卷调查、访问座谈等形式调查我国现行法律解释制度的实际运行效果，切实了解各法律实施主体对法律解释的制度需求，明晰法律解释制度的改革方向。同时，本书运用历史研究法，放宽研究的视野，系统梳理国内外统一法律解释的历史，总结其发展演变规律及趋势，吸取其经验教训，借鉴优秀的人类法制文明，构建科学、合理、有效的中国特色统一法律解释制度。

本书按照“理论研究—实证分析—对策建议”的思路，从“理论、历史、现实、构想”四个层面展开研究。在理论层面上，探讨构建统一法律解释制度的必要性、界定统一法律解释权的内涵，分析其性质、功能、界限；在历史层面上，探究域外及本土统一法律解释制度的逻辑理路、合理性及局限性，总结其经验教训，为我国统一法律解释制度构建提供借鉴；在现实层面上，考察我国现行法律解释制度的运行效果、利弊以及各法律实施主体对法律解释的制度需求，并分析统一法律解释制度所建基的我国特定的政治、法制条件，以建构适应我国国情需要、具有现实可能性及合理性的法律解释制度；在制度构想层面上，结合以上三方面的研究成果，从统一法律解释权力配置、行使方式、运行程序、效力保障等方面具体构建我国的统一法律解释制度。

本书各章节的主要内容如下。

第一章主要探讨了构建统一法律解释制度的基本理论问题。首先，梳理了清末至今“法律解释”这一概念内涵的演变，分析了三个层次的法律解释的含义，在此基础上结合近代以来我国的统一法律解释制度及实践界定了统一法律解释制度的含义。其次，从法律解释活动的内在要求分析了构建统一法律解释制度的理论必要性。最后，探讨了统一法律解释制度在我国现行法律制度整体架构中的功能定位，区分了统一法律解释制度与立法制度、国家法律监督制度在功能上的不同。

第二章总结了古今中外统一法律解释的经验。本章分别对域外及本土从古至今统一法律解释的做法进行了梳理和总结。在域外经验方面，重点分析了古罗马以及近现代以来大陆法系、英美法系主要国家统一法律解释的做法，并考察了对中华人民共和国成立初期法制建设有着深刻影响的苏联的统一法律解释制度。在本土经验方面，总结了传统中国统一法律解释的实践，详细呈现了近代中国所构建的正式的统一解释法令制度，并着重考察了中国共产党领导的革命政权统一法律解释的做法。

第三章分析了构建统一法律解释制度的现实基础。首先，描述了我国现行法律解释制度确立的过程，呈现了我国现行法律解释制度在法律解释权配置、法律解释程序、法律解释效力等方面的内容。其次，系统总结了我国现行法律解释制度的合理性及存在的问题。最后，通过问卷调查、访谈调研，了解了各法律实施主体及普通民众的法律解释的需求及对构建统一法律解释制度的建议。

第四章讨论了统一法律解释制度之下具体的法律解释权力及其归属。首先，分析了我国当前法律解释权划分所存在的问题以及学界有关法律解释权配置的争议，提出了新的法律解释权划分标准和配置原则。其次，论述了统一法律解释权及其下位权力各自的归属主体。最后，划清了统一法律解释权与其下位权力之间的界限、不同国家机关系统法律解释权之间的界限，以及各系统统一解释机关与其下级机关法律解释权的界限。

第五章构设了一套具体的统一法律解释制度运作程序。首先，评析了我国当前法律解释制度在解释形式上存在的问题，阐明了统一法律解释所应采用的立法性法律解释文件、说理性法律解释文件、统一法律解释案例等形式。其次，明确了统一法律解释程序启动，包括全国人大常委会以及各国家机关系统主动与被动启动解释程序的情形、方式。最后，明确了统一法律解释的创制程序，详细阐述了全国人大常委会创制统一法律解释文件所须经过的立项、拟定、审议、表决、公布等程序，并以最高人民法院统一解释文件的创制为例说明了各系统统一解释文件的创制程序。

第六章讨论了统一法律解释的效力问题。首先，探讨了全国人大常委会统一法律解释、各系统最高机关统一法律解释的效力来源、强度、范围以及效力的丧失。其次,明确了不同主体法律解释的效力位阶以及不同主体法律解释出现冲突时的解决机制。最后,论述了统一法律解释效力实现保障机制的构建。

第七章着重论述了统一法律解释文件的清理、汇编问题。在分析当前我国法律解释文件清理制度及实践所存在问题的基础上,提出了有关统一法律解释文件清理主体、清理频次、清理程序、清理后发布、清理工作监督等方面问题的主张。考察了我国当前全国人大常委会、最高人民法院、最高人民检察院对各自法律解释文件的汇编工作,明晰了统一法律解释文件的汇编格式及程序,并对统一法律解释文件数据库的建设提出了建议。

第一章　构建统一法律解释制度的理论基础

科学而良好的制度背后一定要有坚实而充分的理论作支撑，进行制度改革或设计首先应当解决制度的理论基础问题。法律解释制度是以法律解释理论为支撑的。法律解释如何定性、解释活动的目的和功能是什么、应当由何种主体进行解释、解释的效力如何等理论问题直接关系着法律解释制度的功能定位和具体制度内容。统一法律解释制度是法律解释制度的下位概念，是一种有关法律解释的统一的制度。它同样以法律解释理论为基础，必须遵循法律解释的理论逻辑，符合法律解释的本旨，发挥法律解释的独特功能。构建统一法律解释制度是由法律本身的性质、目标和功能决定的，是法治的必然要求，具有其理论上的必要性。统一法律解释制度可以发挥统一法律解释、统一法律适用、维护法制统一等功能，并与立法、法律监督等其他制度存在功能上的区分。

第一节　统一法律解释制度的内涵

何为“统一法律解释制度”？恐怕即使是具备一定法学知识

储备的学者对这一概念也会感到有些陌生。“统一法律解释制度”是“统一”“法律解释”“制度”三个名词的组合。若要明确“统一法律解释制度”是什么,有必要先对法律解释、法律解释制度的含义作一番梳理、介绍和界定。

一、法律解释的含义

(一)法律解释的概念史

在当前我国法学界,法律解释已经成为一个大家耳熟能详的概念。但是对法律解释作一个明确的、获得普遍共识的界定,却非易事。任何语词都有其产生、演变的历史,“法律解释”这一概念同样如此。回顾法律解释概念的历史,有助于我们更加全面、准确地理解法律解释的含义。法律解释作为一个法学学术概念在20世纪初的清末自西方、日本引入中国,迄今已有百余年的历史。随着社会发展、法制变迁以及法学理论研究的推进,人们对法律解释的认识也不断发展变化。

1. 近代中国的法律解释概念

清末,“法律解释”这一概念在被引入中国之初,意指阐明、确定法律的真实含义,并被区分为有权解释(或称“公式解释”“公正解释”“强制解释”)和无权解释(或称“私见解释”“学理解释”“学问解释”)。而且,这时已经出现了立法解释、司法解释、行政解释以及文理解释、论理解释等概念。[①] 民国时期,学者对法律解释的定义及分类与清末相比,并无太大变化。法律解

---

① 参见李相森:《民国法律解释制度研究》,北京大学出版社2020年版,第31～38页。

释仍被视为阐明法律之真意的行为(或方法),按照法律解释的主体是否有解释权、解释是否具有强制效力被区分为有权解释(或称“公式解释”“强制解释”“法定解释”“公之解释”)和学理解释(或称“私见解释”“无权解释”“私之解释”)两大类。其中,有权解释包括立法解释、司法解释、行政解释三种;学理解释则包括文理解释、论理解释两种①(见表1-1)。

表1-1　民国学者对法律解释的定义及分类

序号	年份	学者姓名	书名	定义	分类
1	1914	潘大道 李庭恺	《法学通论》	法律之解释者,释明法律之疑义,而表示其真意之谓	1. 公式解释(法律的解释、有权的解释) (1)立法解释 (2)司法解释 (3)行政解释 2. 私见解释(学理的解释、无权的解释) (1)文理解释 (2)论理解释
2	1922	葛遵礼	《新编法学通论》	使用“法律之解释”之概念,未定义	1. 学理的解释 (1)文理解释 (2)论理解释 ①限制解释 ②扩张解释 ③补正解释 2. 强制的解释 (1)立法解释 (2)司法解释 (3)行政解释

① 民国时期已经有学者明确指出有权解释与学理解释的分类标准是解释主体,而文理解释与论理解释的区分依据是方法的不同,文理解释与论理解释是学理解释与有权解释共用的方法,不能将文理解释、论理解释置于学理解释之下。参见胡庆育:《法学通论》,上海太平洋书店1933年版,第99页。

续表

序号	年份	学者姓名	书名	定义	分类
3	1924	杨广誉	《法学大纲》	解释法律就是声明理由，以确定法律意义的意思	1. 强制的解释（立法的解释、有权的解释） 2. 学理的解释（私见的解释、无权的解释） （1）文理解释 （2）论理解释 ①扩张的解释 ②减缩的解释 ③类推的解释
4	1929	朱采真	《法学通论》	使用“法律的解释”之概念，未定义	1. 学理解释 （1）文理解释 （2）论理解释 ①限制解释 ②扩充解释 2. 强制解释 （1）立法解释 （2）司法解释
5	1931	白鹏飞	《法学通论》	法之解释；云者，阐明法之真意之所在之谓也	1. 有权解释 （1）立法解释 （2）司法解释 （3）行政解释 2. 学理解释 （1）文理解释 （2）论理解释 ①扩张解释 ②缩小解释 ③变更解释 ④反对解释 ⑤当然解释 ⑥补正解释 ⑦沿革解释 3. 类推解释

续表

序号	年份	学者姓名	书名	定义	分类
6	1931	毛家骐	《法学通论》	使用“法律解释”“法律之解释”之概念,未定义	1. 公之解释(有权解释) (1)立法解释 (2)司法解释 (3)行政解释 2. 私之解释(学理解释) (1)用文字学解释 (2)用名学解释 (3)用论理学解释 (4)用社会学解释
7	1933	张映南	《法学通论》	所谓法之解释者,阐明法之真意之谓也;或谓为探究立法者之意思,亦可	1. 有权解释(权威解释、立法解释) 2. 学理解释 (1)文理解释 (2)论理解释 ①扩张解释 ②缩小解释
8	1933	胡庆育	《法学通论》	法之解释者,阐明法之意旨之所在之行为也	1. 有权解释(公式解释、强制解释) (1)立法解释 (2)司法解释 (3)行政解释 2. 学理解释 3. 文理解释 4. 论理解释 (1)扩张解释 (2)缩小解释 (3)变更解释 (4)反对解释 (5)当然解释 (6)沿革解释
9	1937	丘汉平	《法学通论》	使用“法律之解释”之概念,未定义	1. 法定解释 (1)立法解释 (2)司法解释 (3)行政解释

续表

序号	年份	学者姓名	书名	定义	分类
					2. 学理解释 (1)文理解释 (2)论理解释
10	1943	楼桐孙	《法学通论》	使用“法律的解释”之概念，未定义	1. 法定解释 (1)立法解释 (2)司法解释 (3)行政解释 2. 学理解释 (1)文理解释 (2)论理解释 ①扩张解释 ②缩小解释 ③当然解释 ④反对解释 ⑤补正解释 ⑥历史解释 ⑦类推解释
11	1946	何任清	《法学通论》	法律之解释者，探求法律真意之方法也	1. 法定解释 (1)立法解释 (2)司法解释 (3)行政解释 2. 学理解释 (1)文理解释 (2)论理解释 ①扩充解释 ②限制解释 ③当然解释 ④补正解释
12	1946	欧阳谿	《法学通论》	法律之解释者，探考法律真意之方法也	1. 强制解释 (1)立法解释 (2)司法解释 (3)行政解释

续表

序号	年份	学者姓名	书名	定义	分类
					2. 学理解释 (1)文理解释 (2)论理解释

资料来源:潘大道、李庭恺:《法学通论》,右文社 1914 年版,第 196 ~ 203 页;葛遵礼:《新编法学通论》,上海会文堂书局 1922 年版,第 25 ~ 31 页;杨广誉:《法学大纲》,北京撷华印书局 1924 年版,第 112 ~ 117 页;朱采真:《法学通论》,上海世界书局 1929 年版,第 117 ~ 125 页;白鹏飞:《法学通论》(四版),上海民智书局 1931 年版,第 45 ~ 52 页;毛家骐:《法学通论》,中央陆军军官学校政治训练处 1931 年版,第 72 ~ 78 页;张映南:《法学通论》,大东书局 1933 年版,第 93 ~ 100 页;胡庆育:《法学通论》,上海太平洋书店 1933 年版,第 98 ~ 110 页;丘汉平:《法学通论》(六版),商务印书馆 1937 年版,第 54 ~ 64 页;楼桐孙:《法学通论》(十四版),正中书局 1943 年版,第 177 ~ 185 页;何任清:《法学通论》(三版),商务印书馆 1946 年版,第 82 ~ 85 页;欧阳谿:《法学通论》,会文堂新记书局 1946 年版,第 169 ~ 177 页。

2. 中华人民共和国成立初期对法律解释的认识

1949 年中华人民共和国成立之后,全面学习、引入苏联的法学理论,法学教育中使用的是翻译自苏联的教科书或根据苏联教科书编写的教科书。其中就有关于法律解释的理论知识。20 世纪 50 年代,翻译自苏联的法律辞典、教科书、著作包含法律解释的含义、种类等内容。П. И. 库德利雅夫采夫主编的《苏联法律辞典第三分册(国家和法的理论部分)》将法律解释阐释为:"(一)为了法律的正确执行而对法律的意义和内容所作的阐明";"(二)对那些应当执行或适用有关法律规范的人员所作的法律规范的意义的阐明";"(三)根据法律的字面上的意义而对法律的内容所作的理解"。[①] 并根据法律解释的主体和拘束力的

① [苏]П. И. 库德利雅夫采夫主编:《苏联法律辞典第三分册(国家和法的理论部分)》,中国人民大学国家与法的理论教研室等译,法律出版社 1957 年版,第 120 ~ 122 页。

不同,将法律解释区分为正式解释和学理解释。苏联科学院法权研究院编著的《马克思列宁主义关于国家与法权理论教程》对法律解释的定义是:“阐明法律或国家政权的其他法令的意义与内容,即称为解释。在将法律或其他法令适用到具体的、实际的、根据法权进行判决的案件上时,就需要进行这种法律的解释,或其他法令的解释。”[①]根据法律解释机关和人员的不同,法律解释可分为正式解释、司法解释、学理解释;[②]根据解释采用的方式不同,法律解释可分为文法解释、论理解释、系统解释、历史解释四种。[③] 还有的苏联法学著作将法律解释定义为“对于某项条文或某法的真义之理解,及揭发其阶级实质与内容范围”,并根据解释主体和解释拘束力的不同将法律解释区分为立法的(正式的)、学理的(科学的)两种。[④]

在苏联,正式解释是有权的国家机关对法律所作的具有强制力的解释。“正式解释是由具有全权的国家权力机关所作的

① 苏联科学院法权研究院编著:《马克思列宁主义关于国家与法权理论教程》,中国人民大学马列主义关于国家与法权理论教研室译,华东政法学院教务处 1953 年翻印版,第 518 页。

② 参见苏联科学院法权研究院编著:《马克思列宁主义关于国家与法权理论教程》,中国人民大学马列主义关于国家与法权理论教研室译,华东政法学院教务处 1953 年翻印版,第 524 页。

③ 参见苏联科学院法权研究院编著:《马克思列宁主义关于国家与法权理论教程》,中国人民大学马列主义关于国家与法权理论教研室译,华东政法学院教务处 1953 年翻印版,第 526 页。

④ 参见[苏]杰尼索夫:《国家与法律的理论》,方德厚译,中华书局 1951 年版,第 455 页。

解释,是将法律适用到为其所规定的场合上时,有强制性的解释。"[①]"正式解释是由专门受权作法律解释的机关和公职人员所作的解释;因而,这些机关和公职人员所作的解释在适用法的过程中是必须无条件地遵守的,它具有法律上的效力。"[②]"立法的解释是国家机关的解释,因此对于下级机关、公务员和人民具有拘束力。"[③]关于正式解释的具体种类,学者们在认识上稍有差异。有的认为正式法律解释就是立法机关、颁布法律的机关本身所作的法律解释,不包括司法解释。[④] 有的将正式解释区分为宪法所规定的法律解释权主体所作的解释、确立某一规范的国家权力机关本身所作的解释以及司法解释三种。[⑤] 有的认为,立法解释有两个"变相",即认证的解释和临时的解释。认证的解释是由制定该法的机关给予的解释。临时的解释是由法庭与行政机关在解决某一案件时给予的解释。[⑥]

在苏联,司法解释具有两个层面的含义:一是法院适用法律

---

① 苏联科学院法权研究院编著:《马克思列宁主义关于国家与法权理论教程》,中国人民大学马列主义关于国家与法权理论教研室译,华东政法学院教务处1953年翻印版,第524页。

② [苏]П. И. 库德利雅夫采夫主编:《苏联法律辞典第三分册(国家和法的理论部分)》,中国人民大学国家与法的理论教研室等译,法律出版社1957年版,第122页。

③ [苏]杰尼索夫:《国家与法律的理论》,方德厚译,中华书局1951年版,第455页。

④ 参见苏联科学院法权研究院编著:《马克思列宁主义关于国家与法权理论教程》,中国人民大学马列主义关于国家与法权理论教研室译,华东政法学院教务处1953年翻印版,第525页。

⑤ 参见[苏]П. И. 库德利雅夫采夫主编:《苏联法律辞典第三分册(国家和法的理论部分)》,中国人民大学国家与法的理论教研室等译,法律出版社1957年版,第122页。

⑥ 参见[苏]杰尼索夫:《国家与法律的理论》,方德厚译,中华书局1951年版,第455页。

审理案件时对法律的解释。“司法解释是法院在审理具体的司法案件时,把这一法律适用于该案件时所作的法律解释。在法院的民事和刑事判决中即包含有司法解释。司法解释仅对其所审理的该项案件有强制力。”[①]“司法上的法律解释就是法院的民、刑事判决中所包含的阐释。它只对于这一解释所针对的具体案件有拘束力。”但与其他执法机关的法律解释相比,司法解释有其特殊性:“任何其他执法机关均可作出类似的法律解释,但是司法解释是解释法律的独特的形式,因为具有法律效力的法院的民事和刑事判决对所处理的该项案件有着法律的效力,即是有着如同法律一样的强制力。因此,法院的司法解释不能同任何一个行政机关或公职人员,当他们依据法律和适用法律时所作的解释混为一谈。”[②]二是苏联最高法院全体会议专门发布的含有司法解释的领导性指示。这种领导性指示对于审判机关审理某一类案件具有拘束力。

至于学理解释,则是与正式解释相对的,是从科学研究的角度对法律所作的解释。学理解释“是基于对现行法的科学研究所作的解释”[③];“学理上的解释是指对法律的科学研究而言。各种法

① 苏联科学院法权研究院编著:《马克思列宁主义关于国家与法权理论教程》,中国人民大学马列主义关于国家与法权理论教研室译,华东政法学院教务处 1953 年翻印版,第 525 页。

② 苏联科学院法权研究院编著:《马克思列宁主义关于国家与法权理论教程》,中国人民大学马列主义关于国家与法权理论教研室译,华东政法学院教务处 1953 年翻印版,第 525 页。

③ 苏联科学院法权研究院编著:《马克思列宁主义关于国家与法权理论教程》,中国人民大学马列主义关于国家与法权理论教研室译,华东政法学院教务处 1953 年翻印版,第 525 页。

律研究、教科书以及类似的著作均给法条以学理上的解释”；[①]“如果作为某一决定的基础的法律解释是由其他人员所作而且只是由于具有逻辑上的说服力才被采用的，这就叫作学理解释”[②]。

此外，苏联法学理论还按照解释的方法或方式、解释的尺度对法律解释进行划分。按照解释的方法，将法律解释分为文法解释、论理解释、系统解释、历史解释。按法律解释的尺度，将法律解释分为字句解释、限制解释、扩充解释。[③]

当时我国编写的法学教科书在体系及内容上基本参照苏联，有关法律解释的认识也多是来自苏联的法学理论。1957 年中国人民大学法律系编写的《国家和法权理论讲义》使用了“法权规范的解释”这一概念，[④]并将其定义为“就是阐明它的含义和目的”，认为法权规范的解释是法权规范适用过程的重要环节，往往在两种情况下进行：一是在遵守、执行或适用法权规范的过程中对法权规范所作的了解；二是专门为了阐明规范的目的含

---

① [苏]杰尼索夫：《国家与法律的理论》，方德厚译，中华书局 1951 年版，第 456 页。

② [苏]П. И. 库德利雅夫采夫主编：《苏联法律辞典第三分册（国家和法的理论部分）》，中国人民大学国家与法的理论教研室等译，法律出版社 1957 年版，第 122 页。

③ 参见苏联科学院法权研究院编著：《马克思列宁主义关于国家与法权理论教程》，中国人民大学马列主义关于国家与法权理论教研室译，华东政法学院教务处 1953 年翻印版，第 525～530 页。

④ 《国家和法权理论讲义》中使用“法权”的概念，没有使用“法”或“法律”的概念。该书“编者的话”称：“关于‘法’和‘法权’的用语问题，作者间尚未取得一致认识。为了在出版上用语的一致，我们采用了较多数的意见，暂时使用‘法权’（编者中主张用‘法权’者，有孙国华、陈处昌、速铜炯、尹平诸同志；主张用‘法’者，有林景仁、柴钟麟、徐大同诸同志）。这个问题的最后确定，尚待法学界共同研究。”参见中国人民大学法律系国家和法权理论教研室：《国家和法权理论讲义》，中国人民大学出版社 1957 年版，“编者的话”。

义而作的解释，这种解释往往还可能指出错误的见解，并加以批判。[①] 在有关法律解释的分类上，该书将法权规范的解释按照是否具有强制力区分为正式解释和非正式解释，又将正式解释区分为有权解释和个别解释，[②]非正式解释区分为学理解释和任意解释；[③]按解释所采用的方法，分为文法解释、逻辑解释、系统解释、历史解释；按解释的尺度，分为限制解释、扩充解释、字面解释。[④]

这一时期，参照苏联的有关法律解释含义、种类、效力的认识与清末民国时期并无根本不同，只是在称呼上出现了“正式解释”，代替了原先的有权解释（或称“公式解释”“强制解释”“法

---

① 参见中国人民大学法律系国家和法权理论教研室：《国家和法权理论讲义》，中国人民大学出版社1957年版，第304～305页。

② 正式解释是国家机关和其公职人员所作的解释，具有强制性和约束力。个别解释乃是有权适用法权规范的机关或公职人员、法院、行政机关、审判员等把规范适用到某一具体情况时所作的解释，这种解释只对该个别具体情况有强制力，有约束力，不能适用于一般。有权解释乃是由制定该规范的机关对该规范所作的解释，这种解释可能不是针对某一具体情况的解释而是具有一般意义的解释，在这种解释中有特别地位的是立法机关的常设机构依宪法的规定对法律所作的解释，这种解释乃是本来意义上的立法解释。参见中国人民大学法律系国家和法权理论教研室：《国家和法权理论讲义》，中国人民大学出版社1957年版，第306页。

③ 非正式解释，指那些不是由国家机关或其工作人员所作的解释。学理解释，指教学和科学著作中、学术研究中所带有的对法权规范的解释；任意解释，指任何公民或社会团体的解释。这种解释不具有国家强制的性质。参见中国人民大学法律系国家和法权理论教研室：《国家和法权理论讲义》，中国人民大学出版社1957年版，第306页。

④ 参见中国人民大学法律系国家和法权理论教研室：《国家和法权理论讲义》，中国人民大学出版社1957年版，第307～308页。

定解释”“公之解释”)；创设了“非正式解释”这一名词，[①]作为与正式解释相对的称呼，并且将非正式解释区分为学理解释和任意解释，用任意解释来指称公民、社会团体、诉讼当事人或辩护人对法律的理解和解释，而与专家、学者在学术研究、教学中对法律的解释(学理解释)相区别；对法律解释的主体、效力、形式等的阐释增加了苏联法律解释制度的相关内容。

3. 20 世纪 80 年代之后对法律解释的认识

改革开放之后，西方法学理论重新进入人们的视野，美国、德国、日本等国家的法律解释理论及制度实践也开始为人们所了解。同时，我国的各项法律制度逐步确立，并在实践中不断完善，为法学研究提供了丰富而生动的素材。1981 年之后，我国法律解释制度逐步建立，各法律解释主体创制了大量的法律解释。这也激发了研究者立足于我国的法律解释制度及实践认识、思考法律解释问题。此外，中华人民共和国成立初期学习、移植的苏联法律解释概念、理论体系延续下来，仍然影响着人们对法律解释的认知。由此，这一时期有关法律解释的认识更趋丰富、多元，甚至呈现出一定的张力和冲突。

20 世纪末，我国法学界有关法律解释的定义就有十余个。张志铭在其《法律解释操作分析》一书中列举了中华人民共和国成立之后 9 个有关法律解释的界定(其中有一个是 1953 年翻印出版的苏联科学院法权研究院编著的《马克思列宁主义关于国家与法权理论教程》对法律解释的定义，其他皆是 1980 年后的

---

① 目力所及这一时期翻译自苏联的法学教科书、辞书，没有非正式解释这一称呼。——作者注

定义),加上他自己的定义,共 10 个。[①] 陈金钊在其《法律解释的哲理》一书中以张志铭《法律解释操作分析》中有关法律解释概念的梳理和界定为基础,又给出了自己的关于法律解释的定义。[②] 董皞在《司法解释论》一书中也对法律解释作了定义。[③] 在 20 世纪的最后一年,中国法学界有关法律解释的定义至少有 11 个。但实际上,这一时期有关法律解释的定义远不止 11 个,大量的法学基础理论教材中含有与法律解释相关的内容,只是这些内容大同小异。在此,择取比较具有代表性的观点进行梳理、介绍,以呈现这一时期人们对法律解释主体、对象、场合、依据、目的等的认识(见表 1-2)。

表 1-2　1982 年至 1999 年中国学界对“法律解释”的定义及种类的认识

序号	年份	著者	书名/文章名	定义	种类
1	1982	法学教材编辑部《法学基础理论》编写组	《法学基础理论》	法律的解释是科学地阐明法律规定的内容与含义,确切地理解法律规范中所体现的统治阶级的意志,从而保证法律规范的准确适用	1. 按解释主体和效力划分 (1)正式解释 ①立法解释 ②司法解释 ③行政解释 (2)非正式解释(无权解释) ①学理解释 ②任意解释 2. 按解释方法划分

① 参见张志铭:《法律解释操作分析》,中国政法大学出版社 1999 年版,第 12~16 页。

② 参见陈金钊:《法律解释的哲理》,山东人民出版社 1999 年版,第 38~41 页、第 43 页。

③ 参见董皞:《司法解释论》,中国政法大学出版社 1999 年版,第 275 页。

续表

序号	年份	著者	书名/文章名	定义	种类
					(1)文法解释 (2)逻辑解释 (3)历史解释 (4)系统解释 3. 按解释尺度划分 (1)字面解释 (2)扩充解释 (3)限制解释
2	1982	《简明法律辞典》编写组	《简明法律辞典》	对法律、法令等条文的含义所作的说明	分类同上。另将正式解释区分为具有法的一般约束力的解释和不具有法的一般约束力的解释
3	1984	北京大学法律系法学理论教研室	《法学基础理论》(新编本)	法律解释同法律的实施、执行和适用有着密切的联系; 按照通常的理解,所谓法律解释,就是根据统治阶级的政策、立法意图和法律意识对法律规定的具体内容和含义作必要的说明	1. 按解释主体和效力划分 (1)法定解释(有权解释、正式解释) 法学著作中分为: ①立法解释 ②行政解释 ③司法解释 根据我国法律规定分为: ①最高国家权力机关常设机关所进行的解释 ②最高国家司法机关所进行的解释 ③最高国家行政机关所进行的解释 ④国家地方行政机关所进行的解释 (2)学理解释

续表

序号	年份	著者	书名/文章名	定义	种类
					①报纸、杂志、专家、学者和法律工作者对有关法律的学术性和知识性问题所进行的解释 ②由有关国家机关、群众团体、社会组织等对有关法律或法律条文进行直接的宣传解释 2. 按解释方法划分 (1)语法解释 (2)逻辑解释 (3)系统解释 (4)历史解释 3. 按解释尺度划分 (1)限制解释 (2)扩充解释 (3)字面解释
4	1984	中国大百科全书编辑委员会《法学》编辑委员会、中国大百科全书出版社编辑部	《中国大百科全书·法学》	法的解释是"对法律规范的含义以及所使用概念、术语、定义等所作的说明"	1. 按解释效力划分 (1)正式解释(有权解释、官方解释) ①立法解释 ②司法解释 ③行政解释 (2)非正式解释(无权解释) ①学理解释 ②任意解释 2. 按解释方法划分 (1)文法解释 (2)逻辑解释 (3)历史解释 (4)系统解释 3. 按解释尺度划分

续表

序号	年份	著者	书名/文章名	定义	种类
					(1)字面解释 (2)限制解释 (3)扩充解释
5	1988	孙国华 郭华成	《法律解释新论》	法律解释实际上包含三方面内容：一是确定法律规范内容，探求立法意图，说明法律规范的一种行为和过程；二是规定法律解释的主体、权限、程序、方式和效力等问题的有关法律制度，即法律解释制度；三是法律解释过程中所运用的一系列原则、技术、规则和方式，即法律解释技术。法律解释是动态（行为与过程）、静态（法律解释制度）和技术三者构成的统一整体	1. 按主体的不同分类 (1)正式主体的解释 ①立法解释 ②司法解释 ③行政解释 (2)非正式主体的解释 学理解释 2. 法律解释的方法 (1)历史解释 (2)逻辑解释 (3)当然解释 (4)系统解释
6	1994	沈宗灵	《法理学》	法律解释是指对特定法律规定意义的说明； 从广义讲，法律解释包括对宪法、法律和法规的解释，从狭义讲则不包括对宪法的解释；	1. 按解释的主体分类： (1)法定解释（有权解释） ①立法解释 ②司法解释 ③行政解释 (2)学理解释 2. 法律解释的方法

续表

序号	年份	著者	书名/文章名	定义	种类
				法学中所讲的法律解释是有严格意义的,专指特定的人或组织对法律的解释; 法律解释既是实施法律的一个前提,也是发展法律的一个方式	(1)一般解释方法 ①语法解释 ②逻辑解释 ③历史解释 ④目的解释 (2)限制解释、扩大解释、字面解释 (3)狭义解释、广义解释
7	1995	梁慧星	《民法解释学》	"法律解释乃是法适用之不可欠缺的前提","为了解决具体的案件,必须获得作为大前提的法律规范。这种获得作为判决大前提的法律规范的作业,亦即广义的法律解释"。广义的法律解释包括:确定法律规范意义内容的作业即狭义法律解释;法律漏洞的补充;不确定法律概念及一般条款的价值补充	1. 以解释者身份的不同分类 (1)裁判的解释 (2)学说的解释 (3)当事人的解释 2. 法律解释方法的分类 (1)文义解释 (2)论理解释 ①体系解释 ②法意解释 ③扩张解释 ④限缩解释 ⑤当然解释 ⑥目的解释 ⑦合宪性解释 (3)比较法解释 (4)社会学解释
8	1997	苏力	《解释的难题:对几种法律文本解释方法的追问》	司法中所说的法律解释并不限于对法律文本的解释,甚至主要不是对法律文本的解释。尽管哲学阐	法律解释的方法 1. 文义解释(平义解释) 2. 法意解释(原意解释) 3. 目的解释

续表

序号	年份	著者	书名/文章名	定义	种类
				释学意义上的解释存在于任何人类活动之中,因此必然存在于任何案件审理之中,但是司法上所说的法律解释往往仅出现在疑难案件中,这时法官或学者往往将整个适用法律的过程或法律推理过程概括为“法律解释”,其中包括类比推理、“空隙立法”、剪裁事实、重新界定概念术语乃至“造法”。“法律文本的解释是狭义上的法律解释”	4. 语境解释或体系解释
9	1999	张志铭	《法律解释操作分析》	法律解释是对法律文本意思的理解和说明。其中用词的基本含义是:“法律”主要指制定法;“法律文本”指“法律条文”;“意思”也即通常所说的“含义”“意义”,包括内涵和外延,或者说“涵义”和“指称”;“理解”指解释者	介绍了国内学界通行的根据法律解释主体和效力的不同对法律解释所作的分类

续表

序号	年份	著者	书名/文章名	定义	种类
				对法律文本意思的内心把握；“说明”指对理解结果的外在展示。简单地说，法律解释就是解释者将自己对法律文本意思的理解通过某种方式展示出来	
10	1999	陈金钊	《法律解释的哲理》	法律解释就是有权的机关对法律意义的阐明； 法律解释权属于司法权的范畴	依据解释主体所解释的内容是否具有规范性分类 1. 规范性法律解释（有权解释） 2. 非规范性法律解释（针对个案的解释） （1）对法律文本的解释 （2）对法律事实的解释
11	1999	董皞	《司法解释论》	法律解释是指由特定的机关、社会组织和个人，根据立法精神、国家政策和法律意识对法律或法律规范的含义、用语所作的说明和阐述	1. 根据法律解释效力的不同分类 （1）正式解释（有权解释、法定解释） ①立法解释 ②行政解释 ③司法解释 （2）非正式解释（无权解释、无效解释） ①任意解释 ②学理解释

续表

序号	年份	著者	书名/文章名	定义	种类
					2. 根据法律解释方法进行分类（与梁慧星书相同）

资料来源：法学教材编辑部《法学基础理论》编写组：《法学基础理论》，法律出版社 1982 年版，第 288～290 页；《简明法律辞典》编写组：《简明法律辞典》，湖北人民出版社 1982 年版，第 7 页、第 8 页、第 9 页、第 12 页、第 13 页、第 18 页、第 26 页；北京大学法律系法学理论教研室编：《法学基础理论》（新编本），北京大学出版社 1984 年版，第 428～436 页；中国大百科全书编辑委员会《法学》编辑委员会、中国大百科全书出版社编辑部编：《中国大百科全书·法学》，中国大百科全书出版社 1984 年版，第 81 页；孙国华、郭华成：《法律解释新论》，载《政治与法律》1988 年第 5 期；沈宗灵主编：《法理学》，高等教育出版社 1994 年版，第 420～428 页；梁慧星：《民法解释学》，中国政法大学出版社 1995 年版，第 193 页、第 214 页；苏力：《解释的难题：对几种法律文本解释方法的追问》，载《中国社会科学》1997 年第 4 期；张志铭：《法律解释操作分析》，中国政法大学出版社 1999 年版，第 16 页、第 24～25 页；陈金钊：《法律解释的哲理》，山东人民出版社 1999 年版，第 43 页、第 44 页、第 47 页；董皞：《司法解释论》，中国政法大学出版社 1999 年版，第 275～282 页。

与之前相比，这一时期有关法律解释的认识具有以下特点。

第一，对法律解释的认识更加立体、多元。从字面意义上，将法律解释界定为主体对法律的阐释、说明。从所存在场合的角度，将法律解释视为法律实施、法律适用的前提、环节或部分，甚至认为仅在司法裁判中存在法律解释。从方法的角度，将法律解释视为一种有关解释的原则、规则、方式、技术。从解释对象的角度，将法律解释区分为对包括宪法在内的所有法律进行解释的广义解释和对除宪法之外其他法律进行解释的狭义解释。从权力的角度，将法律解释视为特定机关的专权，有的基于我国法律解释制度安排出发，认为立法、司法、行政机关都有法律解释权，有的则将法律解释视为司法审判机关的专权，否认立法、行政、检察机关的法律解释权。

第二，在法律解释的分类上，出现了新的分类标准和种类名称。根据解释主体及效力的不同将法律解释区分为正式解释和非正式解释，成为基本的、主流的法律解释分类。此外，从方法的角度认识、区分法律解释较为普遍，出现了法意解释、语境解释等新的解释种类。还有的从解释的对象是否具有规范性，将法律解释区分为规范性和非规范性法律解释。这是此前所没有的。

4. 21 世纪以来对法律解释的认识

进入 21 世纪，我国法学界对法律解释的认识与之前相比并无何种本质上的不同。学者往往从纯粹学理以及我国当前法律解释制度这两个层面上来阐释法律解释的概念。有的学者从学理角度探讨作为法律适用之方法或活动的法律解释，将法律解释区分为狭义和广义两种："从字面意思上说，法律解释是指面向具体案件事实对特定法律规定之目的、内容和意义的说明和探求，此即狭义的法律解释。广义的法律解释是指面向具体案件事实探求法律规定之目的、内容以及补充法律漏洞或回避'恶法'，以期具体案件获得妥当法律适用的作业。"①此种定义将法律解释限定在具体案件事实的法律适用场域，而将立法解释、学理解释排除在外。还有的学者直接从我国现行法律解释制度出发，基于解释主体的不同对法律解释进行分类，认为法律解释包括立法解释、司法解释、行政解释三大类。②

高等院校法学本科专业教材中有关法律解释的部分，往往

① 雍琦主编：《法律适用中的逻辑》，中国政法大学出版社 2002 年版，第 284 页。

② 参见洪浩：《法律解释的中国范式——造法性司法解释研究》，北京大学出版社 2017 年版，第 1 页。

先对法律解释作一个概括性界定，然后根据我国当前的法律解释制度及实践对法律解释作进一步的阐释。比如，张文显教授主编的《法理学》（普通高等教育“十一五”国家级规划教材）教材中，法律解释被定义为“法律解释是对法律的内容和含义所做的说明”；[①]法律解释的对象为具有法律效力的规范性法律文件，主体为享有法定法律解释权的人或组织；法律解释是立法活动的继续，通常是在法的实施过程中进行的。[②] 此种有关法律解释的定义和认识主要是建基于我国现行法律解释制度及实践之上。

对比当前学界与近代中国有关法律解释的定义、分类，会发现二者基本相同。舒国滢主编的《法理学导论》对法律解释的定义是：“法律解释是指一定的人、组织以及国家机关对法律法规的内容所做的必要的说明。”[③]依据法律解释主体和效力的不同，法律解释可区分为正式解释和非正式解释。“所谓正式解释，通常也叫法定解释，是指由特定的国家机关、官员或其他有解释权的人对法律作出的具有法律约束力的解答和说明。”“非正式解释，是指未经法律明确授权的机关、团体、组织或个人对法律作出的不具有法律约束力的解释。”[④]这种正式解释、非正式解释的区分与清末民国时期有权解释（公式解释、法定解释）、学理解释（私见解释）的分类并无本质区别。

---

① 张文显主编：《法理学》，高等教育出版社2007年版，第279页。

② 参见张文显主编：《法理学》，高等教育出版社2007年版，第279～281页。

③ 舒国滢主编：《法理学导论》，北京大学出版社2019年版，第228页。

④ 舒国滢主编：《法理学导论》，北京大学出版社2019年版，第236页。

全国人大常委会法制工作委员会在有关《立法法》的释义中对法律解释的认识与学界基本相同,但在法律解释的分类上,依据我国法律规定和实践情况,创造了一些此前没有的新名词。2000 年张春生主编的《中华人民共和国立法法释义》、2015 年乔晓阳主编的《〈中华人民共和国立法法〉导读与释义》都将法律解释定义为“对法律规定的含义所作的说明和阐述”,并将法律解释区分为正式解释和非正式解释两类。[①] 其中,正式解释,又称有权解释或法定解释,是指有关国家机关按照宪法和法律所赋予的权限,对有关法律条文的含义所作的能够产生实际法律后果的说明和阐述。正式解释包括立法解释和应用解释两种。立法解释,就是立法机关在法律制定后,根据法律的执行情况和执行中遇到的问题,对法律的有关规定的含义作出进一步说明和阐述。应用解释,就是执法机关(包括审判机关、检察机关和行政机关)在应用法律过程中,对法律有关规定的含义所作的说明和阐述。将正式解释区分为立法解释和应用解释完全是依据我国当前法律解释制度作出的分类。“应用解释”这一概念和分类是清末民国时期所没有的。非正式解释是指不会产生实际法律后果的解释,包括学理解释和普法解释。学理解释,是指学者在对法律进行研究时,对法律规定的含义所作的说明和阐述。普法解释,是指有关国家机关、社会团体在进行普及法律宣传或者老百姓在

---

① 参见张春生主编:《中华人民共和国立法法释义》,法律出版社 2000 年版,第 139 页;乔晓阳主编:《〈中华人民共和国立法法〉导读与释义》,中国民主法制出版社 2015 年版,第 180 页。

进行法律学习时，对法律规定的含义所作的说明和阐述。此种普法解释也是一般的法律解释理论中所没有的。这是与我国经由法律解释进行普法教育的做法密切相关的。① 这种有关法律解释的分类与清末民国时期相比，有了较大差异（见图1-1）。

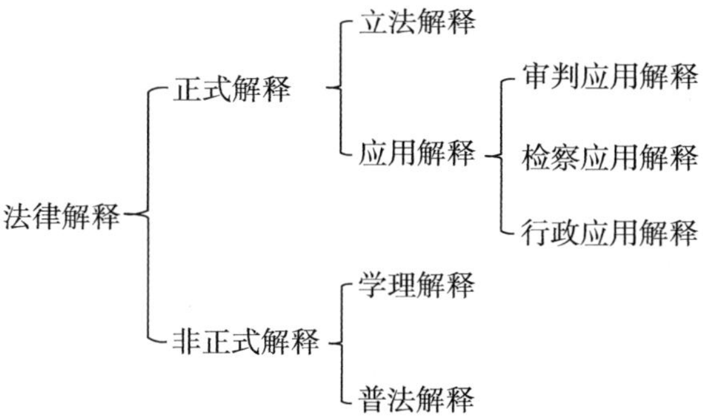

图-1　全国人大常委会法制工作委员会有关法律解释分类的认识

（二）三个层次的法律解释概念

在学理上，法律解释指主体对法律进行解释的活动或过程。“所谓法律解释（英文为 Statutory Interpretation，德文为

---

① 1981 年第五届全国人大常委会出台《关于加强法律解释工作的决议》的意图之一就是通过加强法律解释工作来普法，教育民众，使干部、群众逐步了解有关法律规定，明确哪些行为是违法犯罪的，从而增强法制观念，自觉遵守法律，并对各种违法犯罪行为进行斗争。参见王汉斌：《关于加强法律解释工作等三个决定（草案）的说明》，载《第五届全国人民代表大会常务委员会关于加强法律解释工作的决议　关于处理逃跑或者重新犯罪的劳改犯和劳教人员的决定　关于死刑案件核准问题的决定　关于刑事案件办案期限问题的决定》，法律出版社 1982 年版，第 10 页。

Gesetzesauslegung),是指解释主体对法律文本进行理解和说明的活动。"[①]此概念对"解释的主体"并无何种限定。自广义而言,所有的个人、组织、机构都可以对法律文本进行阐释,表达对法律的理解和认识。这是第一个层次上的法律解释,也是最广义上的法律解释概念。

但是,并非所有的主体都会依据特定的解释原则、运用规范的解释方法和技术作出法律解释,也并非所有的法律解释都具有针对个案的拘束效力或者可以成为具有普遍约束力的规范。不具备法律解释专业知识的普通人对于法律作出的理解和阐释并不具有正式的法定效力,即使法学专家依据特定的法律解释规则、运用科学的法律解释方法对法律作出的解释,也不必然具有法律上的效力。普通人有关法律的理解和解释对于研究民众的法律意识和法律知识水平、社会对法律的期待以及价值观念等问题可能具有意义。法学专家的法律解释可以作为立法或司法的参考,但这些主体所作的法律解释不具有正式制度上的规范意义。

如果对法律解释的主体作进一步的限定,可以将其区分为有权主体和无权主体。但这里的"有权""无权"并不是指有无"法律解释权",而是指解释主体是否因具有公权力从而使其法律解释具有强制约束力。[②] 立法者、司法者、执法者等握有一定

---

① 王利明:《法律解释学》,中国人民大学出版社2016年版,第22页。

② 但我国学界有关"有权解释""无权解释"的区分往往以解释主体是否享有法律明确授予的法律解释权为标准。其实,从上文有关法律解释概念史的回顾可以发现,并非先有某种法律解释权才有立法解释、司法解释、行政解释等有权解释。以是否享有法律明确授予的法律解释权而将法律解释区分为"有权解释""无权解释"实际上是建基于我国现行法律解释制度之上的。下文有关法律解释权的讨论将详加说明。

国家权力的主体对法律的解释,因其立法权、司法权、执法权的固有强制效力而产生确定的、正式的拘束效力。学理上,一般称之为有权解释或正式解释。与之相对的是无权解释或非正式解释,主要是指不具有法律效力的法学专家的解释,一般称为学理解释。这是第二个层次的法律解释。

有权解释依据主体的不同又可分为立法解释、司法解释、行政解释。立法主体对法律的理解和阐释称为立法解释;司法主体对法律的理解和阐释是司法解释;行政主体的法律解释则称为行政解释。这是第三个层次的法律解释。

需要说明的是,以上有关法律解释的界定和认识皆是学理层面上的、一般性的抽象和概括,并非与某个国家的某种制度完全相对应。而且这种界定和认识未带有任何价值判断,并未涉及法律解释应当是什么、由何种主体来解释法律更为妥当等论题。然而,有关法律解释的理论探讨不可能脱离我国的法律解释制度及实践,法律解释应当如何进行更为妥当也是学术研究绕不开的命题。但是当法律解释的学理与中国本土法律解释制度及实践相遇,学者脑海中的"应然"状态与现实遭遇,就产生了一系列背反、冲突以及争论。

二、法律解释制度的含义

通常而言,立法解释、司法解释、行政解释是立法权、司法权、行政权行使过程中的附随活动,而非在立法权、司法权、行政权之外另外有一种专门的立法解释权、司法解释权、行政解释权,立法解释、司法解释、行政解释亦非独立于立法、司法、行政之外的单独活动。正是由于法律解释活动具有附随性,法律解释的制度化缺乏内生动力。没有以独立形式存在的立法解释权、司法解释权、行政解释权,也就不存在关于法律解释权力配置和行使的制度。所谓立法解释、司法解释、行政解释,只是一种学理上的分类和界定,是对各主体的法律解释活动的抽象和概括。在现实层面上并不存在所谓的立法解释制度、司法解释制度、行政解释制度。如此一来,"法律解释制度"也只是一个没有实际指涉的虚拟名词。

确实,从世界范围来看,较少有国家或地区将法律解释作为一种权力在不同的国家机构之间分配,构设独立、专门而系统的法律解释制度。但是我国却非如此,"在中国的制度设计上,法律解释一般来说既非附属于司法裁判权的一种活动,也非附属于立法权或法律实施权的一种活动;它在法律上被单列为一种权力,一种通过解释形成具有普遍法律效力的一般解释性规定的权力,而在不同的国家机关之间对这种权力进行分配,这构成了一种极具中国本土特色的法律解释体制。"①在我国,法律解释不仅仅是一个学理上的概念,或者只是作为法律适用的方法或手段而存在,而且被规定为一种权力,由特定的主体所享有和行使。法律解释权的存在为我国法律解释制度的构建提供了前提和基础。围绕法律解释权的配置和行使形成了一整套的制度化规范系统,这就是具有中国特色的法律解释制度。在我国现行法制中,法律解释制度是与立法制度、行政制度、司法制度、监督制度等制度要素并行的法定制度,是国家法制整体中一种专门制度。②

---

① 张志铭:《法律解释学》,中国人民大学出版社 2015 年版,第 143 页。

② 参见周旺生:《中国现行法律解释制度研究》,载《现代法学》2003 年第 2 期。

所谓法律解释制度，是指有关法律解释权的配置、法律解释形式、法律解释程序、法律解释效力、法律解释文件清理及编纂等内容的法定规范体系。法律解释权的配置主要是有关何种主体有权解释法律、法律解释权的界限等内容。法律解释形式主要是有关法律解释主体以何种载体呈现法律解释内容的问题。法律解释程序主要是有关法律解释主体如何行使法律解释权作出法律解释的方法、步骤等内容。法律解释效力主要是有关法律解释在何种时间和空间范围内对何种主体具有何种强度拘束力，以及不同主体法律解释的效力层级等内容。法律解释文件清理主要是指由特定主体按照一定的频率对一定时期和范围内的法律解释文件进行审查、整理、废止。法律解释文件编纂是指由特定主体以一定的格式体例将各种法律解释文件整理汇集成为内容和谐一致、体例科学合理的体系。

三、统一法律解释制度的含义

（一）统一法律解释概念的提出

在我国现行法律文件中并没有“统一法律解释”这一表述，也没有有关“统一法律解释权”的规定。“统一法律解释”还仅是一个存在于纸面上的学术概念。但同时需要特别指出的是，统一法律解释绝非一个纯粹理论上的抽象概念，更不是一种主观上的无端臆想。实际上，不管是从历史角度而言，还是从我国当前法律解释制度及其实践的角度而言，统一法律解释制度是建基于我国当前法律解释制度基础之上并有深厚历史根基的制度构设。

早在清末民国时期,我国就已经在法律规范层面确立了统一法律解释制度,而且开展了广泛的统一法律解释实践。[①] 当时的法律明确规定了"统一解释法令权",并将其赋予最高审判机关,以避免法律解释权的归属不明确而导致对法令解释的分歧。清末,宣统元年(1909 年)《法院编制法》第 35 条规定:"大理院卿有统一解释法令必应处置之权,但不得指挥审判官所掌理各案件之审判。"

法律解释需要统一是近代中国学者的普遍共识。1920 年时任北京政府大理院院长的王宠惠在《改良司法意见》中提出:"统一解释云者,当谓法院相互间解释显有抵牾之时,示以准绳,俾知适从耳。"[②]王宠惠既是名重当时的法学家,又身任要职,其观点代表了当时学政两界对统一法律解释的认识。杨广誉在其《法学大纲》一书中认为:"解释法律直接对于国家人民有利害得失的关系,所以解释法律要有统一的办法。统一解释法律,有最高机关(我国是大理院的职权)。经这个机关解释以后,便有统一的拘束力。"[③]在他们看来,不同法院的法官在适用法律过程中可能会对同一法律条文产生不同的理解,导致法律适用的混乱和相似案件的不同处理,损害司法的公平;而且法律如何解释关系到国家和民众的利益,因此,需要有统一的机关对法律的真意进行最终的、确定的阐释。

---

① 参见本书第二章"构建统一法律解释制度的既有经验"第二节"统一法律解释的本土经验"有关清末民国时期统一法律解释制度及实践的内容。

② 王宠惠:《改良司法意见》,载《东方杂志》1920 年第 17 卷第 20 号。

③ 杨广誉:《法学大纲》,北京撷华印书局 1924 年版,第 119 页。

虽然我国现行法律没有明确规定统一法律解释权以及统一法律解释的主体,但实际上全国人大常委会是我国当然的统一法律解释机关。1981 年 6 月 10 日,第五届全国人大常委会第十九次会议通过了《关于加强法律解释工作的决议》(以下简称《1981 年法律解释决议》),本身就有统一法律解释的意图。根据该决议,全国人大常委会有权对最高人民法院与最高人民检察院有原则性分歧的解释,作出最终的解释或决定。因此,全国人大常委会是事实上的统一法律解释机关,甚至有学者认为全国人大常委会所拥有的解释法律的职权就是"法律统一的解释权"。①

在学术研究中,我国当代学者亦使用"法律的统一解释""法律统一解释""统一解释法律"等表述。20 世纪 90 年代末,梁慧星提出了"法律的统一解释"的概念,并对其作了界定:"所谓法律的统一解释,是指由专门设立的解释机构,依据法律授予的统一解释法律的职权,对宪法、法律、法规、规章以及习惯法和判例进行统一的解释"②。梁慧星主张为消除法律体系内部的法律冲突,消除同一执法单位、执法人对某一法律规则的疑义,或者不同的执法单位、执法人对同一法律规则理解、解释的不一致,有必要由专门的机构进行统一解释。此后,不断有学者论及"法律统一解释",③

---

① 参见田芳:《法律解释如何统一——关于司法解释权的法律统一解释功能的思考》,载《法律科学(西北政法学院学报)》2007 年第 6 期。

② 梁慧星:《关于法律统一解释问题及设立统一解释法律委员会的建议》,载《法学》1999 年第 3 期。

③ 参见魏胜强:《谁来解释法律——关于我国法律解释权配置的思考》,载《法律科学(西北政法学院学报)》2006 年第 3 期;田芳:《法律解释如何统一——关于司法解释权的法律统一解释功能的思考》,载《法律科学(西北政法学院学报)》2007 年第 6 期。

还有学者提出要建立统一的法律解释体制,制定统一的“法律解释法”。[①]

与学界通常使用的“法律统一解释”“统一解释法律”等概念表述不同,笔者主张使用“统一法律解释”这一概念表述。学界之所以出现有关“法律统一解释”的呼声,是由于我国的多元化法律解释体制导致了不同主体之间法律解释的分歧、冲突,因而主张由专门的机构统一解释法律。从字面意义上来看,“法律统一解释”或“统一解释法律”具有由某一个主体统一解释法律的意涵。但是笔者认为,法律解释权不能由某一个机构垄断即除该机构之外的其他任何主体都不得进行法律解释。相反,统一法律解释正是以存在不同主体对法律的不同理解和解释为前提的。也即,如果不存在不同主体对法律理解和解释的不同,也就不需要统一“法律解释”。本书使用“统一法律解释”这一概念,突出强调对不同主体的法律解释进行统一。

(二)统一法律解释的意涵

所谓“统一法律解释”,是指由专设的机构对不同法律解释主体所作出的违背法律本旨或者不一致的法律解释进行纠正、统一,作出对法律的准确、权威、统一解释。具体而言有如下三点。

第一,统一法律解释是一项独立的专门活动。统一法律解释活动是一项与立法活动、司法活动、执法活动等并列的、独立的专门活动。统一法律解释活动是由专门的主体、依据特定的程序开展的一项独立的活动,不是立法活动、司法活动或执法活

① 参见魏胜强:《我国需要制定统一的法律解释法》,载《法学》2007 年第 1 期。

动的一部分，不是附属于立法、司法或执法的活动。

第二，统一法律解释是“法律解释”活动。“法律解释”活动以既定法律文件的存在为前提，以既定法律的立法意旨、精神、原则和具体规定为依据，遵循一定的解释规则进行。统一法律解释活动与为实现某种目的而创制、确立规则的立法活动不同。法律解释活动是对既定法律进行阐释、说明、引申的活动，不对具体案件作出合法或非法的裁判，也不对具体的人或事进行控制、管理。因此，统一法律解释活动与司法审判、执法活动也不同。

第三，统一法律解释是“统一”不同法律解释的活动。统一法律解释是对不同主体有关法律的不同阐释、引申意见进行审查、纠正，使不同主体对同一法律规定的解释趋于一致，就法律的理解达成共识，从而保证法律适用的统一，维护国家法制的统一。“统一”法律解释不是由特定的唯一主体垄断对所有法律的解释，而是消除不同主体有关法律解释的分歧，纠正对法律的错误解释。

（三）统一法律解释制度的意涵

“制度”是一个人们普遍使用，却人各一说的概念。不同的学者从不同的角度对制度有不同的定义。我国社会学家孙本文先生综合各家学说对制度作出的定义，具有一定的代表性。他认为：“我们若从行为规则的眼光观察，那么，制度就是社会公认的比较复杂而有系统的行为规则……行为规则即是社会生活的工具，用以满足共同生活的需要，以达共同生活的目标。此是制度的功用,亦就是制度的特性。"[①]目前,将制度定义为一套规则或规范体系的观点已得到较广泛的认同。制度一般被认为是由若干个或若干组规则或规定组成的系统。[②] 如果我们接受这一有关制度的定义,那么统一法律解释制度就是有关统一法律解释活动的规则,是关于统一法律解释权的配置、行使方式及程序、解释的效力及保障、解释文件清理及汇编的一整套规范体系。

具体而言,统一法律解释制度包含以下内容:[③]统一法律解释权的配置,即由何种主体职掌法律解释权以及各主体法律解释权的界限;统一法律解释权的行使方式及程序,即有权主体如何行使法律解释权,创制法律解释文件的具体过程和步骤;解释的效力及保障,即有权主体创制的法律解释文件在什么时间、空间对哪些对象具有何种程度的约束力,以及这种约束力通过何种机制得以实现;法律解释文件清理,即由有权主体按照一定的方法对特定时间段内创制的法律解释文件进行审查从而作出继续适用、修改、补充或废止的决定;法律解释文件的汇编,即有关主体将法律解释文件按照一定的标准和格式系统地编排成册,或者进行数字化处理建成数据库的活动。

---

① 孙本文:《社会学原理》,商务印书馆 1935 年版,第 421 页。转引自庞树奇、范明林主编:《普通社会学理论》,上海大学出版社 2011 年版,第 282 页。

② 参见彭和平:《制度学概论》,国家行政学院出版社 2015 年版,第 29 页。

③ 此处仅简要介绍统一法律解释制度所包含的内容,至于统一法律解释制度的具体制度内容将在后文予以详细论述。

第二节　构建统一法律解释制度的理论必要性

法律解释在法治先进各国的法律实践中具有举足轻重的地位,法律解释的统一也是各国法律制度构设着力解决的重要问题。从理论上而言,构建统一法律解释制度是法律的内在要求,更是现代法治的必然要求。可以说,有法律即有法律之解释,有法律解释即有法律解释统一之需求。构建统一法律解释制度是由法律本身的性质、目标和功能决定的,是法治的必然要求。

一、法律的确定性要求法律解释的统一

法律具有多种价值,而秩序是法律的首要价值。所谓的秩序就是一种确定性,它是人类正常社会活动的前提。人对秩序的需求源自人对安全的内在需要。秩序的确定性可以为人带来安全感。法律正是提供、维护秩序的,它为人的行为确定了基本的准则,使人对他人的行为有了相对明确的预期,从而保证人与人之间最基本的信任和社会关系的确定。这就要求法律首先要有确定性,只有确定的法律才能带来确定的秩序。制定法律规范的首要目的是为人们的行为提供可资遵循的依据,明确何者可为、何者不可为以及违反规则的后果。为实现法律的确定性,立法者要以明确的文字清晰地规定行为模式及后果。同时,法律的实施者、遵守者对法律规定的含义及目的要有确切的认知,即法律解释的明确性。只有如此,人们才能够通过法律的规定获得明确的指引,立法者通过法律所欲实现的社会治理目的才

能够实现。如果不同的主体对法律的理解各不相同,无法获得明确且大体一致的指引,立法的目的就会落空。也即,法律的多解是与法律之所以存在的必要性——提供确定的法秩序相背离的。但法律解释活动本身却存在多解的可能和趋向。

在法律制定出来之后,实施、遵守法律的主体是多元的,对法律的理解和阐释也就趋于多义。广义上,一切与法律发生联系的人,都会对法律产生自己的理解,作出各自的解释。严格意义上,法律解释是特定主体依据相应的解释规则、运用科学的解释方法对法律内容和含义作出的具有法定效力的阐释。广义法律解释的主体异常宽泛,虽然严格意义上的法律解释的解释主体有所限定,但仍然是多元的。在我国当前的法学理论中,有法律解释权的主体包括立法机关、司法机关和行政机关。而不同的权力组织系统又由不同层级的机构所组成,各系统不同层级的机构又有各个不同的主体具体行使相应的职权,各主体在不同语境及主观因素影响下对法律所作的解释必然有所差异。尚且不言立法、司法、行政等不同系统之间的法律解释冲突,即使同一系统内部不同机构及其人员对法律的解释也不可能完全一致。以司法机关为例,当前法治先进诸国大多承认司法机关及其人员有权解释法律。而且法官有权独立解释、适用法律,独立作出裁判,而无遵循其他法官之法律解释的义务。如此一来,各司法主体可能对法律作出不同的解释,对同一法律条文的理解和适用便各不相同。

除了不同主体的理解、认知能力以及处境不同会导致法律的不同解释之外,关于法律解释目标的不同主张也影响着人们对法律的解释。法律解释的目标即通过解释达致什么样的目的的问题。关于法律解释的目标，在理论上有“主观说”与“客观说”两种学说。主观说认为法律解释的目标是探求立法者在制定法律规范时的主观意图。客观说则认为法律解释的目标是探寻体现在法律文本中的客观的规范含义。[①] 随着社会法学思潮的兴起，又有了法律解释应当以社会时势发展之需要为目标的主张。晚近以来，有学者认为应当将“主观的”以及“客观的”因素综合起来考量，“法律解释的最终目标只能是探求法律在今日法秩序的标准意义（其今日的规范性意义）”。[②] 这些不同的主张直接影响到人们解释法律的方法和规则，进而导致了对法律的不同解释。然而，无论法律解释的目标是探求立法者在制定法律规范时的主观意图，还是探寻体现在法律文本中的客观的规范含义，抑或确定法律在当前法秩序上的标准意义，首先需要获得一种确定的有关法律的解释。这是比决定何种解释更恰当更为根本的问题。因为法律解释的不确定将损害法律的确定性、可预期性，不利于法秩序的稳定，进而摧毁法律存在的根基。

在一个法制统一的社会，法律的多解不应是法律解释的最终状态。最终，各主体关于法律的解释要达成一种共识，确立对于法律意旨的统一认识。因此，法律不应是任由解释者个人随意进行解释的，而应当构建一整套严密的统一法律解释制度体系，确保在法律解释活动中多种意见既能够充分激荡，又能够汇流同归、趋于一致，为各法律实施主体提供一种确定、统一、最终

---

① 参见张志铭：《法律解释学》，中国人民大学出版社 2015 年版，第 20 页。

② ［德］卡尔·拉伦茨：《法学方法论》，陈爱娥译，商务印书馆 2003 年版，第 199 页。

的法律解释,维护法律的确定性,为人们的行为提供明确的指引,以保障法秩序的相对稳定。

二、法律的权威性要求法律解释的统一

权威性是法律的特性之一。无论是将法律视为神的意志,还是将法律定义为主权者的命令,或者众人的合意,抑或将其界定为由国家强制力保障实施的规范,都在试图赋予法律某种正当性、权威性。立法者在制定法律之后即希望其发生效力,获得普遍之遵行,树立起权威。

首先,法律的权威性来自其自身所具有的强制性。法律具备一种适用主体不管是自愿还是被迫都必须遵守的不可违抗性。如果违抗了法律,将遭到法律的否定性评价。这种强制性虽然并不必然带来法律的权威性,但法律的权威性离不开其强制性的保障。其次,法律的权威性来自其自身的正当性。法律必须体现并维护人们所认同和追求的基本价值,如公平正义,符合人的基本情感,才能够获得人们的普遍认可和遵行,才能树立起在人们心目中的权威。最后,法律的权威性来自法的严格执行。"法立而不行,与无法等",[①]有法而不严格执行其影响之恶劣甚于无法。有法而不遵,违法而不惩,是对法律权威的最大破坏。

法律的权威性天然地要求法律解释的统一,对法律相互不一致的解释是对法律权威的消解。尤其是官方对法律的相互不同甚至矛盾的解释,并据此从事司法或行政活动,对法律的权威

① (清)沈家本:《历代刑法考·附寄簃文存》,中华书局1985年版,第34页。

而言是一种灾难。因此,美国法学家富勒特别强调法律应当具备“官方行为与公布的规则一致”的内在道德,①认为“维持法律与官方行动之一致性的任务中所包含的最为复杂精细的因素体现在解释问题上”,主张“法官和其他官员在适用制定法时不是根据他们的奇思妙想或捉摸不定的字面含义,而是根据适应于它们在整个法律秩序中的位置的解释原则”。② 从普通公民的角度而言,一个有歧义的法律条文是无法获得人们最普遍的认同和遵行的。其无疑会减损法律在人们心目中的权威性。

三、法律解释的法续造功能需要法律解释的统一

法律解释是主体将既定法律规则适用于具体事件时的必然活动。在逻辑上,法律规范先于法律解释而存在,法律解释活动得以展开的前提是存在既定的法律规范。法律实施主体首先应当“依法”——按照既定法律规范,处理相应的事件。但所谓“法律一经制定即已落后于时代”,立法者不可能制定一部囊括所有时代、所有情形的永恒不变的万能法典。正如美国法律哲学家E. 博登海默所言:“一个通情达理的立法者会意识到他自己所制定的法律中肯定会有不足之处。他也会知道,制定法规则几乎不可能被表述得如此之完美无缺,以致所有应隶属于该立法政策的情形都被包括在该法规的文本阐述之中,而所有不应隶属

---

① 富勒提出“良法”应当具备“外在道德”和“内在道德”。法的外在道德指法的实质目的或理想,如人类交往和合作应当遵循的基本原则、抽象的正义等。法的内在道德是有关法律的制定、解释和适用等程序上的原则或法治原则。参见谷春德主编:《西方法律思想史》,中国人民大学出版社 2006 年版,第 299 页。

② [美]富勒:《法律的道德性》,郑戈译,商务印书馆 2005 年版,第 97 页。

于该法规范围的情形亦被排除在该法规语词含义范围之外了。"[①]既定的法律规范可能存在模糊、疑义、漏洞,而相应的事件又须得到妥当之解决,尤其是法官不能以法律真意难明,或法律没有规定等为由拒绝裁判。这就需要法律适用者发挥能动性,对既定法律规范作出解释,明晰律意,补充漏洞,甚至创制新的规则。法律适用者在对既定法律规范进行解释时,实际上也在扩张或缩小法律的适用范围,补充法律漏洞,发展法律规范。"在让规则符合事实的过程中,法官要作出许多决定,你可以将之描述为解释,也可以将之描述为制定特例和进行调整,但实际上就是不断地重新制定规则",[②]这即是法律解释的法续造功能。[③] "法律解释并非单纯对法的理解活动,也具有造法的作用,在性质上属于立法的延长。"[④]无论是在以判例法为主的英美法系国家,还是在以成文法为主的大陆法系国家,法律解释都在发挥着规范创制的功能。

法律解释具有续造、发展法律的功能,是法律规范确立和形成的途径之一。而法律规范的确立直接关系着权利义务的分配,与公民的切身利益息息相关,影响着社会秩序的安定与否。因此,法

① [美]E. 博登海默:《法理学:法律哲学与法律方法》,邓正来译,中国政法大学出版社 2017 年版,第 561 页。

② [美]理查德 · A. 波斯纳:《法理学问题》,苏力译,中国政法大学出版社 2002 年版,第 59 页。

③ 参见[德]卡尔 · 拉伦茨:《法学方法论》,陈爱娥译,商务印书馆 2003 年版,第 246 ~ 247 页。

④ [日]尾高潮雄:《法》,劲草书房 1983 年,第 95 页。转引自梁慧星:《民法解释学》,中国政法大学出版社 1995 年版,第 194 页。

律规范的确立应当由特定主体遵循法定之程序,在审慎而理性地权衡各方利益的基础上进行。同理,法律解释既然具有法续造的功能,就应当依据科学的方法和规则,遵循严格的程序进行。同时,由于各法律解释主体的知识水平、职业素养、价值观念不可能完全相同,他们对法律的解释在妥当性及合理性上便存在差异。这也需要有一个法定的、高素质的权威主体统一多元主体对法律的不同解释。总之,法律实施者可以通过解释法律发展既有规范,为了保障法律规范的权威性和正当性,有必要构建统一法律解释制度,发展一套科学合理的统一法律解释规则、程序。

四、法治的公正价值追求需要法律解释的统一

法治(rule of law),简言之,就是依法治国,依据既定的法律规范处理国家的各方面事务。法治是与人治相对的国家治理方式,是人类政治文明的重要成果。早在两千多年前的古希腊,亚里士多德就提出了法治优于一人之治的主张,并对法治作出了界定:"法治应包括两重意义:已成立的法律获得普遍的服从,而大家所服从的法律又应该本身是制定得良好的法律。"[①]由此,法治应具备形式和实质两个方面的要素:在形式上,法律得到普遍遵行;在实质上,法律应当是良法。所谓的良法,既包括法律在形式上的良好,更包括法律内容上的良好。内容良好的法律应当是体现并维护公平正义的。古罗马法学家杰尔苏有言:"法律是善良

① [古希腊]亚里士多德:《政治学》,吴寿彭译,商务印书馆1965年版,第199页。

公正的艺术。"[1]公正是法律的重要价值追求,实现和维护公平正义是法律的重要功能。

在现代法治社会,法律对公平的价值追求既要求立法者在分配权利义务时要恰当合理(立法公平),又要求司法者公平地处理每一个案件,做到类似案件类似处理(司法公平)。如果说立法公平涉及利益的平衡和博弈,人们难以简单、直观地认定立法上的不公,那么司法公平则更多地表现为程序上的正当、平等,人们可以非常直观、鲜明地察知司法上的不公。司法主体享有独立适用法律的权力,可以对法律作出自身之解释,而不受其他司法主体之约束。这难免会导致对同一法律条文的不同解释,对同一案件的不同处理。如此一来,人们经由司法上的不同处理结果能够很直观地得出司法不公的结论,进而对国家法治产生怀疑,甚至导致法治的公众信任危机。因此,为保障法律解释和适用的统一,维护法律公正,需要设立一个最终的、权威的解释主体,以便为各主体纷纭互异的法律解释提供准绳,解决不同主体之间解释的分歧与冲突。

第三节 统一法律解释制度的功能定位

一项正式制度之所以在整个国家制度体系中有其存在的必要是因为其具备一定的功能。正确地定位制度的功能不仅可以使该制度在整个制度体系中的位置更加清晰、稳固,与其他制度

---

① 徐爱国、王振东主编:《西方法律思想史》,北京大学出版社2003年版,第66页。

的界限更加分明、相互之间的关系更加协调,而且有助于具体制度内容的设计。或者可以说,一项制度的构建应当紧紧围绕其功能定位展开。构建统一法律解释制度必须首先明确统一法律解释制度在我国现行法律制度中的功能定位。当前,我国法律解释制度发挥着明确法律意涵、弥补法律漏洞、保障法律正确实施、促进法律发展等功能。[①] 统一法律解释制度在现行法律解释制度功能的基础上,重在"统一"不同主体对法律之解释,经由统一法律解释实现法律适用的统一,从而实现法制的统一,保障法律的权威和公正。

---

① 有学者认为法律解释也是开展法律教育的需要,在人民当家作主的国家里,人民掌握法律武器,是保证法律实施的基本条件。只有人民真正知法、懂法,才能自觉地守法、护法。实现这一目的的条件之一,是对法律作出正确的统一的解释。参见吴大英、沈宗灵主编:《中国社会主义法律基本理论》,法律出版社 1987 年版,第 256 页。1981 年第五届全国人大常委会出台《关于加强法律解释工作的决议》也与当时民众法律意识薄弱的社会状况有关,意图通过加强法律解释工作使干部、群众逐步了解有关法律规定,明确哪些行为是违法犯罪的,从而增强法制观念,自觉遵守法律,并对各种违法犯罪行为进行斗争。参见王汉斌:《关于加强法律解释工作等三个决定(草案)的说明》,载《第五届全国人民代表大会常务委员会关于加强法律解释工作的决议　关于处理逃跑或者重新犯罪的劳改犯和劳教人员的决定　关于死刑案件核准问题的决定　关于刑事案件办案期限问题的决定》,法律出版社 1982 年版,第 10 页。其实,在革命战争年代,中国共产党领导的革命政权就特别注重向人民群众解释、宣传政策、法令,以获得人民群众的认可、支持和拥护。1943 年 1 月 26 日《陕甘宁边区保安处及其各级组织之组织规程(草案)》第 3 条规定陕甘宁边区保安处秘书室下设材料研究科,负责锄奸政策之研究、解释与材料之汇编,参见张希坡编著:《革命根据地法律文献选辑》(第三辑),中国人民大学出版社 2017 年版,第 379 页。此处对锄奸政策的解释更多的是向各机关、民众宣传解释锄奸政策法令,这可以说是特定年代法律解释的特殊功能。

一、统一法律解释制度的统一法律解释功能

统一法律解释制度具有多种功能,统一法律解释是其首要的功能,统一法律适用、统一法制等功能是其统一法律解释功能的延伸和扩展。统一法律解释就是输出有关法律的统一解释。具体而言,统一法律解释包含以下内容:统一同一主体不同时期对同一法律规定的不同解释;统一不同主体对同一法律规定的不同解释;统一同一主体或不同主体对不同法律规定相关关系的不同解释。构建统一法律解释制度的目的在于消弭同一主体在不同时期对法律之解释的分歧、冲突和矛盾以及不同主体相互之间对法律之解释的分歧、冲突和矛盾,使法律条文获得确定、统一的意涵,使法律规范保持内在的逻辑融洽以及整个法律体系的协调,从而保障法律实施主体正确地执行、适用法律,促进立法目的之实现,维护法律及法制之统一、权威。

所谓"统一法律解释",首先是一种法律解释活动,是对法律的阐释、说明,与立法、司法、执法活动不同。它不是确立、废止法律规则的立法活动,不是决断是非、合法与非法的裁判行为,也不是执行法律、作出处置的行政行为。统一法律解释权与立法权、法律实施权不同,其行使的结果并不是产生法律规则,也不是作出裁判文书。统一法律解释制度并不"指挥审判",虽然法律实施主体会依据统一法律解释裁判案件;更不输出"法律规则",尽管统一法律解释会对法律实施者产生拘束力,统一法律解释所蕴含的规则可能会被此后的立法所吸收。

统一法律解释制度具有监督法律实施主体解释法律的功能,防止法律实施主体超越法律的框架随心所欲地解释法律。

各法律实施主体在实施法律过程中对法律的解释可能会偏离立法意图,甚至突破法律的基本原则。此时就需要有相应的机制予以制约和纠正。统一法律解释制度正是具有这种制约和纠正法律实施主体不当、错误法律解释的功能。

二、统一法律解释制度的统一法律适用功能

法律解释与法律适用密切相关,国内外学者普遍将法律解释视为法律适用的应有之义。"在传统的多数法律被法典化的法律制度中……'法律解释',也即将规范条文适用于相关的事实行为的活动,是'法的适用'的常态";①"法律解释主要是指在具体个案的司法裁判过程中与法律适用相联系的一种活动"。②近代中国在引入西方法学理论之初,法律解释亦被视为法律适用的一个步骤,而且是首要的步骤。所谓"凡适用法律,必先判明确定其意义者,谓之法之解释";③"法律成立后是要人去运用的,无论是行政方面的执行、司法方面的适用,总得先从第一步功夫解释做起。尤其是在裁判的时候要了解法律的真正意思"。④

法律解释是立法与司法(或法律实施)之间的桥梁,⑤是抽象

---

① ［德］伯恩·魏德士:《法理学》,丁小春、吴越译,法律出版社 2003 年版,第 312 页。

② 张志铭:《法律解释学》,中国人民大学出版社 2015 年版,第 143 页。

③ 汪荣宝、叶澜编纂:《新尔雅》,文明书局光绪二十九年(1903 年)发行,光绪三十二年(1906 年)三版,第 27 ~ 28 页。

④ 朱采真:《法学通论》,上海世界书局 1929 年版,第 112 ~ 113 页。

⑤ 参见陈金钊:《何谓法律解释——对〈立法法〉中设置"法律解释"一节的认识》,载《法学论坛》2001 年第 1 期;沈宗灵主编:《法理学》,北京大学出版社 2000 年版,第 538 页。

的法律条文适用于具体案件或事务的必然活动。法律经由解释才可以与具体的事实相连接,相关的法律概念才能够获得具体的实在内容,其效力才能够得以发挥和实现。“假若没有一些机构在具体问题上解释法律并应用法律来解决问题,法律仅仅是一种意图而已。”[①]而且也只能经由解释,有关的案件或事务才可以获得法律上的意义,才能够得到法律上的处理。但是法律与事实之间的关系并非总是畅通,法律也不可能囊括所有的案件事实。法律本就是立法者主观活动的产物,又经由文字的方式呈现出来,在这一过程中法律自身就可能存在指意不明、无法涵摄全部事实、不同条文相互矛盾等问题。而法律实施主体对法律的理解和认知又带有主观性,他们可能无法准确领会立法意图,误解法律用语的含义。况且,将法律与事实相联系,还可能存在法律实施主体对客观事实的认知偏差问题,这就使法律的正确实施更加困难。而统一法律解释制度经由法律解释的统一为法律实施主体提供相对确定的指引,将主体对法律理解的偏差降至最低,从而促进法律适用的统一。

正是基于此种认识,最高人民法院的司法解释被赋予了统一法律适用的功能。2021 年 9 月 6 日最高人民法院审判委员会讨论通过的《最高人民法院统一法律适用工作实施办法》第 1 条规定,该办法所称统一法律适用工作,包括起草制定司法解释或其他规范性文件、发布案例、落实类案检索制度、召开专业法官会议讨论案件等推进法律统一正确实施的各项工作。制定司法

① [美]麦克斯·J. 斯基德摩、马歇尔·卡特·特里普:《美国政府简介》,张帆、林琳译,中国经济出版社 1998 年版,第 286 页。

解释被列入最高人民法院统一法律适用工作的范畴。统一法律适用首先要有统一的可供适用的法律规范，同时法律适用主体在法律适用过程中要对法律有基本一致的解释。而统一法律解释制度正是为法律适用提供统一的、标准的有关法律的解释。

三、统一法律解释制度的统一法制功能

法制统一是指国家制定统一的宪法和法律，并在全国范围内统一推行实施，保证其得到全体公民的统一遵行。法制统一是国家作为一个整体的基本要求，"当某个国家是一个政治上、社会上，尤其是经济上的整体时，它必定要求最低限度的法制统一"。[①] 我国作为一个在政治、社会、经济上高度统一的国家，必然要求法制的统一。法制统一也是中国特色社会主义法治的内在要求。我国《宪法》第 5 条第 2 款明确规定，国家维护社会主义法制的统一和尊严。社会主义法制的统一就要求法律体系在内容上和谐统一，在结构上科学合理，在形式上规范标准，在法律的适用上公平公正。

法律体系的和谐统一首先经由立法来实现。在立法过程中，要遵循不抵触原则。我国《宪法》第 5 条第 3 款规定，一切法律、行政法规和地方性法规都不得同《宪法》相抵触。同时，下位法不得与上位法相抵触，下位法不得违背上位法所确立的原则和具体的规定。我国现行法律体系是由宪法、法律、法规、规章等组成的层级分明、逻辑清晰的规范体系。但由于各种法律法

① ［德］马克斯·莱因斯坦：《论经济与社会中的法律导论》，载［德］马克斯·韦伯：《论经济与社会中的法律》，张乃根译，中国大百科全书出版社 1998 年版，第 32 页。

规数量庞大、涉及的领域众多、制定的主体不一、年代不同等原因,各种法律法规相互之间存在分歧、冲突也是在所难免的。而且有一些法律法规自身的模糊、缺漏以及相互之间的冲突、矛盾,在具体的适用过程中才会逐步显现。此时,通过立法的方式来完善、弥补,往往无法满足法律实施的需要。因此,经由法律解释来弥补法律法规之间的不统一就显得尤为必要。统一法律解释机关通过对宪法、法律、法规的统一解释,"消除不同的法律法规相互间及其与宪法之间的矛盾和冲突,使国家的法律体系成为内部和谐一致的有效运作的统一体"。①

法制统一还要求法律实施的统一,也即法律要平等、普遍地适用于一国的所有公民。"法无二解"是法律平等适用的前提。但在法律实施过程中,不同实施主体对法律法规的理解不一导致对相似事件的不同法律处理也是屡见不鲜,这严重损害了法制的统一和权威。正基于此,统一法律解释制度有了其存在的必要性。统一法律解释制度的功能重在统一有关法律的理解和认识,消除不同法律解释之间的冲突,从而使法律得到准确、统一地适用,维护法制的统一。

四、统一法律解释制度与立法的功能区分

所谓"立法",从字面含义而言就是创立法律规范。法律规范不是凭空产生的,而是经由主体发现、制定而成的。"立法是由特定的主体,依据一定职权和程序,运用一定技术,制定、认

① 梁慧星:《关于法律统一解释问题及设立统一解释法律委员会的建议》,载《法学》1999 年第 3 期。

可、修改、补充和废止法的活动。其直接目的是要产生和变更法这种特定的社会规范。”①立法活动影响甚巨，直接关系着国家各项制度的运行、影响着人们的社会生活，是行政、司法的前提和依据。因此，在现代法治国家，立法权是最为重要的国家权力，由专门的机关依据一定职权和程序，运用一定的专门技术来行使。

法律被创制出来之后便与立法者相脱离，进入实施状态。法律的实施过程涉及对法律的解释。法律解释是对法律含义的阐释，直接关系着法律是什么、立法的目的和意旨是什么等问题。甚至可以说，法律是什么并不取决于其被制定成什么，而是在于其被解释成什么。在此种意义上，可以说法律解释才是真正的“立法”。由此，法律解释与立法就产生了密切的关系。立法目的和意旨的实现在一定程度上依赖于法律解释。法律解释具有事实上的“立法”功能。

正是因为立法与法律解释存在功能上的重叠，在法制历史上，曾将法律解释权赋予立法主体。在资产阶级革命早期，以法国为代表的西方国家恪守立法权、司法权、行政权相分立原则，由立法机关垄断法律解释权，严禁司法机关解释法律，以避免立法与司法功能的紊乱。但事实上，数量众多的法律条文在适用于千差万别的事实时所产生的法律疑问完全由立法机关来解释是不可能的。而且立法机关与社会生活的距离较远，无法确切地知晓法律适用于现实所发生问题的症结所在，从而无法准确地回应社会实践对法律规范的解释需求。因此，在后来这种只

① 周旺生主编：《立法学教程》，法律出版社1995年版，第25页。

能由立法机关解释法律的教条被打破,司法机关开始被允许解释法律。在我国的法律解释传统中,由立法者来解释法律是一贯的原则。当前,法律解释被规定为立法机关的权力。我国《立法法》明确规定了全国人大常委会的法律解释权、解释的情形、程序及效力。党和国家文件中“立、改、废、释、纂”并称,将“释”作为立法活动的一部分。[①] 学者亦将法律解释视为立法活动的一部分,“在我国,立法是指由特定的国家机关,依据一定的职权和程序,制定、认可、修改、补充、废止、解释和监督法的活动”。[②]虽然法律解释权被赋予立法机关,但现实中主要的法律解释任务却是由司法机关承担的。

由司法机关解释法律会产生一个问题,那就是“法律解释可能导致创制规则”。[③] 如此一来,司法即具有了立法的功能。在我国,司法机关更是以发布规范性文件的方式行使法律解释权,实际上是司法机关行使立法权。其实,立法、司法之间的严格功能划分本身就是不现实的,法官不可避免地要创制法律。“自概念法学的法律实证主义衰微以来,人们已普遍承认一种现实的法律秩序总是存在着需要通过法官法律创制加以填补弥合的缺漏,即使是在合理的法律解释和法律分析运用已尽其可能

---

① 中国共产党第二十次全国代表大会报告提出:“推进科学立法、民主立法、依法立法,统筹立改废释纂,增强立法系统性、整体性、协同性、时效性。”

② 李步云、汪永清:《中国立法与基本理论和制度》,中国法制出版社 1998 年版,第 20 页。

③ [美]罗斯科·庞德:《法理学》(第四卷),王保民、王玉译,法律出版社 2007 年版,第 6 页。

之后。”[①]既然如此，不如坦然承认法律解释所具有的规则创制的立法功能，而将重心放在构建一套既能够规范法律解释主体的规范创制活动又不侵蚀立法机关权力的合理的法律解释制度上。

由于法律解释具有规则创制的功能，所以必须慎重配置法律解释权，规范法律解释创制的程式。大陆法系国家的学者对于法官经由法律解释创制规范十分警惕，并对法官的法律解释活动设定了包括解释条件、解释目的、解释方法等方面的种种限制。统一法律解释制度正是基于法律解释的规则创制功能而确立的，以权威机关的统一解释来保障法律的权威性、统一性。但是统一法律解释制度的立法功能并不是对立法机关功能的侵蚀，更不是替代立法。相反，统一法律解释制度经由解释法律所发展起来的规则正是对立法的一种有益补充。由于立法程序比较复杂、启动成本较高，而且法律制定出来之后需要保持相对的稳定性，以保护人们对法律秩序的预期，不能也不可能随时进行修改。在有关法律规范缺位，而社会纠纷的解决及秩序的维护又亟须确立相关规则的情形下，可以经由统一法律解释制度来发展、确立相应的规则。

当然，规则创制只是统一法律解释制度的部分功能，也并非统一法律解释制度的主要功能。统一法律解释制度的功能更侧重于既有法律规范的细化、明确和补充。与立法制度的规则创制功能相比，统一法律解释制度只具有“弱”规则创制功能。统

---

① ［德］K. 茨威格特、H. 克茨：《比较法总论》，潘汉典等译，法律出版社 2003 年版，第 262 页。

一法律解释制度与立法制度在创制规范的程序、规范的形态以及规范的效力等方面具有很大的不同。可以说,统一法律解释制度的规则创制功能只是对立法功能的一种补强,它只是在立法所不及的领域和时间段内发挥作用,而且统一法律解释制度所创制的规则还要经受立法的筛选、审查。

五、统一法律解释制度与国家法律监督体系的功能区分

当前我国建立起了比较完备的法律监督体系,在国家法律监督过程中会涉及法律的解释。全国人民代表大会及其常委会拥有监督宪法实施的权力。全国人民代表大会有权改变或撤销全国人大常委会不适当的决定。全国人大常委会有权对国务院以及省、自治区、直辖市国家权力机关的立法活动进行监督,撤销国务院制定的与《宪法》、法律相抵触的规范性文件,撤销省、自治区、直辖市国家权力机关制定的同《宪法》、法律和行政法规相抵触的规范性文件。全国人民代表大会在进行法律监督的过程中修改或撤销相关决定,全国人大常委会在立法监督过程中撤销相关规范性文件,必然需要认定相关决定不适当或规范性文件与《宪法》或相关规范相抵触。这种认定背后包含着对《宪法》或相关规范的精神、原则、意旨、含义的理解和认识。这就涉及对《宪法》或法律的解释。正是基于全国人大常委会的立法监督权与法律解释的密切关系,有学者认为全国人大常委会的法律解释权并非立法权的延展,而是其监督权的一种行使方式,[①]

① 参见张立刚等:《法律解释体制重构研究》,光明日报出版社 2014 年版,第 191 ~ 195 页。

主张将全国人大常委会解释法律的职权与监督法律的职权合并。

法院系统内部的监督活动更是与法律解释密不可分。根据《人民法院组织法》第 10 条的规定,最高人民法院监督地方各级人民法院和专门人民法院的审判工作,上级人民法院监督下级人民法院的审判工作。最高人民法院对于地方各级人民法院和专门人民法院已经发生效力的判决或裁定,上级人民法院对于下级人民法院已经发生效力的判决或裁定,如果发现确有错误,有权提审或指令下级法院再审。所谓的"确有错误"即包括因解释法律偏差而导致的法律适用错误。

虽然在法律监督过程中会涉及法律的解释,而且具有法律监督权主体的法律解释也会在客观上对其他主体的立法或法律实施活动起到一定的监督作用,统一法律解释制度更是具有监督其他法律实施主体法律解释活动的功能,但是统一法律解释制度在制度逻辑上与法律监督制度是不同的。国家权力机关对行政、司法机关的监督,国家权力系统、行政系统、司法系统各自内部自上而下的监督,在根本上是对权力的监督制约,以防止权力因不受监督而被滥用,从而保障整个国家权力体系的相对平衡。而法律解释的功能主要还是在于释明法律,统一法律解释制度主要是为保持法律解释的统一、法制的统一而存在。国家法律监督体系远比法律解释制度要广大、复杂得多。统一法律解释可以成为法律监督的一种手段或方法。但统一法律解释制度有其独立存在的必要性,与国家法律监督制度具有不同的逻辑理路,不能被国家法律监督体系所吸收、涵盖。

第二章　构建统一法律解释制度的既有经验

法律解释的统一是法制统一、法律公正的内在需要。尽管很少有国家明确规定统一法律解释权、构建独立系统的统一法律解释制度,但这并不代表各国不重视法律解释之统一,也不意味着各国没有统一法律解释的相应实践,只是具有不同法制传统的各个国家及区域统一法律解释的方式和制度安排在外部表现上有所不同而已。在当前世界两大主要法系中,不管是大陆法系国家,还是英美法系国家,都有各自有关统一法律解释的做法。而对中华人民共和国成立初期法制有着深刻影响的苏联也发展了一套统一法律解释的制度。我国本就有着非常深厚的法律解释传统。古代中国特别注重法律解释的统一,由官方对法律作出统一的权威解释。近代中国不仅在世界法制历史上首次以法律的形式明确规定了统一解释法令权,而且构建了一套系统的统一解释法律制度,开展了丰富的统一法律解释实践。而中国共产党领导的革命政权也认识到了统一法律解释的必要,并对法律解释作了制度性安排。这些都为我国统一法律解释制度的构建提供了可资参照的样本,积累了丰富的经验。

第一节 统一法律解释的域外经验

大陆法系和英美法系是当今世界占据重要地位、颇具影响的两大法系,涵盖了世界上的主要国家。大陆法系的法国和德国、英美法系的英国和美国是现代法治先进国家的代表。现代法律制度也主要是在这些国家诞生、发展起来,并传播、移植到世界其他国家的。而大陆法系和英美法系又都深受古罗马法的影响。古罗马法是人类古代法律文明的典型代表之一。古罗马的法律制度和法学理论都达到了非常高的水平。古罗马法以及现代的大陆法系、英美法系都非常注重法律解释的统一问题。此外,曾经的苏联法制是社会主义法制的样本,对中华人民共和国成立初期的法制有着深刻的影响。我国现行法律解释制度对苏联的相关制度多有借鉴。若要深入理解我国法律解释制度的渊源脉络,推动其进一步发展,有必要对苏联的统一法律解释制度作一番考察。因此,在此主要考察古罗马、大陆法系和英美法系的主要国家以及苏联统一法律解释的做法。

一、古罗马统一法律解释的做法

(一)祭司垄断法律解释

在古罗马早期,“法”(*ius*)与“神法”(*fas*)尚未分离,“关于法(*ius*)的传统材料恰恰保存在僧侣们的深宅里,法的正式解释者正是一个由僧侣组成的团体”。[①] 这个僧侣团体就是祭司。祭司是所有神圣事务的专家，控制着私人和公共的信仰，而且掌管着法律的知识。[②] 法律的解释也由祭司们所垄断，只有他们能够在法律出现疑问时站出来解释。[③] 法律解释由神意的代表——祭司所垄断，无疑是为了保证法的权威性，统一人们对法的理解和认识。

但是祭司只能解释法律，并不创造规范。因为法是神所制定的，祭司不具有制定规范的权力。“它（祭司——笔者注）是传统的解释者，它揭示规范，它把规范纳入适当的结构，将规范通用于具体的情况之中，也就是说进行解释（interpretation）工作。”[④]

（二）享有解答权的法学家进行解释

祭司对法律知识的垄断在公元前5世纪中期开始瓦解。公元前450年至公元前449年制定的《十二铜表法》开始打破贵族祭司对法律知识的垄断。公元前304年，聂恩·福劳维将阿庇·克劳迪汇编的司法年历和《诉讼编》公之于众，为摆脱祭司的法律解释奠定了基础，是对祭司垄断的沉重打击。[⑤] 随着平民

---

① [意]朱塞佩·格罗索：《罗马法史》，黄风译，中国政法大学出版社1994年版，第96～97页。

② 参见[意]朱塞佩·格罗索：《罗马法史》，黄风译，中国政法大学出版社1994年版，第40页。

③ 参见[意]朱塞佩·格罗索：《罗马法史》，黄风译，中国政法大学出版社1994年版，第101、103页。

④ [意]朱塞佩·格罗索：《罗马法史》，黄风译，中国政法大学出版社1994年版，第103页。

⑤ 参见[意]朱塞佩·格罗索：《罗马法史》，黄风译，中国政法大学出版社1994年版，第101～102页。

和贵族的不断斗争,公元前 300 年,神官职开始对平民开放。公元前 254 年,库洛康尼乌斯(Tiberius Coruncanius)以平民身份担任神官长,开始在公开场所讲授法律的文言解释及法发现的步骤。“随着法律知识的普及,研究法律的人日益增多,除了祭司,其他人也可以解答法律问题。”①“至此,法律知识不再为神官贵族所专有,并产生了作为世俗之学的法解释学(jurisprudentia)。”②由法学者进行法律解释的时代到来。

最初,法学家的解答并不具有法律拘束力,但因其法学造诣和声望,司法人员会请教并采纳他们的意见。奥古斯都时代(公元前 27 年至公元 14 年),为了赋予法以较大的权威,确立了解答权制度,国家授予特定法学者以解答法律的资格。具有解答权的学者有关法律的解释可以作为审判官裁判的依据,“对于拥有‘依君主授权解答问题之权利’(ius respondendiex auctoritate principis)的法学家来说,他的意见只要不是忤逆的,均被承认具有约束力,同皇帝的批复一样,对于审判员具有约束力”。③ 还有学者推测,“很可能只有这种权威性的解答才能在法庭上援引”。④ 在 2 世纪左右,不仅享有解答权的法学家针对具体案件作的解答具有事实上的权威,而且他们所有的论著都具有这种权威。关于法学家法律解释的效力,“哈德良在一项批复中声称:如果法学家的意见是一致的,它具有法律(*lex*)的效力,否

---

① 周枏:《罗马法原论》,商务印书馆 1994 年版,第 51 页。

② 梁慧星:《民法解释学》,中国政法大学出版社 1995 年版,第 4 页。

③ [意]彼得罗·彭梵得:《罗马法教科书》,黄风译,中国政法大学出版社 1992 年版,第 18 页。

④ [英]巴里·尼古拉斯:《罗马法概论》,黄风译,法律出版社 2004 年版,第 32 页。

则，审判员可以自由选择”。[1] 法学家们有关法律解释的统一意见具有法律的强制效力。这既是对法学家法律解释的尊重，无疑也有利于法学家尽可能地就法律的解释取得共识，以使法律解释获得法律效力，从而促进了法律解释的统一。

（三）皇帝垄断法律解释

按照英国法学家布莱克斯通的说法，“在古罗马，当人们对法律的解释出现任何疑问时，按照惯例是将案件以书面形式向皇帝陈述，然后按照他的意见作出裁决”，“皇帝的解答被称为敕令，其对随后的案件便具有了永恒法律的效力”。[2] 在罗马帝政后期，人们在引用共和国时期和帝政前期的法律时，直接引用法学家的解答，但各家学说并不一致，对同一问题的观点不相同，导致了法律适用的混乱。因此，罗马皇帝君士坦丁一世（306 年至 337 年在位）取消了法学家的法律解释权，规定只有皇帝才有法律解答权。[3] 自此，皇帝垄断了法律解释权。426 年，东罗马皇帝狄奥多西二世和西罗马皇帝瓦伦丁尼安三世发布了所谓“关于原因的法律”（《致罗马元老院》）的谕令（此谕令被后世称为《学说引用法》或《引证法》），统一对法律的解释。

自 528 年开始，东罗马皇帝查士丁尼组织人员进行了大规模的法典编纂活动。查士丁尼担心“如果任凭法学者对法典自由解释，势将重新燃起争论，其结果有害于自己作为绝对权力者

---

① ［英］巴里·尼古拉斯：《罗马法概论》，黄风译，法律出版社 2004 年版，第 32 页。

② ［英］威廉·布莱克斯通：《英国法释义》（第一卷），游云庭、缪苗译，上海人民出版社 2006 年版，第 70 页。

③ 参见周枏：《罗马法原论》，商务印书馆 1994 年版，第 70 页。

的权威的危险,因此严令禁止对法典进行解释"。[①] 查士丁尼为了确保对法律解释的统一,维护法律及自身权力的权威,禁止法学者们解释法律。

此外,罗马的司法者曾一度拥有法律解释权,可以发布告示,有权立法和进行法律解释。进入帝国后,裁判官的权力逐渐削弱。130 年至 138 年,哈德良皇帝命令尤利安对历代裁判官告示进行汇编,此后裁判官的告示只能局限于以往告示的精神,不得发布新的原则,裁判官的立法权和法律解释权到此结束。[②]

二、大陆法系国家统一法律解释的主要做法

(一)立法机关垄断法律解释向最高审判机关统一法律解释转变

近代以来大陆法系国家关于法律解释权主体的安排经历了由立法机关向司法机关的转变。最初,受三权分立理论的影响,立法机关与司法机关的职权被严格区分,司法机关只能适用法律而不能解释法律,解释法律之权归由立法机关行使。法国学者孟德斯鸠是三权分立理论的提出者,在他看来"司法权在某种意义上有等于无","国家的法官无非只是法律的代言人而已","判决书永远是一纸精确的法律条文"。[③] 司法机关只能适用立

① 魏胜强:《法律解释权的配置研究》,北京大学出版社 2013 年版,第 18 页。

② 参见魏胜强:《法律解释权的配置研究》,北京大学出版社 2013 年版,第 20 页。

③ [法]孟德斯鸠:《论法的精神》,许明龙译,商务印书馆 2011 年版,第 188 页、第 190 页、第 193 页。

法机关制定的法律，执行法律中所体现的国家意志。法官应严格依据法律裁判，而非其个人的意志和意见。即使法律存在缺陷、相互冲突或不明确，法官也不能发挥主观能动性进行解释，而只能由立法机关解决这些问题。正如美国学者约翰·亨利·梅利曼在其《大陆法系》一书中所言："立法权同司法权严格分立的原则不允许法官对立法机关制定的法规中有缺陷、互相冲突或者不明确的地方进行解释。这些问题总是留待立法者作权威性的解释。"①"分权理论的极端化，导致了对法院解释法律这一作用的否定，而要求法院把有关法律解释的问题都提交给立法机关加以解决，然后由立法机关提供权威性的解释，用以指导审判实践……对大陆法系的教条者们来说，唯有立法者所做的权威性解释才是可以允许的解释。"②

1789年法国大革命前，当时的行省法院"巴列门"(parlement)专断擅权，常常用司法解释的方式规避或限制国王的改革立法。法国大革命时期的革命者将立法、司法、行政作严格的机械划分，使司法法院既不能解释法律，也不能审查行政行为。法律解释的权力则由立法机关统一行使。1790年，法国的法律就规定："当法院认为有必要解释一项法律或制定一项新法律时必须请求立法会议。"③但是很快立法机关就陷入了一种尴尬的境地。

---

① [美]约翰·亨利·梅利曼：《大陆法系》，顾培东、禄正平译，法律出版社2004年版，第36页。

② [美]约翰·亨利·梅利曼：《大陆法系》，顾培东、禄正平译，法律出版社2004年版，第43页。

③ [德]K.茨威格特、H.克茨：《比较法总论》，潘汉典等译，法律出版社2003年版，第138页。

各个法院的法律解释请求如潮水般涌来，立法机关无力应对，却又恪守严格的分权原则，不允许法院拥有法律解释权。为了解决这一问题，法国的立法机关成立了一个新的机构——上诉法院(tribunal of cassation)。上诉法院不属于司法系统，而是立法机关为了保护自身的立法权不受司法机关侵蚀而置备的一个特殊工具。“建立这种性质的法院(立法性法院——笔者注)的直接结果，就是防止法律解释权落入审判法官之手。”[①]上诉法院的首要职能是协助立法机关，监督各类法院，防止司法审判偏离法律条文而侵蚀立法权。上诉法院的此种职能通过撤销法院依据对法律的错误解释而作出的司法判决，将该案件发回原审法院重新审理的方式来实现。但此时的上诉法院并不能对所审理的案件涉及的法律问题作出权威性的解释，发回重审的案件如何处理，取决于处理该案的司法机关。对于被上诉法院发回重审的案件，法院可以作出与前一次相同的判决，如果上诉法院对此仍有意见，则必须将所争议的问题提交立法机构作出最终裁决，即所谓“强制性送致”。另外，对于因立法缺陷而导致的法律疑难问题，法院可以自行提交立法机关请求解决，即所谓的“任意的送致”。这样立法机关解释法律的情形大为减少，仅对再次出现争议的上诉法院发回重审的案件所涉及的法律问题以及明显的立法缺陷问题进行解释。但很快大革命时期对于司法机关解释发展法律的不信任消失，上诉法院也变为审理民刑事案件的最高法院，脱离了立法机关附庸的地位而成为司法机关。同时，

---

① ［美］约翰·亨利·梅利曼：《大陆法系》，顾培东、禄正平译，法律出版社 2004 年版，第 41 页。

上诉法院也有权撤销下级法院误解法律而作出的判决,并作出正确的法律解释。但是案件还必须发还下级法院重新审理判决。这往往成为一种纯粹浪费时间的形式,而且还经常引起更麻烦的问题。因为下级法院的法官既不能也不愿理解并服从最高上诉法院作出的法律解释,①也即法国上诉法院法律解释的拘束力不强,造成了司法实践中的无效率。

在德国,于1791年通过、1794年6月1日生效的《普鲁士邦法》(又译为《普鲁士民法典》)有一万七千余条,②试图对所有可能的案件情形提供可资适用的法律规范,严格禁止法官的法律解释。在颁布《普鲁士邦法》的敕令中明确禁止法官"对明了确定的法律规定自行作任何偏离解释,无论他是基于某种想象的

---

① 参见[美]约翰·亨利·梅利曼:《大陆法系》,顾培东、禄正平译,法律出版社2004年版,第40~41页。

② 关于《普鲁士邦法》的条文数目,各种文献的记载并不一致。约翰·亨利·梅利曼在其著作《大陆法系》中称:"这种不光彩的荣誉落在1794年腓特烈大帝颁布的《普鲁士民法典》头上。这部法典大约包含了一万六千条条文,对各种特殊的'事实状态'的调整都作了明确规定。"而在另一处又称:"在腓特烈大帝的主持下,普鲁士通过了一个多达一万七千余条的法典《普鲁士民法典》。"参见[美]约翰·亨利·梅利曼:《大陆法系》,顾培东、禄正平译,法律出版社2004年版,第30~31页、第39页。张光博主编的《简明法学大词典》对"普鲁士邦法"的解释称:"它是各种实体法的汇编,分为上下两编,43章,19,000余条。"张光博主编:《简明法学大词典》,吉林人民出版社1991年版,第1668页。中国社会科学院法学研究所法律辞典编委会编的《法律辞典》则称:"《普鲁士邦法》由序编和正文组成,共1.7万条。"中国社会科学院法学研究所法律辞典编委会编:《法律辞典》,法律出版社2003年版,第1072页。台湾大学法律学院、台大法学基金会编译的《德国民法典》在对法典进行介绍时称:"这部法典共分二编,第一编计有23章,第二编共分20章,都一万七千余条,私法与公法皆包括在内。"台湾大学法律学院、台大法学基金会编译:《德国民法典》,北京大学出版社2017年版,第18页。在此采一万七千余条的说法。

哲学推理的理由或借口出于一种法律目的和观念而予以延伸解释；以避免失去我们最高度的宠信和受到更严厉的惩罚”。[①] 遇有疑难案件，法官必须向专门设立的法律解释机关“法规委员会”（statutes commission）请求解释。但是规定详尽的《普鲁士邦法》不可能为所有案件设定明确的答案，“法规委员会”最终也没能垄断对法律的解释，禁止法官释法的做法归于失败。1900 年的《德国民法典》有限地承认法官的法律解释权。而且，德国还对法国上诉法院制度的缺陷进行了修正，由最高法院统一对法律的解释以保证法律正确适用。德国最高法院“为了法律的正确实施，不但有权审查下级法院的判决，撤销错误判决，作出正确的指示，而且相应地还可以对被错判的案件进行‘复审’”。[②]

日本在近代法律变革过程中参照法国、德国的相关做法，赋予了最高审判机关——大审院以统一法律解释的职能。日本 1890 年颁布的《裁判所构成法》第 48 条规定：“大审院裁判，于法律之点所表意见，羁束下级裁判所诉讼一切之事。”[③]大审院作为最高审判机关具有解释法律疑义的职权。大审院的此种职权是通过上诉审的方式行使，其判决例对下级法院的案件裁判具

---

① ［德］K. 茨威格特、H. 克茨：《比较法总论》，潘汉典等译，法律出版社 2003 年版，第 138 页。

② ［美］约翰·亨利·梅利曼：《大陆法系》，顾培东、禄正平译，法律出版社 2004 年版，第 41 页。

③ 日本 1890 年《裁判所构成法》第 48 条规定的内容，可参见［日］菱谷精吾：《裁判所构成法》，熊彦、俞成铣译，长沙政法学社 1913 年版，第 55 页。亦有译者将该条翻译为：“大审院行裁判时，就法律所表之意见，乃因一切诉讼之事羁束其下级裁判所。”参见商务印书馆编译所：《日本六法全书》，陈承泽校订，黄琴唐点校，世纪出版集团 2013 年版，第 25 页。

有拘束力。正如当时日本学者所言,"自其本务而言,大审院者就法律之适用及解释接受上告而为裁判之合议裁判所也";[①]"(《裁判所构成法》第48条)规定大审院之判决例有伟大之效力也。即谓大审院当审理上告事件就法律之点所宣示之意见,如判决控诉审及第一审之法律解释适用之当否等,则限于其所审问之诉讼事件,有羁束各控诉院以下之一切裁判所之力。换言之,此等裁判所若复审其案件时,必不可不准据大审院所发表之意见。盖大审院为最高之裁判所,以解释疑义为其本务"。[②]

但是,不管是法国、德国,还是日本,它们在法律上都没有明确规定"法律解释权"或"统一法律解释权",也未将其赋予某一机关集中统一行使。严格恪守分权原则、仅允许立法机关进行法律解释的做法存在种种弊端,法国、德国、瑞士等国家遂将法律解释之权归于司法机关,允许法院在适用法律时对法律进行解释。法国的上诉法院、德国的最高法院以及日本的大审院同其他下级法院一样都拥有法律解释权,只是其解释更具有权威性,具有统一法律解释的功能。因而,它们的法律解释权归属于整个司法机关系统,而非某一特定的法院或者其他某一个机构;法律解释权也不是最高审判机关的专权,最高审判机关的统一法律解释并不排斥其他审判机关对法律的解释。而且最高审判机关统一法律解释的职能是通过上诉审、发布司法判例的方式来具体地实现,而非另有一

---

① [日]菱谷精吾:《裁判所构成法》,熊彦、俞成铣译,长沙政法学社1913年版,第51页。

② [日]菱谷精吾:《裁判所构成法》,熊彦、俞成铣译,长沙政法学社1913年版,第56页。

套专门的程序创制、颁布独立的法律解释文件。①

(二)最高审判机关统一法律解释的机制

在现代大陆法系国家,最高法院被赋予了统一法律解释的职能,并建立起了包括审前、审判过程中及审判后三个阶段的统一法律解释制度化安排。在审前阶段,最高法院可以通过发布抽象性司法解释、答复下级法院的案件咨询等方式进行预防性解释。发布抽象性司法解释主要是一些采取苏联模式的东欧国家的做法,如俄罗斯、保加利亚、立陶宛等。这些国家至今仍保持这种做法。案件咨询是指最高法院就下级法院咨询它的具体案件的法律适用作出解释。这种法律解释的拘束力往往只针对具体的事项,效力非常有限。在法国,案件咨询解释不具有任何拘束力。但在波兰、爱尔兰等国家,提起咨询的下级法院必须遵守最高法院作出的解释。②

在审判阶段,最高法院可以针对具体案件中的法律适用问题作出解释。案件按照正常的诉讼程序被上诉到最高法院时,最高法院可以通过判决对法律作出解释。对于下级法院适用法律错误的判决,最高法院可以进行审查。在德国,与主流法律解释不同的案件或者下级法院就同一问题相互分歧的判决,可能

---

① 日本最高法院对刑事诉讼法的执行制定了解释性规范,解释法律没有明确规定的具体执行问题。如日本最高法院制定的《刑事诉讼规则》(共305条)对《刑事诉讼法》进行了解释、补充。参见龙宗智:《立法原意何处寻:评2021年最高人民法院适用刑事诉讼法司法解释》,载《中国法学》2021年第4期。

② 参见丁广宇:《欧洲各国最高法院保证法律统一解释的作用与机制》,载《法律适用》2007年第3期。

会被最高法院选中进行审理,从而纠正下级法院的错误法律解释或者作出新的法律解释。关于最高法院通过具体案件作出的法律解释的效力,大多数国家都认为这种解释具有事实上的拘束力,下级法院应当予以遵循。也有的国家,如克罗地亚,赋予这种法律解释以法定的拘束效力。而在法国、比利时,只有通过全员合议庭发布的法律解释才具有拘束力。

在审判后阶段,最高法院经由具体案件作出的法律解释具有一定的稳定性。尽管大陆法系国家不实行判例制度,在理论上初级法院的法官认为高级法院的判例曲解了法律也可以不遵循该高级法院的判决,但在实践中,下级法院往往倾向于遵循最高法院对法律进行解释的判例,因为如果违背最高法院的判例,其判决可能会被上诉到最高法院而遭到否决。在德国和法国,德国联邦最高法院的判决深受下级法院的尊重,法官公开背离这种判决很少见;下级法院对待法国最高法院判决的态度,类似于普通法各国下级法院对待上级法院判决的态度;甚至,德国联邦最高法院和法国最高法院的单个判决,也被下级法院所遵循。① 根据日本《民事诉讼法》第 318 条、第 337 条以及日本《刑事诉讼法》第 405 条的相关规定,无论是在民事诉讼中还是刑事诉讼中,如果初审法院的判决违反了上级法院或最高法院的判例,当事人都可以以此为由进行上告。② 同时,最高法院很少改

① 参见[德]K. 茨威格特、H. 克茨:《比较法总论》,潘汉典等译,法律出版社 2003 年版,第 382 页。

② 参见孙广宁等:《指导性案例如何参照:历史经验与现实应用》,知识产权出版社 2020 年版,第 43 页。

变自身的判例。在一些国家，最高法院如果改变自身判例，要经过全体法官的共同合议审理。例如，在日本，根据《裁判所法》[昭和二十二年（1947 年）公布，令和元年（2019 年）修正]第 10 条的规定，关于宪法及其他法令的解释、判决意见与以前最高法院所作的判决相违背的情况，必须由最高法院大法庭审理。①

三、英美法系国家统一法律解释的主要做法

英美法系国家实行判例制度。判例是英美法系国家法律的重要渊源。法官可以通过审判权的行使创制被后来审判所遵循的判例。判例中蕴涵了对事件处理的规则，并且具有法律强制力。英美法系国家奉行“遵循先例”原则。所谓遵循先例“意味着某个法律要点一经司法判决确立，便构成了一个日后不应背离的先例”，或者说“一个直接相关的先前案例，必须在日后的案件中得到遵循”。② 简言之，法院先前作出的判决对此后案件的审理具有拘束力，相同案件应同等处理。由此，法院就具有了创制法律规则的权力。法官不仅可以创制判例，也在适用判例，“判例的适用需要解释，故法官事实上也是在解释法律”。③ 而且法官在适用判例过程中，也可以变更、废弃判例，在变更、废弃判例的过程中势必涉及对先例所确认的规则的解释问题。

---

① 根据日本《裁判所法》第 9 条的规定，日本最高法院审理案件的法庭区分为大法庭和小法庭。大法庭需要最高法院全体法官（最高法院法官的人数为 15 人）出席。小法庭的人数由最高法院规定，但须在 3 人以上。

② [美]E. 博登海默：《法理学：法律哲学与法律方法》，邓正来译，中国政法大学出版社 2017 年版，第 562 页。

③ 何勤华主编：《英国法律发达史》，法律出版社 1999 年版，第 25 页。

(一)英国统一法律解释的做法

在英国,法官享有解释法律的权力是不争的事实,但并不是所有的法官都在行使法律解释权和通过解释法律来发展法律。能够通过解释来创制规则的仅是高级法官,只有高级法院的法官的判决才有可能编入判例汇编,对下级法院产生拘束力。基层的法官即使解释法律也仅对个案有效,而无法创制新的规则来促进法律的发展。[①] 英国的法院系统可以区分为中央法院和地方法院两个系统。中央法院系统由最高法院(2009 年 10 月 1 日成立)、高级法院(上诉法院、高等法院、刑事法院)以及枢密院司法委员会组成;地方法院系统由郡法院和治安法院组成。[②] 不同层级的审判机关所作判决的效力也不相同,根据英国近现代的司法实践,一般而言:(1)上议院的判决对所有的英国法院有拘束力;[③](2)上诉法院的判决对所有下级法院具有拘束力;(3)高等法院的判决对所有下级法院有拘束力,但对其自身无拘束力;(4)所有下级法院均受以上高级法院的判决的约束;(5)欧洲法院在解释欧洲共同体法律时所作出的判决,对所有英国法

---

① 参见魏胜强:《法律解释权的配置研究》,北京大学出版社 2013 年版,第 74 页。

② 参见李培峰:《英美法要论》,上海人民出版社 2013 年版,第 49 ~ 60 页。

③ 在最高法院成立之前,上议院是英国的终审上诉法院。上议院的此种地位是 1876 年通过的《上诉管辖法》(Appellate Jurisdiction Act)所确立的。但上议院在名义上是一个立法机构,从而造成了立法与司法不分的表象。英国成为欧盟成员之后,上议院作为司法机关拥有立法权力,与《欧洲人权公约》相悖。在此背景下,英国开始推动设立独立的最高法院。2009 年 10 月 1 日,英国最高法院正式成立,原来担任上议院法官的议员卸去议员职务,成为全职法官。

院都具有拘束力。[①] 正是存在这种裁判效力上的差别，使得高层级审判主体的法律解释对低层级审判主体的法律解释产生约束力，高层级审判主体法律解释的影响力得以贯彻到低层级法院，从而使法律解释得到统一。

（二）美国统一法律解释的做法

与法国革命者对司法机关侵蚀立法权的忌惮不同，在美国，法院是民众与立法机关的中间机构，具有监督立法机关的职责，有权解释法律。"解释法律乃是法院的正当与特有职责……对宪法以及立法机关制定的任何法律的解释权应属于法院"。[②] 1803 年，联邦最高法院在"马伯里诉麦迪逊"一案中明确宣布"违宪的法律不是法律""阐明法律的意义是法院的职权"，确立起了自身的司法审查权，确认了法院的法律解释权。在美国，联邦最高法院拥有对宪法和法律的最高统一解释权，并有权审查国会立法和总统的行政命令是否符合宪法。联邦最高法院通过司法审查及上诉复审实现宪法和法律解释的统一。

美国的联邦普通法院系统自低至高为联邦地区法院、联邦上诉法院、联邦最高法院。联邦地区法院审理的案件可上诉至联邦上诉法院。联邦上诉法院不对案件进行事实审，"只是审查

① 参见何勤华主编：《英国法律发达史》，法律出版社 1999 年版，第 28 页。2020 年 1 月 31 日，英国正式"脱欧"，欧盟法院不再是英国法院体系的组成部分，其有关欧盟法律的解释不再对英国法院具有拘束力。

② ［美］汉密尔顿、杰伊、麦迪逊：《联邦党人文集》，程逢如、在汉、舒逊译，商务印书馆 1995 年版，第 392 ~ 393 页。

下级法院的法律适用是否正确”。[①] 美国的上诉法院可以撤销下级法院对法律问题所作的错误判决，对下级法院错误决定的法律问题作出正确的回答，对上诉案件作出新的判决。[②] 经由此种方式，上诉法院实现了对下级法院法律解释的监督。如果遇到特别复杂的案件，上诉法院通过严格的手续将其移送至最高法院，由最高法院来作出最终的处理。联邦最高法院有权受理联邦地区法院和州法院的各类上诉案件，对下级法院的法律适用进行监督。

美国联邦最高法院更多地关注那些涉及宪法及联邦法律解释的案件。1925 年，在美国联邦最高法院首席大法官威廉·霍华德·塔夫脱的努力下，国会通过的《司法法》赋予了最高法院更为宽泛的自主选案权。该法生效后，塔夫脱在一篇文章中列举了最高法院应当关注的案件类型，其中包括涉及联邦和州的法律是否符合联邦宪法的问题；可能影响到广大民众利益的联邦法律的解释问题；适用范围广泛，以至于需要最高法院来释疑的法律中不时存在的疑难问题。[③] 联邦最高法院在对涉及法律解释的案件的审理过程中，更多地注重解决有关法律解释的分歧，“更多的情况下，大法官会认为，案件的最终结果不如解决下级法院之间的法律分歧那么重要，尤其是在法律解释类案件中”。[④]

---

① 李培峰：《英美法要论》，上海人民出版社 2013 年版，第 63 页。

② 参见[美]约翰·亨利·梅利曼：《大陆法系》，顾培东、禄正平译，法律出版社 2004 年版，第 40 页。

③ 参见[美]琳达·格林豪斯：《美国最高法院通识读本》，何帆译，译林出版社 2013 年版，第 58 ~ 59 页。

④ [美]琳达·格林豪斯：《美国最高法院通识读本》，何帆译，译林出版社 2013 年版，第 67 页。

四、苏联的统一法律解释制度

苏联建立起了以最高权力机关为主导、多元主体共同解释的法律解释体制。所有国家机关都有权对其所颁布的法令及其下级机关颁布的法令进行解释,同时有权在适用法律规范的过程中对法律规范进行解释。但这种法律解释活动受到监督。上级机关有权监督下级机关的法律解释活动。检察机关作为法律监督机关有监督权,有责任监督各部、主管机关和公职人员准确地执行法律,以保证它们正确地理解苏维埃法律。各加盟共和国最高法院有权对共和国法律的适用作指导性解释,对共和国审判机关有拘束力。苏联最高法院有权对联邦法律作指导性解释,统一全联邦审判机关的法律解释。而最高苏维埃主席团是最高的法律解释机关,有权解释全联邦的法律,并监督其他主体的法律解释活动。

(一)苏联的法律解释权配置

首先,苏联宪法将最高法律解释权归于苏联最高权力机关苏联最高苏维埃的常设机构——苏联最高苏维埃主席团。1936年《苏维埃社会主义共和国联邦宪法》(以下简称1936年《苏联宪法》)第49条规定,苏联最高苏维埃主席团有权解释苏联现行法律。[①] 苏联最高苏维埃主席团是苏联最高权力机关的常设机

① 参见苏联科学院法权研究院编著:《马克思列宁主义关于国家与法权理论教程》,中国人民大学马列主义关于国家与法权理论教研室译,华东政法学院教务处1953年翻印版,第524页。

关，在最高苏维埃休会期间执行其职权，并对最高苏维埃负责。苏联最高苏维埃主席团有权解释苏联的一切法律。

其次，苏联各加盟共和国及自治共和国的最高苏维埃主席团对各该共和国的法律享有解释权。

再次，苏联政府有权对其所颁布的决议和命令进行解释。“苏联部长会议有权解释它所颁行的法令，还有权解释其他一切法令，特别是它有权取消或停止施行的法令。”[①]苏联部长会议（前身为苏联人民委员会）是苏联国家政权最高执行及发令机关，可以根据现行法律或为执行现行法律颁布决议及指令，有权在一定范围内停止联邦共和国部长会议的决议及指令、取消联邦部长之命令及训令。对于这些法令，苏联部长会议都有权进行解释。

最后，其他的国家机关，包括行政机关、法院、检察院，都有对一定范围内的法律进行解释的权力。“每一国家政权机关与管理机关有权解释其本身所颁布的法令及其下级机关所颁布的法令。”[②]

此外，非国家机关的社会团体领导机关也可以根据国家的委托对现行法律作出具有法律效力的解释。

（二）苏联最高法院有权统一审判机关系统法律解释

苏联的各级审判机关都有权在行使审判权审理案件的过程

① ［苏］杰尼索夫：《国家与法律的理论》，方德厚译，中华书局1951年版，第455页。

② ［苏］杰尼索夫：《国家与法律的理论》，方德厚译，中华书局1951年版，第455页。

中解释法律,但这些解释仅对特定的具体案件有效。只有苏联最高法院和各加盟共和国最高法院在审理具体案件所作的解释且公布于刊物上,才对其他法院审理类似案件时适用同一法律规定有所拘束。除此之外,苏联联邦最高法院有权对与法院活动、与法庭审理有关的法律问题作出具有拘束力的指导性解释,具有统一审判机关系统法律解释的功能,在苏联法律解释体制中占有重要地位。

苏联在1922年颁布《法院组织新条例》,建立起新的法院体系。1924年,苏联联邦最高法院成立,相对于邦员共和国最高法院而言,它"有解释全联邦法律之权"。[①] 1924年《苏维埃社会主义共和国联盟根本法》第43条规定:"为巩固苏维埃社会主义共和国联盟境内的革命法制,在苏维埃社会主义共和国联盟中央执行委员会之下设立最高法院,其职权如下:一、对各加盟共和国最高法院作出全联盟立法问题上的领导性解释……"联邦最高法院的职务由院长、高级会议、民刑事法庭、军事法庭执行。其中,联邦最高法院高级会议(或称全体会议)可以被动或主动地作出法律解释。"(联邦最高法院高级会议)应各共和国最高法院的请求,或应联邦最高法院的请求,或各个共和国最高法院检察官的提议时,有解释法令的职权。就是由它自己自动地颁发解释例,亦为法律所许可。此外,如由联邦中执委会(新宪法改为最高委员会)主席团命令,或由联邦人民委员会的请求,高级会议亦应从事于法令的解释。"[②]根据《苏联、各加盟共和国及

---

① 陆丰:《苏联司法制度》,大东书局1945年版,第69页。

② 吴清友:《苏联法制》,商务印书馆1938年版,第204页、第207页、第209页。

自治共和国法院组织法》(1938 年 8 月 16 日通过)第 75 条的规定,苏联最高法院全体会议可发布领导性指示。[①]《苏联最高法院组织条例》(1957 年 2 月 12 日批准)第 9 条规定:"苏联最高法院全体会有下列权限:……(3)审核总结审判实践经验和司法统计的材料,对于审理案件时适用法律的问题向各级法院作指导性的说明……"[②]苏联最高法院全体会议"有权、也有义务根据苏联最高法院审理案件所作的判决对全国各级审判机关发布关于审理实践问题的指示"。[③] 苏联最高法院的领导性指示中的司法上的解释对整个一类的类似案件都有必须执行的法律效力,对审判机关具有拘束力。[④] 苏联最高法院全体会议发布领导性指示的目的是保证苏联各级审判机关对苏维埃法律的统一适用。因此,苏联最高法院具有统一苏联审判机关系统法律解释的职权和功能。

(三)苏联最高苏维埃主席团的统一法律解释

在苏联的法律解释体制中,苏联最高苏维埃主席团是苏联

---

① 参见《苏联、各加盟共和国及自治共和国法院组织法》第 75 条:"为了审理苏联最高法院院长或者苏联检察长对苏联最高法院各庭刑事判决、民事判决和裁定所提出的抗议,应当召集苏联最高法院全体会,这个全体会也可以根据对苏联最高法院已审理的各案所作的决定,发出关于审判实践问题的指示。"法律出版社辑译:《苏联、各加盟共和国及自治共和国法院组织法》,法律出版社 1955 年版,第 14 页。

② 《苏联最高法院组织条例 苏联检察监督条例》,杨文良、陈华星、张学进译,法律出版社 1956 年版,第 3 页。

③ [苏]玛·巴·卡列娃、斯·费·凯契克扬、亚·谢·费道谢也夫、加·伊·费其金:《国家和法的理论》(下册),李嘉恩等译,中国人民大学出版社 1956 年版,第 423 ~ 424 页。

④ 参见[苏]П. И. 库德利雅夫采夫主编:《苏联法律辞典第三分册(国家和法的理论部分)》,中国人民大学国家与法的理论教研室等译,法律出版社 1957 年版,第 122 页。

最高的统一法律解释机关。苏联最高苏维埃主席团作为苏联宪法所确立的最高法律解释权的职掌者,其法律解释具有普遍的拘束力,对苏联的所有国家机关、组织、公民都有强制力。同时,苏联最高苏维埃主席团有权对苏联最高法院等其他主体的法律解释活动进行审查监督。根据 1936 年《苏联宪法》第 49 条的规定,苏联最高苏维埃主席团有权“取消与法律抵触之苏联部长会议及联邦共和国部长会议之决议及指令”。① 苏联最高苏维埃主席团对苏联部长会议及联邦共和国部长会议的法律解释决议有审查之权。当然,苏联最高苏维埃主席团也可以监督联邦最高法院、检察院等其他主体的法律解释活动。“苏联总检察长根据现行法律和为了执行现行法律,可以发布命令和指示……在一系列情况下,也发生对他所属的检察长解释法律的必要性。在这种解释不符合法律时,它可以被苏联最高苏维埃主席团撤销。”②

第二节 统一法律解释的本土经验

构建统一法律解释制度绝不能忽视我国的本土经验。尽管“法律解释”是源于西方的法律名词,近代以来的法律制度也是在学习借鉴世界法制先进各国相关制度的基础上建立起来的,但是中国古代就有法律解释的实践,特别强调法律解释的统一,而近代

① 《苏联宪法》,时代出版社 1949 年版,第 20 页。

② [苏]彼·斯·罗马什金、米·斯·斯特罗果维奇、弗·阿·图曼诺夫主编:《国家和法的理论》,中国科学院法学研究所译,法律出版社 1963 年版,第 457 页。

中国更是基于法制实践的需要,继承传统中国统一法律解释的经验,学习借鉴西方的相关做法,创设发展了独具中国本土特色的统一解释法令制度。中国共产党领导的革命政权在特殊的政治社会形势下,出于革命战争的需要,建立起既集中统一又多元协同的法律解释体制,直接影响了此后我国法律解释权的配置,从而形成了当前多元主体协同解释的体制。这些统一法律解释的本土探索和实践,体现着中国政治社会运行的逻辑,蕴涵着中国社会法律治理的智慧,契合中华民族的民族性格和文化心理。建构适合中国社会法制实践需要的"中国式"统一法律解释制度需要从中国本土的统一法律解释实践中借鉴经验、汲取智慧。

一、传统中国统一法律解释的实践经验

中国古代法律起源甚早,西周时期的礼乐典章制度已非常完备,至少在春秋战国时期就已经有了公开颁布的成文法,在适用法律过程也有解释法律的需求,因此很早就产生了有关法律解释的思想和制度,并开展了大量的法律解释实践。同时,中国古代的君主集权制非常注重政令的统一,反对"法出二门",因此也非常强调法律解释的统一。虽然历来私家注律之风绵延不断,①但官方为了维护政令的统一和统治的权威,采取了一些统

① 中国古代私家注律自汉启其端,魏晋时期兴盛,至唐汇入官方注律的海洋。自唐至清,官方注律占主导地位,但私家注律并未绝迹。至明清时期,尤其是清代,私家注律盛极一时。清代纷起的私家注律,实质上是受命于国家,是为国家注释法律服务的,是一个庞大的系统工程的若干分支。其中一些注律成果被官方认可,冠以"钦定""御制"的名号。参见张晋藩:《清代律学及其转型(上)》,载《中国法学》1995 年第 3 期;张晋藩:《清律研究》,法律出版社 1992 年版,第 164 ~ 188 页。

一法律解释的举措。

早在西周时期，统治者就特别注重法令的统一。《周礼》记载了法令自上而下的公布和宣传机制，由此可以一窥西周时期对法令统一的重视。每年周历正月初一，大司寇开始向各诸侯国和王畿内的采邑臣民宣布刑典，并将刑典悬挂，让万民观看。[①]每年夏历正月初一，小司寇要率领部属观看刑法条文，并告诫各级司法官遵守法律，接着向四方宣布刑法，悬挂公布刑禁条文。[②]同时，西周还设有专门负责公布、宣传法律的官员——布宪。从每年的周历正月初一，布宪就开始奔赴四方宣布国家的刑法禁令，将刑法禁令悬挂公示，使四方诸侯国及其采邑，甚至天下四夷都知晓刑法禁令，从而谨慎遵守。[③] 西周统治者不遗余力地宣布刑法禁令，其目的就是使法令能够得到广大臣民的遵守，实现国家法令的统一。大司寇、小司寇及布宪等官员是在代天子宣布法令，也在彰显着法令的绝对权威和不容置疑。这也从侧面反映了西周统治者将立法权和法律解释权牢牢掌握在自己手中。

战国时期，法家强调“一刑”和“法自君出”，要求法令解释的统一。在秦国，商鞅主持变法，奉行“以法为教”“以吏为师”，立法

---

① 参见《周礼·秋官司寇第五·大司寇》：“正月之吉，始和布刑于邦国都鄙，乃县刑象之法于象魏，使万民观刑象，挟日，而敛之。”（西周）《周礼》（全2册），徐正英、常佩雨译注，中华书局2014年版，第739页。

② 参见《周礼·秋官司寇第五·小司寇》：“正岁，帅其属而观刑象，令以木铎曰：‘不用法者，国有常刑。’令群士。乃宣布于四方，宪刑禁。”（西周）《周礼》（全2册），徐正英、常佩雨译注，中华书局2014年版，第748页。

③ 参见《周礼·秋官司寇第五·布宪》：“布宪掌宪邦之刑禁。正月之吉，执旌节以宣布于四方，而宪邦之刑禁，以诘四方邦国及其都鄙，达于四海。凡邦之大事合众庶，则以刑禁号令。”（西周）《周礼》（全2册），徐正英、常佩雨译注，中华书局2014年版，第786页。

权与法律解释权都掌握在官府手中，由专门的官员负责诠释宣传法律，严禁私家法律解释。商鞅还设计了一套保障法令快速普及和彻底执行的制度，其中提出要设置主法令之吏，负责法令的保管、宣传和普及。主法令之吏自身首先要知法，且不允许随意篡改法律，“有敢剟定法令损益一字以上，罪死不赦”。[①] 官吏及民众欲知晓法令的内容须询问主法令之吏，“诸官吏及民，有问法令之所谓也于主法令之吏，皆各以其故所欲问之法令，明告之。各为尺六寸之符，明书年、月、日、时、所问法令之名，以告吏民”。[②] 法家学说主导下的秦国法制，法令的创制权和解释权都掌握在最高统治者手中，即使是主法令的官吏对法令也不能损益一字，更不能自由地解释法令，一般的官吏和民众更无解释法令的自由。秦国出现了“我国法律解释学史上的开山之作”[③]——《法律答问》。《法律答问》对 187 条法令进行了解释，它采用问答形式，解析法律术语、律意，明确刑罚之适用。《法律答问》作为由官方所作的正式、统一的具有法律效力的解释，[④]为基层的吏员所遵循，是中国古代官方垄断法律解释权而统一法律解释的典型。

汉代，董仲舒“引经决狱”，运用儒家学说的精义来审理各种

---

① (战国)商鞅：《商君书》，石磊译注，中华书局 2011 年版，第 175 页。

② (战国)商鞅：《商君书》，石磊译注，中华书局 2011 年版，第 175 页。

③ 张伯元：《出土法律文献研究》，商务印书馆 2005 年版，第 234 页。

④ 对于《法律答问》的性质是官方解释还是私人解释学界存在争议。有的认为它“绝不会是私人对法律的任意解释”，是“迄今所见最早的官方法律解释”；还有的学者认为它是法官在司法实践中所作的私人解释，有一定的效力，但非国家明确颁布的文件。参见睡虎地秦墓竹简整理小组编：《睡虎地秦墓竹简》，文物出版社 1978 年版，第 150 页；黄源盛：《中国法史导论》，广西师范大学出版社 2014 年版，第 169 页；张伯元：《出土法律文献研究》，商务印书馆 2005 年版，第 237 页、第 238 页、第 240 页。

疑难案件。“董仲舒虽然是在断案，但他的活动，事实上是对当时的法律规定做出了限制性（从宽）解释”。[①] 东汉，叔孙宣、郭令卿、许慎、马融、郑玄、应劭等儒家学者引经注律，蔚为大观，史称“诸儒章句十有余家，家数十万言。凡断罪所当由用者，合二万六千二百七十二条，七百七十三万二千二百余言”。[②] 但由于各家对法律的解释繁多，司法官员难以遍览，而且各家相互之间存在解释上的分歧矛盾，三国曹魏时期魏明帝下诏断案只用郑氏章句，不得杂用其他。

西晋时，律学家刘颂针对当时执法者随意征引、解释律文，以迎合上意，导致法令不一的情况，提出审判案件首先要遵守法令正文，如果正文没有规定，就根据总则性质的“名例”审判；如果官吏对法律条文有异议，可以提出，司法官署的各尚书郎与令史有权对不同的法律意见进行驳议，但也只能阐明、解释法律，而不能在律外援引其他理由，曲解律意。[③] 汝南王司马亮赞同刘颂的主张，认为“法与时共，义不可二”。最终刘颂的提议得到了皇帝的认可，“欲令法令断一，事无二门，郎令史已下，应复出法驳案，随事以闻也”。[④]

---

① 何勤华：《中国法学史》（第 1 卷），法律出版社 2006 年版，第 197 页。

② （唐）房玄龄等：《晋书 · 刑法志》，中华书局 1974 年版，第 923 页。

③ 参见《晋书 · 刑法志》：“又律法断罪，皆得以法律令正文，若无正文，依附名例断之，其正文名例所不及，皆勿论。法吏以上，所执不同，得为异议。如律之文，守法之官唯当奉行律令。至于法律之内，所见不同，乃得为异议也。今限法曹郎令史，意有不同为驳，唯得论释法律，以正所断，不得援求诸外，论随时之宜，以明法官守局之分。”（唐）房玄龄等：《晋书 · 刑法志》，中华书局 1974 年版，第 938 页。

④ （唐）房玄龄等：《晋书 · 刑法志》，中华书局 1974 年版，第 938 页。

中国古代还存在立法者编撰律疏的传统，以立法解释的方式统一法律解释。汉代的立法者应劭在制定律法的同时撰写了解释律法的《律本章句》等著作。汉代之后，曹魏的刘劭曾参与制定《新律》，写下了五卷本的《律略论》。晋代，杜预在参与制定《泰始律》的同时，撰写了《律本章句》。明法掾张斐也在制定律法时写下《律注表》。张斐、杜预对律的注解经晋武帝批准，诏颁天下，成为具有法律效力的解释。至唐代，唐高宗永徽三年(652 年)颁布了《永徽律》，但由于律学无定疏，各地官员对于律文的理解不一，明法科考试也没有定准。于是，唐高宗诏令长孙无忌、李勣、于志宁等人参撰律疏。最终，长孙无忌等编成律疏三十卷，于永徽四年(653 年)十月颁行天下。这就是《永徽律疏》，即后世所称的《唐律疏议》。所谓"律疏"即是对律的解释，与律文具有同等效力，当时"断狱者，皆引疏分析之"。[①] 宋代的《宋刑统》仍如《唐律疏议》在律文之后附有"疏""议""问""答"，以解释和补充律文。吴元年(1367 年)十月，朱元璋命左丞相李善长为律令总裁官，参知政事杨宪、傅瓛，御史中丞刘基，翰林学士陶安等 20 人为议律官，议定律令。至同年十二月，共议定令 145 条，律 285 条，编成一书。"又恐小民不能周知，命大理卿周祯等取所定之律令，自礼乐、钱粮、制度、选法外，凡民间所行之事类，取类成编，训释其意，颁之郡县，名曰《律令直解》。"[②]"《律令直解》是钦命完成的具有很高权威性的官方释律之作，对于司法实践中准确地了解律意、适用法律起着

---

① (后晋)刘昫等:《旧唐书·刑法志》，中华书局 1975 年版，第 2141 页。

② (清)张廷玉等:《明史·志第六十九·刑法一》，中华书局 1974 年版，第 2280 页。

重要的指导作用,并且开启了明代注释律学风气之先”。[①] 明清时期,立法者还直接在律典中添加注释,律典的官方注解技术已经达到了相当高的水平。而且明清时期“条例”比较发达,条例有的直接是皇帝的谕旨,还有的来自历年的判例。条例被附于律条之后,发挥着解释、补充律文的作用。

中国古代的最高司法审判机关也发挥着统一法律解释、维护法律权威的功能。至少自秦代开始,已经有了审级的设置。当事人对初审机关的判决不服可以申请复审。汉代则建立起了奏谳制度。《汉书·刑法志》记载,汉高祖七年(公元前 200 年)“县道官狱疑者,各谳所属二千石官,二千石官以其罪名当报之。所不能决者,皆移廷尉,廷尉亦当报之。廷尉所不能决,谨具为奏,傅所当比律令以闻”。[②] 州、道官府遇有疑难案件不能决断,则上报郡守,郡守可以在自身职权范围决断;郡守不能决断,则上报廷尉处理;廷尉也不能处理,则将案件附上所可能适用的律令,奏请皇帝决断。在疑案的层层上报、处断过程中,一定会涉及对律令的理解和适用问题。由此,各级审判机关都有一定的法律解释权。[③] 廷尉作为中央最高的专门司法审判机关势必在法律理解适用方面发挥着重要作用。当然,法律的最高解释权归属于皇帝。汉代汉文帝时期的廷尉张释之有言“廷尉,天下之

---

① 张晋藩:《中华法制文明的演进》,法律出版社 2010 年版,第 693 页。

② (汉)班固:《汉书·刑法志》,中华书局 1962 年版,第 1106 页;中国政法大学法律古籍整理研究所编著:《历代刑法志注译》,中国政法大学出版社 1994 年版,第 39 页。

③ 有学者据《汉书·刑法志》的该段记载,认为郡守享有法律解释权,是地方最高的法律解释者。参见徐世虹主编:《中国法制通史·第二卷·战国秦汉》,法律出版社 1999 年版,第 526 页。

平也,一倾而天下用法皆为轻重”。[①] 廷尉是天下司法审判机关适用法律的标准或模范,廷尉用法的轻重直接影响着地方各级审判机关对法律的适用。由此可以推论,廷尉对法律的解释也影响着其他审判机关对法律的理解和适用。西晋律学家刘颂主张各级官吏要严格依律断罪,不可随意解释律文。刘颂当时任三公曹尚书,而三公曹尚书掌管刑案审判事务。刘颂正是从自身职责的角度出发主张法律解释、适用统一。因此,作为中央审判机关的三公曹具有统一法律理解和适用的职责、功能。清代刑部有权复核地方的刑案,作出或准或驳的决定。刑部在复核准驳案件的过程中,就将自身对于律令条文的理解和适用表达出来。[②] 遇到在法律适用上有疑难的案件,刑部官员会提出处理意见。这些有关法律适用的意见上奏皇帝批准施行,成为对律典的补充。所谓“从前刑部遇有疑似难决之案,各该司意主议驳,先详具说帖呈堂,如堂上官以司议为是,由司再拟稿尾(复外省之语曰稿尾),分别奏咨施行。若堂上官于司议犹有所疑,批交律例馆详核”。[③] 刑部对于虽经驳审但仍未更正的地方官吏有权提出参劾,从而使自身的法律见解得以贯行,有力地统一了各级审判衙门的法律见解。

综上所述,传统中国的统治者基于国家规范、有序治理的需要,特别注重法令的统一,从而强调法律解释的统一。在迈入近

---

① (汉)司马迁:《史记》,中华书局 2009 年版,第 595 页。

② 有关刑部复核地方刑案的流程,参见郑小悠:《人命关天:清代刑部的政务与官员(1644—1906)》,上海人民出版社 2022 年版,第 63 ~92 页。

③ (清)沈家本:《刑案汇览三编序》,载《历代刑法考 · 附寄簃文存》,中华书局 1985 年版,第 2224 页。

现代社会之前，传统中国已经发展起了一套统一法律解释的惯常性做法和机制。具体内容包括：法律的最高解释权归属最高统治者；官方组织制定有关法律解释的标准文本，或者认可私人对法律的注释；构建自上而下的审级体制，上级审判机关监督下级审判机关的法律适用，最高审判机关发挥着主要的统一法律解释的功能。这套统一法律解释的做法和机制并未随着近代以来的法律变革而销声匿迹，而是参考借鉴西方法治先进国家统一法律解释的做法，适应特定历史条件下规范创制和司法实践的需要，适当调整，重新焕发生机，形成了独具中国本土特色的法律解释制度。

二、近代中国统一法律解释制度的构建

（一）清末统一法律解释的做法

清末，随着西方法律思想和法律制度的涌入，中国传统法律解释制度开始向近代转型。一方面在实践中形成了中央主管机关解答法律疑问的问答式法律解释制度；另一方面借鉴日本、德国等国家最高审判机关统一法律解释的做法，在法律中明确规定了“统一解释法令必应处置之权”，并将其赋予最高审判机关。

在清末变法改制的过程中，地方各级官署对于全新的法律章程常常产生疑问，便请求上级主管机关予以指示。中央各部、衙门对下级所提的疑问进行解答，对相关的法律章程进行解释。各下级机关则遵照中央主管机关的法律解释，处理相关的行政、司法事务。于是便形成了中央主管机关解答下级机关所提请的法律疑问，并有权作出对下级机关具有强制约束力的法律解释

的制度。①

清末,法律解释权大致按照“谁主管,谁解释”的原则在各中央机关间进行分配,各主管中央机关皆有权解释与本部事务有关的法令法规。实践中,宪政编查馆、民政部、法部、大理院、陆军部、资政院等中央机关都曾解答下级衙门提出的与自身主管事务相关的法律疑问,并对相关法律进行解释。法律解释制度的运行遵循“提问—解答”的程式。法律解释程序的启动首先需要有请求者提请解释。具有法律解释权的机关在收到解释请求后,针对提请者的法律疑问,作出明确的解释答复。如果所请求解答的事项与两个以上的部门相关,提请主体往往请求多个部门联合进行解释。

若下级机关对上级机关已经作出的法令解释仍有异议,可以重新提请解释。再次提请解释时,既可以提请原来的解释主体重新解释,也可以选择向其他有权机关提起。如果下级机关认为有关解释不当或错误,则可提请资政院进行公议。“由资政院作出最终、权威的解释,其背后隐含着将资政院这一‘最高立法机关’视为具有审查其他主体法律解释正当与否权力的统一法律解释机关的逻辑和认识。”②

同时,清末在法律规范层面明确规定了“统一解释法令权”,确立了大理院的统一法律解释机关的地位。大理院是清末进行

① 参见李相森:《清末法律解释制度:中国法律解释制度近代化的初步尝试》,载《学术探索》2016 年第 12 期。

② 李相森:《清末法律解释制度:中国法律解释制度近代化的初步尝试》,载《学术探索》2016 年第 12 期。

官制改革时设立的全国最高审判机关。宣统元年十二月二十八日(1909年2月7日)颁布的《法院编制法》第35条规定,“大理院卿有统一解释法令必应处置之权”,明确赋予大理院以统一解释法令权。在法律文本中明确规定统一解释法令权,这在当时世界上是独一无二的。

宣统元年(1909年)《法院编制法》虽然以日本《裁判所构成法》为蓝本,但却规定了日本法律所没有规定的统一解释法令必应处置之权。之所以如此规定,正是对日本1890年《裁判所构成法》的补正,“日本《裁判所构成法》对于解释法令并无规定之明文,盖以其权属之于司法省之民刑局。然以日本经验考之,往往因解释意见之不同,司法所与裁判所每启争议。本法持异其规定,将此权专属之于大理院卿。因大理院原为统一法律之最高机关,而以下各级审判厅,均莫不以大理院为其模范,故以此权属之于大理院,当无意见歧出之虞”。① 宣统元年(1909年)《法院编制法》明确规定了统一解释法令权的主体,以避免法律解释权的归属不明确而导致对法令解释的分歧。《法院编制法》第35条的规定为此后民国时期最高司法机关职掌统一法律解释权奠定了基础。

(二)民国时期最高司法审判机关统一法律解释

辛亥革命爆发后,新成立的鄂军政府决定成立江夏审判所,并赋予审判所长以统一法律解释权。1911年11月公布的《临时上诉审判所暂行条例》第7条规定:“所长有一切解释法令必应

① 沈宝昌:《法院编制法释义》,嘤鸣社1911年版,第66页。

处置之权。”[①]这显然是继承了宣统元年(1909 年)《法院编制法》第 35 条的规定。中华民国成立后,继续沿用清末《法院编制法》有关大理院统一解释法令权的规定。1915 年公布的《修正暂行法院编制法》第 35 条规定:“大理院长有统一解释法令及必应处置之权,但不得指挥审判官所掌理各案件之审判。”大理院以发布“统”字号解释的方式行使统一解释法令权。自 1912 年至 1927 年,大理院共发布 2012 号解释文件。

南京国民政府成立后,统一法律解释权仍然属诸最高审判机关。1927 年 10 月 25 日公布的《最高法院组织暂行条例》第 3 条规定:“最高法院院长有统一解释法令及必要处置之权。”[②]1927 年 12 月 24 日,南京国民政府最高法院成立,行使统一解释法令权。自 1927 年 12 月至 1928 年 11 月,最高法院共作出“解”字号解释 245 件。

1928 年 10 月 20 日公布、同年 11 月 17 日修正并实施的《司法院组织法》第 3 条规定:“司法院院长经最高法院院长及所属各庭庭长会议议决后行使统一解释法令及变更判例之权。”[③]1928 年 11 月,司法院成立,最高法院成为其直辖机关。1929 年 2 月开始由司法院院长行使统一解释法令权,亲自主持统一解释法令和变更判例会议,并以司法院名义公布解释例。司法院从 1929 年 2 月至 1948 年 6 月共作出解释 4097 件,其中前 2875 号

① 辛亥革命武昌起义纪念馆、政协湖北省委员会文史资料研究委员会合编:《湖北军政府文献资料汇编》,武汉大学出版社 1986 年版,第 735 页。

② 《最高法院组织暂行条例》,载《国民政府公报》1927 年第 3 期。

③ 钱端升等:《民国政制史》(上册),上海人民出版社 2008 年版,第 250 页。

为"院"字号,自 2876 号起为"院解"字号。[①]

1947 年 1 月 1 日国民政府公布的《中华民国宪法》第 78 条规定:"司法院解释宪法,并有统一解释法律及命令之权。"第 79 条第 2 款规定:"司法院设大法官若干人,掌理本宪法第七十八条规定事项,由总统提名,经监察院同意任命之。"[②]根据 1947 年《司法院组织法》的规定:"司法院以大法官 17 人组织大法官会议,行使解释宪法并统一解释法律、命令之职权。"[③]至此,解释宪法以及统一解释法律命令之权由司法院大法官会议具体行使。在 1949 年之前,司法院大法官会议仅作出了"释"字第 1 号、第 2 号两号解释。

民国时期,最高司法机关统一解释法律文件的创制往往遵循"请示—解答"的程式。统一法律解释程序的启动一般需要有法定的适格主体提起适当的法律解释请求。北洋政府时期,最初将请求大理院解释的主体仅限于各级审检机关及其他公署,私人、社会团体没有提起解释请求的资格,1913 年 4 月 16 日公布的《大理院关于请求解释法令权限通告》(特字第 15 号)称:"请求解释者自系以各级审检厅及其他公署为限,其有以私人资格或团体名义函电质疑者概置不复"[④]。后来,《大理院办事章程》将请求法律解释的主体限定为"法令所认许之公法人、公务

① 参见郭卫编:《司法院解释例全文》(第一册),上海法学编译社 1946 年版,"编辑缘起"。

② 《中华民国宪法》,载《法令周刊》1947 年第 1 期。

③ 孔庆泰等:《国民党政府政治制度史》,安徽教育出版社 1998 年版,第 759 页。

④ 大理院书记厅编辑:《大理院解释法律文件》(第一辑),1913 年刊行,第 5 页。

员于其职务上就法令有疑义者”。[①] 国民政府时期，请求解释的主体为“公署、公务员及法令所认许之公法人”。[②] 这些适格主体提请解释的问题必须是关于法律的实质性抽象疑问或者法令没有明文规定的事项，而不能是具体的案件事实问题。大理院在其解释中一再声称“本院向例关于具体案件，概不答复”。[③] 1929年1月4日公布的《司法院统一解释法令及变更判例规则》第3条规定：“请求解释以抽象之疑问为限，不得胪列具体事实。”大理院、最高法院、司法院在接到法律解释请求后，区分所声请解释的事类，分别由民事庭或刑事庭拟具解答案，经由最高司法机关长官认可后发布。

以司法院解释为例，其具体创制程序是：相关机构及人员针对法令条文向司法院请求解释时，由司法院院长将请求解释文件发交最高法院院长，最高法院院长将其区分民事类或刑事类，分配给民事庭或刑事庭庭长拟稿。如果是向最高法院院长请求解释，最高法院院长亦同前办理。最高法院民事庭或刑事庭庭长接受解释任务后，拟具解答案，然后征求各庭庭长之意见。各庭庭长须签注意见。签注意见之后的解答案送交最高法院院长。若最高法院院长对解答案表示赞同，则将解答案呈交司法院院长核阅。司法院院长如若赞同，则无须召集统一解释法令

---

① 参见1919年《大理院办事章程》第204条的规定。《大理院办事章程》，载《政府公报》1920年第1204号。

② 1929年《司法院统一解释法令及变更判例规则》第3条，载蔡鸿源：《民国法规集成》（第66册），黄山书社1999年版，第607页。

③ 《统字第九八号（民国三年二月七日大理院致总检察厅函）》，载郭卫编：《大理院解释例全文》，上海会文堂书局1931年版，第63页。

会议,该解答案即可作为统一解释法令会议的议决案。[①] 如果最高法院院长或过半数以上庭长对于解答案有疑义时,由最高法院院长呈请司法院院长召集统一解释法令会议议决。最高法院院长及各庭长虽无疑义,而司法院院长认为有疑义时,亦可召集统一解释法令会议。统一解释法令会议须由司法院院长、最高法院院长以及各庭庭长参加。司法院院长为主席,司法院院长不能出席时,由司法院副院长代行之,司法院副院长亦不能出席时,由最高法院院长代行之。统一解释法令会议须由上述人员的 2/3 以上出席。议决案以出席人员过半数议决,如果决议有分歧而得票数相同,则由会议主席决定。[②] 司法院院长认为统一解释法令会议作出的议决案仍然有疑义时,得召集最高法院全院推事加入会议进行复议。全体会议须由司法院院长、最高法院院长、庭长及推事全员 2/3 以上出席,由出席成员的 2/3 以上议决之。[③]

民国时期最高司法机关的法律解释文件具有法律强制力,可以成为各级法院裁判案件的依据。1919 年《大理院办事章程》第 203 条明确规定,"大理院关于法令之解释,除《法院编制法》第三十五条但书情形外,就同一事类均有拘束之效力",赋予了大理院解释对同一事类的拘束力。大理院的解释例具有与法

---

① 参见 1929 年《司法院统一解释法令及变更判例规则》第 4 条、第 5 条、第 6 条,载蔡鸿源:《民国法规集成》(第 66 册),黄山书社 1999 年版,第 607 页。

② 参见 1929 年《司法院统一解释法令及变更判例规则》第 7 条、第 8 条,载蔡鸿源:《民国法规集成》(第 66 册),黄山书社 1999 年版,第 607 页。

③ 参见 1929 年《司法院统一解释法令及变更判例规则》第 9 条,载蔡鸿源:《民国法规集成》(第 66 册),黄山书社 1999 年版,第 607 页。

律同等的效力,“所属各级法院均有遵守之义务”,“各级法院之遵守解释与遵守法律相同也”。[①] 国民政府初期,最高法院作为统一解释法令机关所发布的解释例与判例在效力上与北洋政府大理院基本相同,解释例具有形同法律的效力。司法院所发布的解释例是各公务机关执法及司法机关司法的重要依据,与法律具有同等效力,并在司法实践中被直接作为案件处理的规范依据。

民国时期,大理院、司法院还对自身所作的解释进行汇编。最初,大理院编纂《大理院解释法律文件》收录各年发布的解释法律文件全文(包括大理院的解答文件以及请求解释文件)。到1919 年 12 月,大理院编辑处编辑刊行了三卷《大理院解释例要旨汇览》。解释例要旨只是截取解释法律文件中解释法律、解答问题的关键部分,而省略函文中大理院对请求来函内容的叙述。同时,解释例要旨按照法典条文的章节顺序予以编排成为体系,并且将相关法条附后以作参考,形同法典。司法院也曾对其解释进行汇编。1937 年之前,司法院编纂了 7 册《司法院解释汇编》,全文收录请求解释及解答的往来函电。1944 年,司法院将其“院字”第 1 号解释至 1941 年 6 月“院字”2200 号解释汇编为上、下两册。

由最高司法机关统一行使法律解释权有利于法令解释的整齐划一。“最高法院是有最高解释权,可以统一解释,使法律的

---

① 老遇春:《依据我国现行法研究法令解释与判例之效力》,载《法学丛刊》1936 年第 4 期。

效力不会因解释的见解不同,失去它整齐平等的重心。"[①]但是由最高司法机关职掌统一法律解释权,并未否定地方各级法院对法律的解释权,只是"其他各级法院相互间当然没有此拘束彼解释的效力,彼此亦不负同样解释的义务"。[②] 在允许各级法院的法官进行法律解释的同时,将最高法律解释权归于最高的司法机关,其目的是统一法律的解释,明确法律的重心所在,避免对法律理解的混乱,进而导致适用上的偏差和错误。

最高司法机关对法律进行统一的解释,使法律明晰,适用方便,提高了司法效率。法律规定最高司法机关对于法令的解释对于同一事类均具有约束之效力。因而,当下级法院遇到同类案件时,可以直接引用最高司法机关对法令的解释进行裁判,无须再对法令之意旨、疑义运用复杂的解释方法进行阐释。这样无形之中便提高了司法效率,尤其是在民国地方司法人员稀少而素质又不高的情形下,最高司法机关的统一法律解释确实起到了"一律明,而百事了"的作用。

三、中国共产党领导的革命政权统一法律解释的做法

在革命战争年代,中国共产党领导的革命政权在法制建设中对于法律解释问题有所注意,并对法律解释的统一作了制度性安排。在不同的时期,革命政权在组织形式上有所差别,统一法律解释的方式也根据实际情况而有所调整,发展了多种统一法律解释的做法。中国共产党领导的革命政权发展出了法律审

① 朱采真:《法学通论》,上海世界书局 1929 年版,第 124 页。
② 朱采真:《法学通论》,上海世界书局 1929 年版,第 124 页。

查制度、颁布解释性法律、立法中明确该法律的解释权主体、设立统一法律解释机关以及“解答式”法律解释等多种统一法律解释的方式。这些统一法律解释方式为后来的新中国法制所继承，直接影响了我国现在的法律解释制度和实践，是构建统一法律解释制度不可忽视的历史经验。

（一）建立法律审查制度统一法律解释

中华苏维埃共和国时期建立了一套自上而下的法律审查制度，以确保下级的法令、决议与上级的法令、决议、政策相符合，从而保证政令的统一。1933 年《中华苏维埃共和国地方苏维埃暂行组织法（草案）》第 197 条规定，下级苏维埃的决议、命令及指示，有违背中央政权机关的法律、命令、决议、指示及该管上级机关的命令、决议、指示者，上级苏维埃得取消之。[①] 据此，上级苏维埃有权对下级苏维埃的命令、决议、指示是否违背相关的法律、命令、决议、指示进行审查，也就相应拥有了对相关法律、命令、决议、指示的解释权，通过此种上级苏维埃对下级苏维埃的审查来实现政令的统一。

1934 年 2 月 17 日公布的《中华苏维埃共和国中央苏维埃组织法》规定了中央政权的组织机构及其职权，正式确立了中央执行委员会及其主席团对各级政权机构的法律审查权。中央执行委员会是全国苏维埃代表大会闭幕期间的最高政权机关，有权

① 《中华苏维埃共和国地方苏维埃暂行组织法（草案）》，载韩延龙、常兆儒编：《中国新民主主义革命时期根据地法制文献选编》（第二卷），中国社会科学出版社 1981 年版，第 75 页。

颁布各种法律和命令,对中央执行委员会主席团、人民委员会及其他机关的法令和决议有停止执行和变更之权。[①] 中央执行委员会主席团是中央执行委员会闭幕期间的全国最高政权机关,它不仅有颁布各种法律命令之权,并有审查和批准人民委员会和各人民委员部及其他所属机关所提出的法令、条例和命令之权。[②] 人民委员会是中央执行委员会的行政机关,其决议如与大政方针有关系者,应提交中央执行委员会或它的主席团去审查批准。人民委员会有审查修改或停止各人民委员部所提出的法令及其决议之权。各人民委员部及各省苏维埃执行委员会如对人民委员会的决议和各种法令有不同意见时,可向中央执行委员会或它的主席团提出意见。[③] 此处虽然没有明确使用"法律审查""统一法律解释"等名词,但实际上中央执行委员会及其主席团通过审查各级政权机构的法令、决议以及解决各级政权机构之间关于法令的不同意见,发挥着统一法律解释的功能。

(二)以立法方式统一法律解释

革命根据地政权通过立法方式解释法律主要有两种做法:

① 参见《中华苏维埃共和国中央苏维埃组织法》第7条、第12条、第14条,载韩延龙、常兆儒编:《中国新民主主义革命时期根据地法制文献选编》(第二卷),中国社会科学出版社1981年版,第87~88页。

② 参见《中华苏维埃共和国中央苏维埃组织法》第17条、第21条,载韩延龙、常兆儒编:《中国新民主主义革命时期根据地法制文献选编》(第二卷),中国社会科学出版社1981年版,第88~89页。

③ 参见《中华苏维埃共和国中央苏维埃组织法》第30条、第31条、第32条,载韩延龙、常兆儒编:《中国新民主主义革命时期根据地法制文献选编》(第二卷),中国社会科学出版社1981年版,第92页。

一是在法律文本中直接附加解释或说明。1930 年 5 月全国苏维埃区域代表大会通过的《土地暂行法》采用了"条文 + 解释"的立法方式,在条文后面附加"解释"对条文进行补充说明。[①] 例如,《土地暂行法》第 1 条规定:"一、凡属地主的土地,一律无偿没收。"后面附加"解释:(一)凡占有土地自己不能耕种,利用来榨取地租者,都是地主。这样的地主的土地,一律没收。(二)富农占有土地,除自己使用外而出租一部分给他人耕种者,出租部分的土地一律没收"。[②] 附加的两条"解释"对何谓"地主的土地"进行了具体的说明。1944 年 12 月陕甘宁边区第二届参议会第二次大会通过的《陕甘宁边区土地租佃条例》即在相关条文之后附加"说明"对法律用语进行解释,对条文如何适用进行说明,或对相关立法理由进行阐释。该条例第 13 条规定,若因天灾人祸致收成减少或毁灭时,承租人得商请减付或免付应交租额。其后附:"(说明)本条例所称'天灾人祸',指灾荒、战争等不可抗力而言,各地区得依照本条例第五条统一规定减免办法。"[③]

二是针对某部法律制定专门的解释性法律。这些解释性法律文件多以"细则""解释"命名。1942 年 5 月《陕甘宁边区各级参议会选举条例的解释及其实施》对《陕甘宁边区各级参议会选举条例》作了逐条解释和说明。例如,《陕甘宁边区各级参议会

---

① 参见韩延龙、常兆儒编:《中国新民主主义革命时期根据地法制文献选编》(第四卷),中国社会科学出版社 1981 年版,第 7 ~ 9 页。

② 韩延龙、常兆儒编:《中国新民主主义革命时期根据地法制文献选编》(第四卷),中国社会科学出版社 1981 年版,第 7 页。

③ 张希坡编著:《革命根据地法律文献选辑》(第三辑),中国人民大学出版社 2017 年版,第 251 页。

选举条例》第2条规定，采取普遍、直接、平等、无记名的投票选举制，选举边区、县（或等于县的市）及乡市三级参议会的参议员，组织边区、县（或等于县的市）及乡市参议会。[①]《陕甘宁边区各级参议会选举条例的解释及其实施》则对该条中的“普遍”“直接”“平等”“无记名”“等于县的市”等用语作了详细的解释和说明：“普遍是指选举人的资格没有任何限制，任何哪个普通人都有选举权和被选举权。直接是选民直接选出被选人，而不要经过转弯。平等是任何选民投的票，其效力都是一样。无记名亦叫‘秘密’，是选民在票上只写被选出的人的姓名，不写自己的姓名……‘等于县的市’，如延安市和延安县的地位相等。”[②]1942年10月24日陕甘宁边区政府公布的《陕甘宁边区三十一（1942）年度征收救国公粮条例细则》对《陕甘宁边区三十一（1942）年度征收救国公粮条例》进行了细化解释。《陕甘宁边区三十一（1942）年度征收救国公粮条例》第3条规定：“凡边区内从事农业及副业或出租土地获取地租之人民，均有遵照本条例完纳救国公粮之义务。”《陕甘宁边区三十一（1942）年度征收救国公粮条例细则》第3条、第4条则对“副业”“农业副业”“地租”作了详细界定。[③] 1943年公布的《陕甘宁边区农业统一累进税试

① 《陕甘宁边区各级参议会选举条例》，载韩延龙、常兆儒编：《中国新民主主义革命时期根据地法制文献选编》（第一卷），中国社会科学出版社1981年版，第218页。

② 《陕甘宁边区各级参议会选举条例的解释及其实施》，载韩延龙、常兆儒编：《中国新民主主义革命时期根据地法制文献选编》（第一卷），中国社会科学出版社1981年版，第224～225页。

③ 参见张希坡编著：《革命根据地法律文献选辑》（第三辑），中国人民大学出版社2017年版，第61页。

行细则》对《陕甘宁边区农业统一累进税试行条例》作了解释。[1]

（三）立法时明确规定该法律的解释权主体

在中国共产党领导的革命政权所创制的法律规范中最早以条文形式明确规定该法解释权主体的是1931年11月中华苏维埃工农兵第一次全国代表大会通过、同年12月20日公布的《中华苏维埃共和国劳动法》。《中华苏维埃共和国劳动法》“附则”中明确规定：“本劳动法有疑问或在执行上发生争执的时候，由中央劳动部解释之。未与中央苏区打成一片的苏区，由该苏维埃省政府劳动部解释之。”[2]但1933年10月15日修改颁布的《中华苏维埃共和国劳动法》删除了此规定，未再明确规定该法的解释主体。笔者目力所及，除1931年《中华苏维埃共和国劳动法》之外，中华苏维埃共和国其法律皆未明确规定解释主体。在中华苏维埃共和国时期，在具体法律中明确规定该法的解释权主体并不常见。

抗日战争时期，法律中明确规定该法律的解释权主体成为一种较为普遍的做法。相关法律的解释权力主体一般是按照“谁制定，谁解释”的原则确定。在陕甘宁边区，边区参议会有权对与参议会组织、选举有关的法律进行解释。1939年2月陕甘宁边区第一届参议会通过的《陕甘宁边区选举条例》第20条规

---

① 参见张希坡编著：《革命根据地法律文献选辑》（第三辑），中国人民大学出版社2017年版，第77～80页。

② 张希坡编著：《革命根据地法律文献选辑》（第二辑），中国人民大学出版社2017年版，第888页。

定："本条例修改及解释之权，属于边区参议会。"[①]《陕甘宁边区各级参议会组织条例》第23条规定："本条例修改及解释之权属于边区参议会。"[②]1941年11月边区第二届参议会修正通过的《陕甘宁边区各级参议会选举条例》第30条规定"本条例修改及解释权属于边区参议会"。[③] 陕甘宁边区政府则对边区大部分单行法规有解释之权。1939年4月4日公布的《陕甘宁边区高等法院组织条例》第29条规定："本条例修改之权属于边区参议会，解释之权属于边区政府。"[④]《陕甘宁边区禁毒条例》第22条规定："本条例解释之权，属于边区政府。"[⑤]1939年陕甘宁边区公布的《陕甘宁边区抗战时期惩治汉奸条例》《陕甘宁边区抗战时期惩治盗匪条例》《陕甘宁边区抗战时期惩治贪污条例》都规定了条例的解释权归边区政府。[⑥] 1941年《晋冀鲁豫边区高等法院组织条例》亦有类似之规定："本条例修正权属于边区临时

---

① 张希坡编著：《革命根据地法律文献选辑》（第三辑），中国人民大学出版社2017年版，第41页。

② 张希坡编著：《革命根据地法律文献选辑》（第三辑），中国人民大学出版社2017年版，第95页。

③ 《红色档案——延安时期文献档案汇编》编委会编纂：《陕甘宁边区参议会史料汇编》（上卷），陕西人民出版社2013年版，第227页。

④ 韩延龙、常兆儒编：《中国新民主主义革命时期根据地法制文献选编》（第三卷），中国社会科学出版社1981年版，第358页。

⑤ 韩延龙、常兆儒编：《中国新民主主义革命时期根据地法制文献选编》（第三卷），中国社会科学出版社1981年版，第78页。

⑥ 参见韩延龙、常兆儒编：《中国新民主主义革命时期根据地法制文献选编》（第三卷），中国社会科学出版社1981年版，第57页、第59页、第61页。

参议会,解释权属于边区政府。"[①]1942 年《晋察冀边区惩治贪污条例》第 11 条规定:"本条例解释及修改之权属晋察冀边区行政委员会。"[②]《晋察冀边区破坏坚壁财物惩治办法》也规定了该办法的修改解释之权归边区行政委员会。[③]《山东省胶东区行署各级军法会审委员会组织及审理暂行条例》第 19 条规定:"本条例之解释权,属于主署级军法会审委员会。"[④]主任公署级军法会审委员会是山东省胶东区行署最高级别的军法会审委员会。1943 年苏中第二行政区法院制定的《苏中区第二行政区诉讼暂行条例》第 50 条规定:"本条例之解释权属于苏中第二行政区法院。"[⑤]

此种在法律规定中直接明确规定该法律解释权主体的做法在解放战争时期仍然大量存在。1945 年《山东省各级军事法庭组织条例》第 5 条规定:"本条例之解释修正权属于山东军区。"[⑥]1946 年 8 月 1 日试行的《冀南区诉讼简易程序试行法》第

---

① 韩延龙、常兆儒编:《中国新民主主义革命时期根据地法制文献选编》(第三卷),中国社会科学出版社 1981 年版,第 400 页。

② 韩延龙、常兆儒编:《中国新民主主义革命时期根据地法制文献选编》(第三卷),中国社会科学出版社 1981 年版,第 88 页。

③ 参见韩延龙、常兆儒编:《中国新民主主义革命时期根据地法制文献选编》(第三卷),中国社会科学出版社 1981 年版,第 86 页。

④ 韩延龙、常兆儒编:《中国新民主主义革命时期根据地法制文献选编》(第三卷),中国社会科学出版社 1981 年版,第 466 页。

⑤ 韩延龙、常兆儒编:《中国新民主主义革命时期根据地法制文献选编》(第三卷),中国社会科学出版社 1981 年版,第 513 页。

⑥ 韩延龙、常兆儒编:《中国新民主主义革命时期根据地法制文献选编》(第三卷),中国社会科学出版社 1981 年版,第 567 页。

40 条规定:“本法之修正权及解释权属于冀南行署。”[①]1947 年 6 月《关东各级司法机关暂行组织条例草案》第 36 条规定:“本组织法之解释权,属于关东高等法院。”[②]1948 年 10 月 24 日哈尔滨特别市政府常委会通过的《哈尔滨特别市民事刑事诉讼暂行条例》第 24 条规定:“本条例解释权与修改权属哈尔滨特别市政府。”[③]《哈尔滨特别市政府对公安局与人民法院关于处理民刑案件的分工与联系决定》同样规定了该决定解释与修改权归属哈尔滨特别市政府。[④]《晋冀鲁豫边区冀鲁豫区区调解委员会办事细则》第 15 项规定:“本细则解释权属于行署。”[⑤]1949 年 3 月 15 日天津市人民政府公布的《天津市人民政府关于调解程序暂行规程》第 12 条规定:“本程序解释权属于天津市人民政府。”[⑥]

(四)设立统一法律解释机关

革命根据地政权意识到了统一法律解释的必要性,并对此作了制度性安排。但是统一法律解释权力的归属在不同时期、

① 韩延龙、常兆儒编:《中国新民主主义革命时期根据地法制文献选编》(第三卷),中国社会科学出版社 1981 年版,第 565 页。

② 韩延龙、常兆儒编:《中国新民主主义革命时期根据地法制文献选编》(第三卷),中国社会科学出版社 1981 年版,第 606 页。

③ 韩延龙、常兆儒编:《中国新民主主义革命时期根据地法制文献选编》(第三卷),中国社会科学出版社 1981 年版,第 625 页。

④ 参见韩延龙、常兆儒编:《中国新民主主义革命时期根据地法制文献选编》(第三卷),中国社会科学出版社 1981 年版,第 628 页。

⑤ 韩延龙、常兆儒编:《中国新民主主义革命时期根据地法制文献选编》(第三卷),中国社会科学出版社 1981 年版,第 649 页。

⑥ 韩延龙、常兆儒编:《中国新民主主义革命时期根据地法制文献选编》(第三卷),中国社会科学出版社 1981 年版,第 671 页。

不同区域有不同的安排。

在陕甘宁边区,边区政府被视为拥有最高的统一解释法令的权力。1942 年 3 月 3 日,甘总县裁判员在办理案件过程中按照《破坏金融法令惩罚条例》第 8 条的规定"没收之款十分之三奖励报告人,十分之三奖励查获人"奖励了报告人,但不知查获人具体是指何人,产生了司法机关是否可以作为查获人受奖的疑问,因此向高等法院请示。1942 年 3 月 11 日,陕甘宁边区高等法院"因此问题有关法令之解释",呈文边区政府请求进行解释。① 1942 年 6 月 29 日,陕甘宁边区高等法院呈文陕甘宁边区政府请求对新正县地方法院所呈请的庄基纠纷处理问题进行解答,其中有"惟事关法令解释之统一,特转呈钧府明文指示"之语。②

特定时期革命政权亦将统一法律解释权归由最高审判机关行使。中华苏维埃共和国最高法院享有对一般法律进行法定解释的权力。1934 年 2 月 17 日公布的《中华苏维埃共和国中央苏维埃组织法》第 37 条所规定的最高法院的第一项权限就是对一般法律作法定的解释。③ 但最高法院未曾设立,只是组织临时最高法庭执行最高法院的职权。根据 1942 年《陕甘宁边区政府审判委员会组织条例》第 5 条的规定,陕甘宁边区政府审判委员会

① 参见张希坡编著:《革命根据地法律文献选辑》(第三辑),中国人民大学出版社 2017 年版,第 413 ~ 414 页。

② 张希坡编著:《革命根据地法律文献选辑》(第三辑),中国人民大学出版社 2017 年版,第 244 页。

③ 《中华苏维埃共和国中央苏维埃组织法》,载韩延龙、常兆儒编:《中国新民主主义革命时期根据地法制文献选编》(第二卷),中国社会科学出版社 1981 年版,第 93 页。

有“法令解释”的职权。[①] 陕甘宁边区政府审判委员会是陕甘宁边区的终审司法机关，也即最高司法审判机关。[②] 1946 年 10 月 19 日东北行政委员会制定公布的《东北各级司法机关暂行组织条例》第 21 条规定，最高分院有起草、编纂及统一解释政策法令之权限。[③] 东北地区法院分为地方法院、高等法院、最高法院东北分院三级。最高法院东北分院是当时东北地区的最高审判机关，不仅有立法权，而且有统一解释政策法令的权力。1948 年 9 月 6 日，东北行政委员会发布通令，将最高法院东北分院改称为东北高级人民法院。[④]

还有的将统一法律解释权赋予司法行政机关。1941 年 4 月 22 日通过并施行的《山东省改进司法工作纲要》第 3 条规定，在全省设一司法行政机关，专司司法制度之改进及创制、修改现行法令，统一全省法令之解释。[⑤] 由省级司法行政机关负责统一全

① 参见韩延龙、常兆儒编：《中国新民主主义革命时期根据地法制文献选编》（第三卷），中国社会科学出版社 1981 年版，第 363 页。

② 根据《陕甘宁边区政府审判委员会组织条例》的规定，边区政府审判委员会设委员 5 人，其中 1 人为委员长、1 人为副委员长，由边区政府主席、副主席兼任，其他委员在政府委员中聘任；设秘书长 1 人，秘书 1 人，书记官 1 ~ 2 人。1943 年 3 月 30 日，修正后的《陕甘宁边区政府审判委员会组织条例》删除了有关审判委员会解释法令的规定。1944 年 2 月 15 日，陕甘宁边区发布命令，边区政府委员会第四次会议决定边区司法审判改为二级制，边区政府审判委员被取消。

③ 韩延龙、常兆儒编：《中国新民主主义革命时期根据地法制文献选编》（第三卷），中国社会科学出版社 1981 年版，第 598 页。

④ 参见韩延龙、常兆儒编：《中国新民主主义革命时期根据地法制文献选编》（第三卷），中国社会科学出版社 1981 年版，第 612 页。

⑤ 韩延龙、常兆儒编：《中国新民主主义革命时期根据地法制文献选编》（第三卷），中国社会科学出版社 1981 年版，第 447 页。

省的法令解释。

此外,革命根据地时期还存在"解答式"法律解释,由主管某方面事务的最高机关以解答下级疑问的方式解释相关法律规定。中华苏维埃共和国时期即存在这种"解答式"法律解释。1932 年 2 月,永定县委向荣对《婚姻条例》第 9 条、第 18 条、第 20 条有疑问,向中央执行委员会提出,并希望在《红色中华》报上公开答复;1932 年 2 月 24 日,中央执行委员会副主席项英针对相关疑问进行了公开答复。① 1932 年 4 月,中央执行委员会答复了来自群众、干部有关《土地法》《红军优待条例》《劳动法》的四个疑问,对相关的法律条文作出了解释。② 1932 年 6 月,中央土地人民委员部解答了地方干部关于土地分配的五个问题以及上杭县苏土地部长温恒贵关于《没收和分配土地条例》第 10 条在执行中存在的疑问。③ 相关的问题及解释、答复都刊登在当时的中央报纸《红色中华》上,以方便各级干部了解、执行。这种"解答式"法律解释在抗日战争时期、解放战争时期一直都存在。例如,1942 年 6 月 29 日,陕甘宁边区高等法院呈文陕甘宁边区政府请求对新正县地方法院所呈请的庄基纠纷处理问题进行解

---

① 参见《关于婚姻条例的质疑与解答》,载张希坡编著:《革命根据地法律文献选辑》(第二辑),中国人民大学出版社 2017 年版,第 950 ~ 952 页。

② 参见《中央执行委员会关于法令的解释》,载韩延龙、常兆儒编:《中国新民主主义革命时期根据地法制文献选编》(第四卷),中国社会科学出版社 1981 年版,第 23 ~ 26页。

③ 参见《中央土地人民委员会关于分配土地问题的答复》,载韩延龙、常兆儒编:《中国新民主主义革命时期根据地法制文献选编》(第四卷),中国社会科学出版社 1981 年版,第 23 ~ 26 页。

答。陕甘宁边区政府将相关问题提交第27次政务会议进行议决，作出了相关处理决议，以“批答”形式发文边区高等法院，并转饬相关法院遵照办理。[①] 又如，1949年华北人民政府司法部对婚姻相关问题作了解答。[②]

---

① 参见张希坡编著：《革命根据地法律文献选辑》（第三辑），中国人民大学出版社2017年版，第244页。

② 参见《华北人民政府司法部关于婚姻问题的解答》，载韩延龙、常兆儒编：《中国新民主主义革命时期根据地法制文献选编》（第四卷），中国社会科学出版社1981年版，第875～878页。

第三章　构建统一法律解释制度的现实基础

统一法律解释制度的构建是基于我国现行法律解释制度之上的。我国现行法律解释制度自 1981 年确立至今已经走过了四十余年的历程,各法律解释主体创制了数量庞大的法律解释文件,广泛而深刻地影响了我国的经济、社会发展。我国法律解释制度四十余年来的运行效果需要全面、客观地评价,所积累的实践经验需要认真、系统地总结,所存在的问题亦需要中肯、理性地分析。构建统一法律解释制度是为我国的法治建设服务的,法制运行中的实际需要是构建统一法律解释制度的现实动因。统一法律解释制度的具体构设必须能够满足法制运行的需求。因此,有必要调查、了解各法律实施主体的法律解释制度需求及其对构建统一法律解释制度的意见和建议。

第一节　我国现行法律解释制度的确立及主要内容

一、我国现行法律解释制度的确立

我国现行法律解释制度主要是根据《宪法》、《立法法》以及相关决议、规定所确立的。中华人民共和国成立之初,《宪法》就对法律解释权的归属作出了安排。1954 年颁布的《宪法》第 31 条规定,全国人大常委会有权解释法律。1975 年《宪法》保留了全国人大常委会的此项权力。1978 年《宪法》及 1982 年《宪法》在此基础上,更是赋予全国人大常委会以解释宪法的权力。根据《宪法》(2018 年修正)的规定,"解释宪法""解释法律"是全国人大常委会的职权。全国人大常委会作为我国最高法律解释主体的地位得以确立。

全国人大常委会出于法律解释实践的需要,分别于 1955 年出台了《关于解释法律问题的决议》(已废止)、1981 年出台了《1981 年法律解释决议》,将自身"解释法律"的权力进行了明确,并作了进一步的授权,从而逐步确立了我国的现行法律解释制度。1955 年 6 月 23 日,全国人大常委会第十七次会议通过了《关于解释法律问题的决议》(以下简称《1955 年解释决议》),该决议规定:"一、凡关于法律、法令条文本身需要进一步明确界限或作补充规定的,由全国人民代表大会常务委员会分别进行解释或用法令加以规定。二、凡关于审判过程中如何具体应用法律、法令的问题,由最高人民法院审判委员会进行解释。”①在该决议中,法律问题被区分为法律、法令条文本身的问题和法律、法令具体应用的问题,由不同的主体分别进行解释。这开启了我国多个主体解释法律的序幕,为此后构建多元化法律解释体制奠定了基础。

《1981 年法律解释决议》在《1955 年解释决议》的基础上对法律解释权作了进一步授权,标志着我国法律解释体制的确立。《1981 年法律解释决议》的出台主要是针对当时所存在的各地各部门对法律规范理解不一、不能正确实施法律等问题。1979 年,第五届全国人民代表大会第二次会议通过了《刑法》《刑事诉讼法》《地方各级人民代表大会和地方各级人民政府组织法》《全国人民代表大会和地方各级人民代表大会选举法》《人民法院组织法》《人民检察院组织法》《中外合资经营企业法》(已废止)等 7 部法律之后,各地各部门在执行相关法律的过程中不断提出一些法律问题要求解释。在实际工作中,由于对某些法律条文的理解不一致、不准确,影响了法律的正确实施。根据全国人大常委会法制工作委员会副主任王汉斌在第五届全国人大常委会第十九次会议上对《关于加强法律解释工作决议(草案)》的说明,当时对法律条文理解不一致、不准确的情形主要有:有的把《刑法》第 132 条规定的“故意杀人”解释为仅指有预谋的杀人,而把没有预谋的故意杀人,以“事先没有杀人意图”作为理由,不按故意杀人而按故意伤害致人死亡罪判处;有的把《刑法》第 139 条的“强奸”罪解释为必须女方有反抗行为,而对那些在罪犯威胁下被害妇女不

① 《第一届全国人民代表大会常务委员会关于解释法律问题的决议》,载《刑事法规汇编》编辑组编:《刑事法规汇编》,黑龙江人民出版社 1990 年版,第 114 页。

敢反抗而被强奸的,不按强奸罪判处;有的把《刑法》第153条盗窃犯“抗拒逮捕”应按抢劫罪判处解释为仅指抗拒司法人员依法逮捕的,而对行凶抗拒群众捉拿的犯罪分子不按抢劫罪判处;等等。[①] 因此,全国人大常委会出台了有关加强法律解释工作的决议以统一、规范各地各部门对法律的解释。

《1981年法律解释决议》规定:

> 一、凡关于法律、法令条文本身需要进一步明确界限或作补充规定的,由全国人民代表大会常务委员会进行解释或用法令加以规定。
>
> 二、凡属于法院审判工作中具体应用法律、法令的问题,由最高人民法院进行解释。凡属于检察院检察工作中具体应用法律、法令的问题,由最高人民检察院进行解释。最高人民法院和最高人民检察院的解释如果有原则性的分歧,报请全国人民代表大会常务委员会解释或决定。
>
> 三、不属于审判和检察工作中的其他法律、法令如何具体应用的问题,由国务院及主管部门进行解释。
>
> 四、凡属于地方性法规条文本身需要进一步明确界限或作补充规定的,由制定法规的省、自治区、直辖市人民代表大会常务委员会进行解释或作出规定。凡

---

① 参见《第五届全国人民代表大会常务委员会关于加强法律解释工作的决议 关于处理逃跑或者重新犯罪的劳改犯和劳教人员的决定 关于死刑案件核准问题的决定 关于刑事案件办案期限问题的决定》,法律出版社1982年版,第7页。

> 属于地方性法规如何具体应用的问题，由省、自治区、直辖市人民政府主管部门进行解释。

《1981 年法律解释决议》仅是有关法律解释工作的原则性规定，并未对法律解释的效力、形式以及各主体解释法律的程序等作出规定。而且在很长一段时期内也没有其他的法律规范对法律解释工作作更为具体详细的规定。各主体在实践中逐步明确了自身法律解释的形式和效力，并发展起了各自解释法律的程序，进而制定有关法律解释工作的规定。《1981 年法律解释决议》所确立的法律解释制度在实践中丰富、完善起来。

最初，全国人大常委会并未对自身如何解释法律作出更为细化的程序性规定。2000 年《立法法》以正式法律的形式对全国人大常委会法律解释权的适用范围、行使方式及效力作了规定，使全国人大常委会解释法律有了可资依据的程序规范。2004 年 2 月 17 日第十届全国人大常委会第十二次委员长会议通过了全国人大常委会法律解释工作程序，具体规定了法律解释要求提出的主体、形式、内容，法律解释要求的接收、登记，法律解释草案的拟定、审议、表决，法律解释的公布等内容。①

国务院、最高人民法院、最高人民检察院相继出台有关法律解释工作的规定，明确自身法律解释的权限，确立起一套较为系统的法律解释文件创制程序。1993 年国务院办公厅发布《关于行政法规解释权限和程序问题的通知》（以下简称《1993 年通

---

① 参见全国人大常委会办公厅秘书局、全国人大常委会办公厅联络局审定：《人大代表常用法律选读》，中国民主法制出版社 2007 年版，第 110～111 页。

知》)对行政法规的立法性解释和应用解释的创制主体和程序进行了规定;1999 年国务院办公厅又发布了《关于行政法规解释权限和程序问题的通知》(以下简称《1999 年通知》)对 1993 年的文件进行了规范和完善。1996 年,最高人民检察院出台《最高人民检察院司法解释工作暂行规定》(已废止);2006 年又发布了《最高人民检察院司法解释工作规定》(已废止),并于 2015 年、2019 年对该规定作了两次修订。2019 年修订后的《最高人民检察院司法解释工作规定》共 28 条,规定了最高人民检察院制定司法解释的权限、原则,司法解释的效力、形式,司法解释的立项、起草、审核,检察委员会对司法解释的审议,司法解释的发布、备案,司法解释执行情况和效果的检查评估,司法解释的清理等内容。1997 年,最高人民法院出台了《关于司法解释工作的若干规定》(已废止);2006 年 12 月 11 日最高人民法院审判委员会审议通过《关于司法解释工作的规定》,2021 年,最高人民法院又对该规定进行了修正。2021 年修正后的《最高人民法院关于司法解释工作的规定》共 31 条,对最高人民法院司法解释的形式及效力,制定司法解释的立项,司法解释起草与报送,司法解释草案的讨论,司法解释的发布、施行、备案以及编纂、修改、废止等作了规定。

各有权地方国家机关也参照有关法律解释的规定及中央国家机关制定的解释法律规范,并结合自身的解释实践,制定出台了有关自身法律工作的规定。省级人大常委会一般参照《立法法》和《全国人大常委会法律解释工作程序》所规定的全国人大常委会解释法律的程序制定自身有关地方性法规的解释程序规则。例如,1999 年 11 月 25 日,重庆市人民代表大会常务委员会公布《关于地方性法规解释的规定》;2004 年 7 月 22 日,北京市人民代表大会常务委员会公布《北京市地方性法规解释工作规程》;2004 年 11 月 1 日,安徽省人民代表大会常务委员会公布《安徽省人大常委会解释地方性法规的规定》(已被修订)。一些省会所在市人大常委会、经济特区所在地的市人大常委会也公布了有关地方性法规解释的规定。例如,2006 年 1 月 13 日,四川省成都市人民代表大会常务委员会颁布《关于地方性法规解释的规定》;1998 年 12 月 4 日,深圳市人民代表大会常务委员会颁布《关于法规解释的规定》(已废止)。在 1993 年、1999 年国务院办公厅发布《关于行政法规解释权限和程序问题的通知》之后,部分省市人民政府办公厅先后发布了关于省政府规章解释权限和程序问题的通知,参照国务院行政法规解释的权限和程序对省政府制定的规章的解释权限和程序作了规定。1993 年 4 月 5 日,四川省人民政府办公厅发布《关于省政府规章解释权限和程序的通知》;1993 年 6 月 12 日,陕西省人民政府办公厅发布《关于省政府规章解释权限和程序问题的通知》;1999 年 6 月 7 日,吉林省人民政府办公厅发布《关于省政府规章解释权限和程序问题的通知》;1999 年 6 月 14 日,河北省人民政府办公厅发布《关于省政府规章解释权限和程序问题的通知》;1999 年 6 月 14 日,云南省人民政府办公厅发布《关于规章解释权限和程序问题的通知》;1999 年 6 月 18 日,江苏省政府办公厅发布《关于对省政府制定的规章解释权限和程序问题的通知》(已废止);1999 年 7 月 2 日,重庆市人民政府办公厅发布《关于市政府规章解释权限和程序问题的通知》;1999 年 7 月 12 日,云南省昆明市人民政府办公厅发布《关于规章解释权限和程序问题的通知》。部分省、市还对规章解释的具体程序作了详细规定。例如,1991 年 1 月 12 日山东省青岛市人民政府发布了《关于地方性法规具体应用解释和规章解释工作的试行规定》(已废止),对市人民政府的规章的立法解释和具体执行解释作了规定;2004年2月16日,广东省深圳市人民政府颁布《深圳市人民政府规章解释规定》;2009年5月8日,浙江省人民政府颁布《浙江省人民政府规章解释工作规则》;2021年1月7日,上海市人民政府办公厅颁布《上海市人民政府规章解释规定》。

二、我国现行法律解释制度的主要内容

(一)法律解释权的配置

在《1981年法律解释决议》中,《宪法》赋予全国人大常委会的法律解释权(不包括宪法解释权)实际上被区分为立法解释权、审判解释权、检察解释权、行政解释权,并被配置给不同的国家机构。[①] 立法解释权由全国及省级人大常委会职掌。审判解释权归属于最高人民法院。检察解释权由最高人民检察院行使。[②] 行政解释权的主体则为国务院及其主管部门、省级人民政

---

① 有学者认为全国人大常委会有关最高司法机关、国务院及其主管部门法律解释职权的规定,超越了其职权范围。参见周旺生:《中国现行法律解释制度研究》,载《现代法学》2003年第2期。

② 地方各级人民法院、人民检察院没有法律解释权,不得制定司法解释性质文件。2012年最高人民法院、最高人民检察院联合发布《关于地方人民法院、人民检察院不得制定司法解释性质文件的通知》,要求"自本通知下发之日起,地方人民法院、人民检察院一律不得制定在本辖区普遍适用的、涉及具体应用法律问题的'指导意见'、'规定'等司法解释性质文件,制定的其他规范性文件不得在法律文书中援引"。

府主管部门。[1] 全国人大常委会在整个解释体制中居于最高地位。其他解释主体的解释权都来自全国人大常委会的授权。全国人大常委会有权对最高人民法院与最高人民检察院有原则性分歧的法律解释作出最终的解释或决定。

《1981 年法律解释决议》对各解释主体的解释权限范围作了划分,将法律解释问题区分为"条文本身"问题、"具体应用"问题两类。"条文本身"问题是指法律法规本身需要进一步明确界限或作补充规定。"具体应用"问题是指法律法规具体实施过程中发生的是否应用、如何应用的问题。"条文本身"问题的解释由全国人大常委会、省级人大常委会负责。"具体应用"问题则由最高人民法院、最高人民检察院、国务院及主管部门、省级人民政府主管部门负责。后来国务院办公厅发布通知,确认国务院对行政法规条文本身需要进一步明确界限或者作补充规定的问题进行解释。根据 2001 年《规章制定程序条例》的规定,规章的规定需要进一步明确具体含义的、规章制定后出现新的情况,需要明确适用规章依据的,由规章制定机构进行解释。2017 年修订后该条内容仍保留。由此,"条文本身"问题的解释主体还包括国务院及其各部门(见图 3 - 1)。

---

① "不属于审判和检察工作中的其他法律、法令如何具体应用的问题,由国务院及主管部门进行解释",此处的"主管部门"是指法律执行的主管部门,包括国务院办公厅、各部、各委员会,也包括全国人大常委会工作机构。参见张春生主编:《中华人民共和国立法法释义》,法律出版社 2000 年版,第 140 页。严格意义上的全国人大常委会工作机构包括法制工作委员会、预算工作委员会、香港基本法委员会和澳门基本法委员会。在实践中,全国人大常委会法制工作委员会也在实际解释法律。

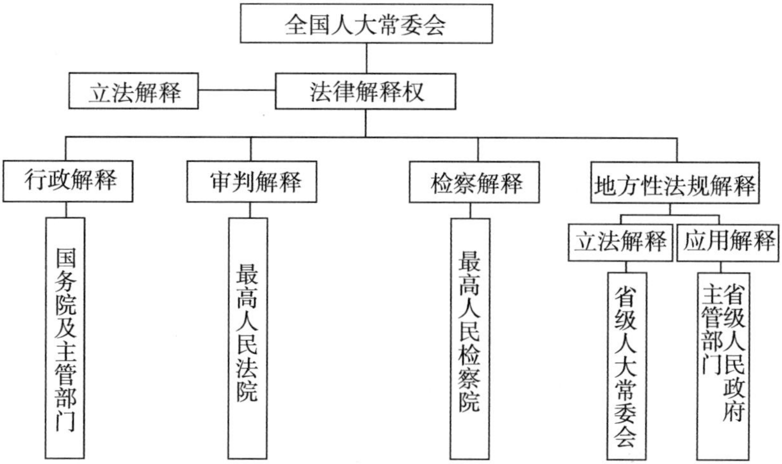

图 3－1　《1981 年法律解释决议》确立的法律解释体制

(二)法律解释的程序

1. 全国人大常委会解释法律程序

根据《立法法》以及《全国人大常委会法律解释工作程序》的规定，全国人大常委会解释法律的程序包括四个环节：一是提出法律解释要求；二是研究拟订法律解释草案；三是审议法律解释草案；四是表决法律解释草案、公布法律解释。

首先，提出法律解释要求。根据《立法法》第 49 条的规定，可以向全国人大常委会提出法律解释要求的主体包括国务院、中央军事委员会、国家监察委员会、最高人民法院、最高人民检察院和全国人民代表大会各专门委员会以及省、自治区、直辖市的人民代表大会常务委员会。其他国家机关在法律执行过程中遇到法律解释问题，应先提请其上级机关解决，不能解决的则层层提请直至有权提请法律解释要求的机关。除此之外，个人、社会团体及组织无权提请法律解释。法律解释要求应当以书面形式提出，包括要求解释的具体法律条文、该法律条文在实施中遇到的主要问题及要求进行解释的理由等内容，同时也可以附上提请主体自身对法律解释内容的建议。全国人大常委会办公厅负责法律解释要求的接收、登记工作。

其次，研究拟订法律解释草案。根据《立法法》第 50 条的规定，全国人大常委会工作机构负责研究拟订法律解释草案。这里的全国人大常委会工作机构指全国人大常委会法制工作委员会。法制工作委员会是全国人大常委会的立法工作部门，为全国人民代表大会及其常委会、委员长会议、宪法和法律委员会审议法律服务。全国人大常委会办公厅在接收、登记法律解释要求后，报秘书长批转法制工作委员会研究拟订法律解释草案。法制工作委员会应当自收到批件之日起 45 日内研究拟出法律解释草案或者提出处理意见。法制工作委员会在对法律解释要求进行研究后，向秘书长提出报告。经秘书长同意后或者经秘书长提请委员长会议讨论同意后，认为提出的法律解释要求属于需要修改法律的，或者可以通过法律询问方式予以答复的，或者可以暂不作法律解释的，由全国人大常委会办公厅告知提出法律解释要求的机关，并说明理由。除此之外，则是需要作出法律解释的。由法制工作委员会在广泛听取全国人大常委会其他工作机构、法律执行部门、专家学者及有关公民、法人和其他组织的意见的基础上，研究拟订法律解释草案。法制工作委员会在拟订法律解释草案过程中，各方有不同意见的，应当协商解决；协商后，仍有不同意见的，报秘书长审定或者经秘书长提请委员长会议审定。

再次，审议法律解释草案。根据《立法法》第50条、第51条的规定，法律解释草案由委员长会议决定列入常务委员会会议议程，由宪法和法律委员会根据常务委员会组成人员的审议意见进行审议、修改，提出法律解释草案表决稿。全国人大常委会委员长会议负责处理常委会的重要日常工作，有权拟定常委会会议议程草案，有权决定相关的法律解释草案是否列入会议议程。向常委会提出的法律解释草案的议案应当包括：法律解释草案条文及其说明，并附法律解释要求和有关材料。被列入常委会会议议程的法律解释草案，委员长会议可以委托法制工作委员会向常委会会议作说明。常委会全体会议听取法制工作委员会的说明，然后再由常委会分组会议进行审议。经审议后的法律解释草案交由宪法和法律委员会①根据审议意见进行审议、修改，提出法律解释草案表决稿。实践中，若委员长会议认为应交其他专门委员会审议的，也可交相关专门委员会审议，提出审议意见。

最后，表决法律解释草案，公布法律解释。根据《立法法》第52条的规定，法律解释草案表决稿由全国人大常委会全体组成人员的过半数通过，由全国人大常委会发布公告予以公布。全国人大常委会在审议法律解释草案时，一般实行一审制。若相关法律解释问题特别复杂，对法律解释草案在审议中提出的重大问题需要进一步研究的，经委员长会议决定，可以暂不付表

① 2015年《立法法》的规定使用的是“法律委员会”。2018年将“法律委员会”改称为“宪法和法律委员会”，故此处使用“宪法和法律委员会”。

决,交宪法和法律委员会进一步审议,提请下次或者以后的全国人大常委会会议审议。宪法和法律委员会提出的法律解释草案表决稿,经审议后,如果全国人大常委会组成人员没有大的意见分歧,则由委员长会议提请全国人大常委会全体会议表决。全国人大常委会全体组成人员过半数可以表决通过。表决通过后的法律解释由全国人大常委会以发布公告的方式公布。公告应当载明该解释的通过机关和通过日期。法律解释公布后,全国人大常委会办公厅应及时在全国人大常委会公报上刊登。

2. 最高人民法院制定司法解释的程序

最高人民法院解释法律的形式有“解释”“规定”“规则”“批复”“决定”五种。根据 2006 年最高人民法院审判委员会通过, 2021 年 6 月 8 日修正的《关于司法解释工作的规定》,最高人民法院制定司法解释需要经过以下程序:

第一,立项。最高人民法院制定司法解释的立项来源于最高人民法院审判委员会提出制定司法解释的要求,最高人民法院各审判业务部门提出制定司法解释的建议,各高级人民法院、解放军军事法院提出制定司法解释的建议或者对法律应用问题的请示,全国人大代表、全国政协委员提出制定司法解释的议案、提案,有关国家机关、社会团体或者其他组织以及公民提出制定司法解释的建议,最高人民法院认为需要制定司法解释的其他情形。基层人民法院和中级人民法院认为需要制定司法解释的,应当层报高级人民法院,由高级人民法院审查决定是否向最高人民法院提出制定司法解释的建议或者对法律应用问题进行请示。最高人民法院研究室具体负责制定司法解释的立项工作,对最高人民法院审判委员会要求制定司法解释的直接予以立项,对其他制定司法解释的立项来源进行审查决定是否立项。研究室汇总立项建议,草拟司法解释年度立项计划,经分管院领导审批后提交审判委员会讨论决定。司法解释立项计划包括立项来源、立项的必要性、需要解释的主要事项、司法解释起草计划、承办部门以及其他必要事项等内容。

第二,起草与报送。司法解释起草工作由最高人民法院各审判业务部门负责。涉及不同审判业务部门职能范围的综合性司法解释,由最高人民法院研究室负责起草或者组织、协调相关部门起草。起草司法解释,应当深入调查研究,认真总结审判实践经验,广泛征求意见。涉及人民群众切身利益或者重大疑难问题的司法解释,经分管院领导审批后报常务副院长或者院长决定,可以向社会公开征求意见。司法解释送审稿应当送全国人民代表大会相关专门委员会或者全国人大常委会相关工作部门征求意见。起草部门将司法解释送审稿及其说明送全国人大常委会办公厅研究室审核。研究室在一个月内提出审核意见,若认为司法解释送审稿需要进一步修改、论证或者协调,则会同起草部门进行修改、论证或者协调,形成司法解释草案。起草部门将司法解释草案报分管院领导和常务副院长审批,提交审判委员会讨论。

第三,讨论。最高人民法院审判委员会在司法解释草案报送之次日起三个月内进行讨论。逾期未讨论的,审判委员会办公室报常务副院长批准延长。司法解释草案经最高人民法院审判委员会讨论后通过的,由院长或者常务副院长签发;原则通过的,由起草部门会同研究室根据审判委员会讨论决定进行修改,报分管副院长审核后,由院长或者常务副院长签发;认为制定司法解释的条件尚不成熟的,作出进一步论证、暂缓讨论或撤销立项的决定。

第四,发布。司法解释以最高人民法院公告形式发布,在《最高人民法院公报》和《人民法院报》刊登。

3. 最高人民检察院制定司法解释的程序

最高人民检察院解释法律有“解释”“规则”“规定”“批复”“决定”等形式。根据《最高人民检察院司法解释工作规定》①,最高人民检察院制定司法解释须经过以下程序:

第一,立项。最高人民检察院制定司法解释的立项来源包括:最高人民检察院检察委员会关于制定司法解释的决定;最高人民检察院检察长关于制定司法解释的批示;最高人民检察院法律政策研究室、各检察厅提出制定司法解释的建议;省级人民检察院向最高人民检察院提出制定司法解释的请示;全国人大代表、全国政协委员提出制定司法解释的建议或者提案;有关机关、社会团体或者其他组织以及公民提出制定司法解释的建议;最高人民检察院认为需要制定司法解释的其他情形。省级以下人民检察院认为需要制定司法解释的,层报省级人民检察院,由省级人民检察院审查决定是否向最高人民检察院提出请示。最高人民检察院法律政策研究室负责立项工作,最高人民检察院检察委员会决定制定司法解释或者最高人民检察院检察长批示

---

① 该规定于2006年4月18日由最高人民检察院第十届检察委员会第五十三次会议审议通过,并经过了两次修订。2015年12月16日最高人民检察院第十二届检察委员会第四十五次会议对该规定作了第一次修订。2019年3月20日最高人民检察院第十三届检察委员会第十六次会议作了第二次修订。参见《最高人民检察院司法解释工作规定》,载《检察日报》2019年5月14日,第3版。

制定司法解释的,直接立项;其他制定司法解释的立项建议,由最高人民检察院法律政策研究室提出审查意见,报检察长决定。法律政策研究室根据立项情况,在每年年初起草该年度的司法解释工作计划,报检察长决定提交检察委员会审议。

第二,起草和审核。司法解释的研究起草工作由最高人民检察院法律政策研究室和各检察厅分别负责。法律政策研究室主要负责涉及多部门业务的综合性司法解释的研究起草工作,各检察厅主要负责本部门业务范围的司法解释的研究起草工作。起草部门及时开展调研起草工作,形成司法解释意见稿。司法解释意见稿应报送全国人民代表大会相关专门委员会或者全国人大常委会相关工作机构征求意见;征求有关机关以及地方人民检察院、专门人民检察院的意见;根据情况,可以征求人大代表、政协委员以及专家学者等的意见;涉及广大人民群众切身利益的司法解释,经检察长决定,可以在报纸、互联网等媒体上公开征求意见。起草部门在征求意见并对司法解释意见稿进行修改完善后,认为可以提交检察委员会审议的,形成司法解释送审稿,撰写起草说明,附典型案例等相关材料,经分管副检察长同意,送法律政策研究室审核。法律政策研究室审核后,认为需要进一步修改、补充、论证的,提出书面意见,退回起草部门;认为需要征求有关机关意见的,报分管副检察长批准,以最高人民检察院或者最高人民检察院办公厅名义征求意见;认为可以提交检察委员会审议的,形成司法解释审议稿,报检察长决定提交检察委员会审议。

第三,审议。检察委员会在审议司法解释时,由法律政策研究室汇报,起草部门说明相关问题,回答委员询问。检察委员会审议通过的司法解释，由法律政策研究室根据审议意见对司法解释审议稿进行修改后，报检察长签发。检察委员会经审议，认为制定司法解释的条件尚不成熟的，可以决定进一步研究论证或者撤销立项。

第四，公布。最高人民检察院以公告形式发布司法解释，并在《最高人民检察院公报》和最高人民检察院官方网站公布。

4. 国务院解释行政法规程序

根据《1993 年通知》，行政法规的立法性解释由国务院负责，行政法规的应用解释由行政主管部门进行，国务院、国务院办公厅文件的解释由国务院办公厅承办，具体的解释办法如下：

一、凡属于行政法规条文本身需要进一步明确界限或者作补充规定的问题，由国务院作出解释。这类立法性的解释，由国务院法制局按照法规草案审查程序提出意见，报国务院同意后，根据不同情况，由国务院发布或者由国务院授权有关行政主管部门发布。

二、凡属于行政工作中具体应用行政法规的问题，按照现行做法，仍由有关行政主管部门负责解释；有关行政主管部门感到解释有困难或者其他有关部门对其作出的解释有不同意见，提请国务院解释的，由国务院法制局提出答复意见，报国务院同意后，直接答复有关行政主管部门，同时抄送其他有关部门。

三、凡属于国务院、国务院办公厅文件的解释问题，仍按现行做法，由国务院办公厅承办。涉及行政法规的问题，国务院办公厅可征求法制局的意见；涉及法律解释的,按照《全国人民代表大会常务委员会关于加强法律解释工作的决议》办理。

之后,《1999 年通知》对《1993 年通知》作了修正。一是将《1993 年通知》中的“国务院法制局”改为“国务院法制办公室”①。二是将《1993 年通知》的第三项调整为:“凡属于国务院、国务院办公厅有关贯彻实施法律、行政法规的规范性文件的解释问题,由国务院法制办公室承办,作出解释,其中涉及重大问题的,由国务院法制办公室提出意见,报国务院同意后作出解释。国务院、国务院办公厅其他文件的解释,仍按现行做法,由国务院办公厅承办。”将国务院、国务院办公厅文件区分为国务院、国务院办公厅有关贯彻实施法律、行政法规的规范性文件以及其他文件两类,前者的解释问题由国务院法制办公室负责,后者则仍由国务院办公厅承办。

根据《1993 年通知》《1999 年通知》,行政法规的立法性解释是由国务院法制机构按照行政法规草案审查程序提出意见,然后报请国务院同意。国务院法制机构是行政法规立法性解释的主要创制者,具体的解释意见创制程序则是按照行政法规草案审查程序进行。根据《立法法》的规定,行政法规起草工作完成后,起草单位应当将草案及其说明、各方面对草案主要问题的不同意见和其他有关资料送国务院法制机构进行审查。《行政法规制定程序条例》则具体规定了国务院法制机构审查行政法规送审稿的具体程序。国务院法制机构应当就行政法规送审稿或

① 2018 年机构改革后撤并为司法部。

涉及的主要问题向有关部门、地方人民政府、有关组织和专家等各方面征求意见,向社会征求意见,深入基层进行实地调查研究,听取基层有关机关、组织和公民的意见;涉及重大利益调整的,国务院法制机构应当进行论证咨询,广泛听取有关方面的意见;国务院有关部门对行政法规送审稿涉及的主要制度、方针政策、管理体制、权限分工等有不同意见的,国务院法制机构应当进行协调,力求达成一致意见;对有较大争议的重要立法事项,国务院法制机构可以委托有关专家、教学科研单位、社会组织进行评估。

2001 年公布、2017 年修订的《行政法规制定程序条例》规定行政法规的立法性解释程序如下:国务院各部门和省、自治区、直辖市人民政府向国务院提出行政法规解释要求;国务院法制机构研究拟订行政法规解释草案,报国务院同意后,由国务院公布或者由国务院授权国务院有关部门公布。对属于行政工作中具体应用行政法规的问题,省、自治区、直辖市人民政府法制机构以及国务院有关部门法制机构请求国务院法制机构解释的,国务院法制机构可以研究答复;其中涉及重大问题的,由国务院法制机构提出意见,报国务院同意后答复。该条例有关行政法规解释问题的规定与《1999 年通知》相比并无本质上的不同,只是行政法规立法性解释由国务院法制机构研究拟订行政法规解释草案,而不再是之前的“按照行政法规草案审查程序提出意见”。至于国务院法制机构研究拟订行政法规解释草案的程序,应当是参照《行政法规制定程序条例》有关行政法规起草的相关规定。

2001 年公布、2017 年修订的《规章制定程序条例》规定,规章解释权属于规章制定机关,规章解释由规章制定机关的法制机构参照规章送审稿审查程序提出意见，[①]报请制定机关批准后公布。

5. 地方国家机关解释地方性法规、规章的程序

按照《1981 年法律解释决议》有权进行法律解释的地方国家机关包括省、自治区、直辖市人民代表大会常务委员会以及省、自治区、直辖市人民政府主管部门。但实际上能够解释法律（包括地方性法规、地方政府规章）的地方国家机关繁多，至少包括省级人大及其常委会、省级人大常委会法制工作委员会、省级人民政府、省级人民政府主管部门及工作部门、省会城市和民族

---

① 根据《规章制定程序条例》的规定，法制机构主要从以下方面对送审稿进行审查：（1）是否符合本条例第 3 条、第 4 条、第 5 条、第 6 条的规定；（2）是否符合社会主义核心价值观的要求；（3）是否与有关规章协调、衔接；（4）是否正确处理有关机关、组织和公民对规章送审稿主要问题的意见；（5）是否符合立法技术要求；（6）需要审查的其他内容。规章送审稿有下列情形之一的，法制机构可以缓办或者退回起草单位：（1）制定规章的基本条件尚不成熟或者发生重大变化的；（2）有关机构或者部门对规章送审稿规定的主要制度存在较大争议，起草单位未与有关机构或者部门充分协商的；（3）未按照本条例有关规定公开征求意见的；（4）上报送审稿不符合本条例第 18 条规定的。法制机构应当将规章送审稿或者规章送审稿涉及的主要问题发送有关机关、组织和专家征求意见。法制机构可以将规章送审稿或者修改稿及其说明等向社会公布，征求意见。法制机构应当就规章送审稿涉及的主要问题，深入基层进行实地调查研究，听取基层有关机关、组织和公民的意见。规章送审稿涉及重大利益调整的，法制机构应当进行论证咨询，广泛听取有关方面的意见。有关机构或者部门对规章送审稿涉及的主要措施、管理体制、权限分工等问题有不同意见的，法制机构应当进行协调，力求达成一致意见。对有较大争议的重要立法事项，法制机构可以委托有关专家、教学科研单位、社会组织进行评估。经过充分协调不能达成一致意见的，法制机构应当将主要问题、有关机构或者部门的意见和法制机构的意见及时报本部门或者本级人民政府领导协调，或者报本部门或者本级人民政府决定。法制机构应当认真研究各方面的意见，与起草单位协商后，对规章送审稿进行修改，形成规章草案和对草案的说明。

自治地方的人大常委会、省会城市的人民政府及工作部门、省会城市的人民政府主管部门、较大的市的人大常委会、较大的市的人民政府。[①] 2015 年修改后的《立法法》赋予设区的市以地方性法规的立法权。由此,设区的市也享有对自身制定的地方性法规的解释权。部分地方国家机关对自身解释法规、规章的程序作了具体规定,在此选择一二典型作简要介绍。

(1)地方人大常委会解释地方性法规程序

1999 年 11 月 25 日重庆市第一届人民代表大会常务委员会第二十次会议通过了《关于地方性法规解释的规定》,并于 2010 年修正,对重庆市人大常委会解释地方性法规的程序作了规定。具体如下:

第一,解释法规要求的提起。有权向重庆市人大常委会提起解释法规要求的机关,包括市人民政府及其组成部门、市高级人民法院、市人民检察院、市人大各专门委员会,各区、县(市)人大常委会,以及法规授权的其他执法部门。提出法规解释要求的机关应将请求解释的报告一式五份报送市人大法制委员会。市人大法制委员会进行登记后,根据法规类别分别送市人大有关专门委员会或常务委员会有关工作机构进行审查。

第二,法规解释报告的审查。市人大各专门委员会、常务委员会各工作机构应按照各自的职责,负责对法规解释报告进行初步审查,及时提出审查意见。经审查认为需要作出法规解释的,提请主任会议决定是否提交常务委员会会议审议。

---

① 参见魏胜强:《法律解释权的配置研究》,北京大学出版社 2013 年版,第 248 ~ 251 页。

第三，法规解释草案的拟定。主任会议决定需要提请常务委员会会议审议的，由市人大有关专门委员会或常务委员会有关工作机构提出初步解释意见，然后会同市人大法制委员会拟定法规解释草案，提交常务委员会会议审议决定。

第四，法规解释草案的审议。市人大常务委员会会议对法规解释草案进行审议。如发现需要对被提请解释的法规进行修改或作出补充规定的，应终止法规解释案的审议，按照制定地方性法规的程序，进行修改或作出补充规定。如果认为提出的法规解释要求不属于应当解释的情况，①可以作为法规询问，由市人大有关专门委员会或常务委员会有关工作机构会同市人大法制委员会提出意见，予以书面答复。

第五，法规解释的表决和公布。市人大常务委员会会议对法规解释草案进行审议后，交付常务委员会全体组成人员表决。法规解释须经常务委员会全体组成人员过半数通过，由常务委员会发布公告予以公布。

省级人大常委会法规解释程序的启动首先需要有相应的解释请求的提起。相应的解释请求如何提起也是法规解释程序的重要组成部分。2021 年 1 月 7 日上海市人民政府办公厅颁布的《上海市人民政府提请市人大常委会解释地方性法规程序规定》对上海市人民政府提请市人大常委会解释地方性法规的程序作

① 《重庆市人民代表大会常务委员会关于地方性法规解释的规定》第 3 条规定了应当对地方性法规进行解释的情形：(1)法规某些条文规定比较原则，需要进一步明确具体含义的；(2)法规制定后出现新的情况，需要明确适用法规依据的；(3)在适用法规的过程中对某些条款的理解产生较大意见分歧，需要进一步阐明立法原意的；(4)其他情况需要进一步明确立法原意的。

了规定。[①] 上海市人民政府提请市人大常委会解释地方性法规的程序如下：

第一，解释地方性法规建议的提起。市政府工作部门可以以书面形式向市司法局提出解释地方性法规的建议。书面解释建议应说明对地方性法规进行解释的必要性，附具解释文本草案，并由提出建议的部门主要负责人签署，如果是几个单位共同起草的，由相关单位主要负责人共同签署。地方性法规解释内容涉及其他部门职责或者与其他部门关系紧密的，建议部门应当征求相关部门的意见。解释内容涉及专业性、技术性较强的问题，或者对公民、法人或者其他组织的权利义务有较大影响的，建议部门还应当召开论证会、听证会等进行研究论证。

第二，解释地方性法规建议的审查。市司法局负责对市政府工作部门提出的解释地方性法规建议进行审查。如有必要，可以采取座谈会、论证会、听证会等多种形式进行研究论证。经审查之后，不需要提请市人大常委会解释的，市司法局将审查结果告知建议部门；需要提请解释的，由市司法局起草提请解释地方性法规的议案草案，按照规定程序报送市政府。

第三，解释地方性法规议案草案的审议。市政府常务会议对市司法局提交的解释地方性法规议案草案进行审议，作出是否提请市人大常委会进行解释的决定。

① 参见《上海市人民政府提请市人大常委会解释地方性法规程序规定》《上海市人民政府规章解释规定》，载微信公众号“行政执法研究”2021 年 9 月 15 日，https://mp.weixin.qq.com/s?src=11&timestamp=1673005811&ver=4272&signature=VgYepo9wN2SuLUd2b3uS2iV6IT44mlnis65wYI9LSTo5en9U7MkIvB0aJNqcUie8JzqJlb8-HTvAEqgNqq1yqrmG70b1aotibOw6T3UXmdax1NBOr2hhBT0KiPkX-BNs&new=1。

第四，提请解释。市政府决定提请市人大常委会对地方性法规进行解释的，以市政府议案形式报送市人大常委会。

（2）地方人民政府解释地方政府规章程序

1999 年 6 月 18 日江苏省人民政府办公厅发布的《关于对省政府制定的规章解释权限和程序问题的通知》（已废止）规定：

> 一、凡属于省政府制定的规章条文本身需要进一步明确界限或者作补充规定的问题，由省政府作出解释。这类立法性解释，由省政府法制局按照规章草案审查程序提出意见，报省政府同意后，根据不同情况，由省政府发布，或者由省政府授权省政府法制局发布。
>
> 二、凡属于行政工作中具体应用省政府规章的问题，有关行政主管部门在职权范围内能够解释的，由其负责解释；有关行政主管部门解释有困难或者其他部门对其作出的解释有不同意见，要求省政府解释的，由省政府法制局承办并作出解释。其中，涉及重大问题的，由省政府法制局提出意见，报省政府同意后作出解释，答复有关行政主管部门，同时抄送其他有关部门。
>
> 三、凡属于省政府、省政府办公厅有关贯彻实施国务院行政法规和本省地方性法规的规范性文件的解释问题，由省政府法制局承办并作出解释。其中，涉及重大问题的，由省政府法制局提出意见，报省政府同意后，作出解释。省政府、省政府办公厅其他文件的解释，仍按现行做法，由省政府办公厅承办。

这种规定只是明确了规章解释的主体及大体的流程,不够详细具体。以下以2021年1月7日上海市人民政府办公厅颁布的《上海市人民政府规章解释规定》为例介绍省级人民政府解释地方政府规章的程序如下:①

第一,提出解释规章的建议。在出现“规章条文内容需要进一步明确具体含义的;规章实施过程中对条文内容存在不同意见的;规章制定后出现新的情况,需要明确适用规章依据的”等情形时,市政府工作部门可以提请市政府作出规章解释。市政府工作部门应以书面形式向市司法局提出解释规章的建议,说明规章解释的必要性,并附解释文本草案。解释建议应当由提出建议的部门主要负责人签署,如果是几个单位共同起草的,应当由共同起草单位主要负责人共同签署。规章解释内容涉及其他部门职责或者与其他部门有紧密关系的,建议部门应当征求相关部门的意见。解释内容如果涉及专业性、技术性较强的问题,或者对公民、法人或者其他组织的权利义务有较大的影响,建议部门还应当召开论证会、听证会等进行研究论证。

第二,审查规章解释建议。由市司法局对市政府工作部门提出的解释规章建议进行审查。如有必要,可以采取座谈会、论证会、听证会等多种形式进行研究论证。经审查后,认为不需要解释的,市司法局将审查结果告知建议部门;认为需要解释的,

---

① 参见《上海市人民政府提请市人大常委会解释地方性法规程序规定》《上海市人民政府规章解释规定》,载微信公众号“行政执法研究”2023年1月6日,https://mp. weixin. qq. com/s? src = 11&timestamp = 1673005811&ver = 4272&signature = VgYepo9wN2SuLUd2b3uS2iV6IT44mlnis65wYI9LSTo5en9U7MkIvB0aJNqcUie8JzqJlb8-HTvAEqgNqq1yqrmG70b1ao tibOw6T3UXmdax1NBOr2hhBT0KiPkX-BNs&new = 1。

进入解释意见草案起草程序。

第三，起草解释意见草案。市司法局在认真研究各方面意见，与建议部门协商后，对部门报送的解释文本草案进行修改，形成规章解释意见草案和草案说明。

第四，规章解释的批准发布。规章解释意见草案报经市政府批准后，在市政府公报、市政府网站上向社会公布。

（三）法律解释的效力

根据我国《立法法》第53条的规定，全国人民代表大会常务委员会的法律解释同法律具有同等效力，全国人大常委会的法律解释与其所解释的法律具有同等效力，具有法律强制力。全国人大常委会法律解释的效力可回溯至其所解释的法律生效之日，并及于其所解释的法律的效力所及之范围。全国人大常委会的法律解释对行政机关、审判组织、检察机关、监察机关以及公民、法人和其他组织都具有约束力。

最高人民法院和最高人民检察院发布的司法解释具有"法律效力"。《最高人民法院关于司法解释工作的规定》第5条规定，最高人民法院发布的司法解释，具有法律效力。《最高人民检察院司法解释工作规定》第5条规定，最高人民检察院制定并发布的司法解释具有法律效力。"两高"的司法解释与其所解释的法律具有同等效力，在时间上可回溯至其所解释的法律生效之日，在空间及对象上及于其所解释的法律所及之范围。

国务院的行政法规解释与其所解释的行政法规的效力相同。《行政法规制定程序条例》第31条第3款规定，行政法规的解释与行政法规具有同等效力。根据《规章制定程序条例》第

33 条第 3 款的规定，规章的解释同规章具有同等效力。规章制定机关（包括国务院各部、委员会、中国人民银行、审计署和具有行政管理职能的直属机构，省、自治区、直辖市和设区的市、自治州的人民政府）对规章的解释与其所解释的规章具有同等效力。

地方性法规制定机关对自身所制定的地方性法规的解释与其所解释的地方性法规具有同等效力。例如，《浙江省地方立法条例》第 92 条规定，省人民代表大会常务委员会的地方性法规解释同地方性法规具有同等效力。《重庆市地方立法条例》第 73 条规定，市人大常委会的法规解释同法规具有同等效力。

（四）法律解释文件的备案审查

全国人大常委会为加强法律解释的统一，建立起了一套法律解释监督机制，对于其所授权的各法律解释主体创制的法律解释进行监督。2005 年 12 月 16 日，第十届全国人大常委会第十四次委员长会议通过的《司法解释备案审查工作程序》规定，最高人民法院、最高人民检察院制定的司法解释应当在公布之日起 30 日内报送全国人大常委会备案；国务院等机关、社会团体、企事业组织以及公民认为司法解释同宪法或者法律相抵触，可以向全国人大常委会书面提起审查要求或建议。该工作程序还具体规定了司法解释的报送和接收、审查工作的分工负责、被动审查和主动审查、同宪法或者法律相抵触的司法解释的纠正程序等内容。[①] 2006 年 8 月 27 日全国人大常委会发布的《各级

---

① 参见吴坤：《司法解释备案审查制度确立》，载《法制日报》2005 年 12 月 20 日，第 3 版。

人民代表大会常务委员会监督法》第五章“规范性文件的备案审查”规定了司法解释备案审查制度。2006 年颁布的《最高人民检察院司法解释工作规定》(已废止)以及 2007 年公布的最高人民法院《关于司法解释工作的规定》(已被修改)对司法解释的备案都作了相应规定。[①] 2015 年修正的《立法法》明确规定“两高”的司法解释应在公布后的 30 日内报全国人大常委会备案。[②] 2019 年 12 月 16 日第十三届全国人大常委会第四十四次委员长会议通过了《法规、司法解释备案审查工作办法》,详细规定了全国人大常委会对法规、司法解释进行备案的具体程序以及审查的职责、程序、标准、处理、反馈与公开等。[③] 至此,我国的司法解释备案审查制度完全确立起来。

根据相关的法律规定,司法解释的备案程序如下:

第一,备案文件的报送。司法解释应当自公布之日起 30 日内报送全国人大常委会备案。“两高”单独制定的司法解释分别由各自的办公厅报送;“两高”共同制定的司法解释,由主

① 2006 年《最高人民检察院司法解释工作规定》第 23 条规定:司法解释应当按照有关规定报送全国人大常委会备案。2015 年《最高人民检察院司法解释工作规定》第 22 条规定,司法解释应当自公布之日起 30 日以内报送全国人大常委会备案。2007 年《最高人民法院关于司法解释工作的规定》第 26 条规定,司法解释应当自发布之日起 30 日内报全国人大常委会备案。备案报送工作由办公厅负责,其他相关工作由研究室负责。《最高人民法院关于司法解释工作的规定》2021 年修正时,该条未作改动。

② 《立法法》(2015 年修正)第 104 条第 2 款规定,最高人民法院、最高人民检察院作出的属于审判、检察工作中具体应用法律的解释,应当自公布之日起 30 日内报全国人大常委会备案。2023 年《立法法》修正,该规定在内容上并无变化,只是调整为第 119 条第 2 款。

③ 参见《法规、司法解释备案审查工作办法》,载《中华人民共和国全国人民代表大会常务委员会公报》2020 年第 1 期。

要起草单位办公厅报送。报送备案文件时,应当将司法解释文本、说明、修改情况汇报以及审议结果报告等纸质文本装订成册,报送常委会办公厅一式五份。同时,应由制定机关指定的电子报备专责机构负责报送备案文件的电子文本。报送机关应当通过全国人大常委会备案审查信息平台报送符合全国人大常委会工作机构印发的格式标准和要求的全部备案文件的电子文本。

第二,备案文件的接收与形式审查。全国人大常委会办公厅负责接收"两高"报送审查的司法解释,并在收到备案文件之日起 15 日内进行形式审查。对那些符合法定范围和程序、备案文件齐全、符合格式标准和要求的,予以接收,并通过全国人大常委会备案审查信息平台发送电子回执,同时进行登记、存档。对那些不符合法定范围和程序、备案文件不齐全或者不符合格式标准和要求的,以电子指令形式予以退回并说明理由。因备案文件不齐全或者不符合格式标准和要求被退回的,报送机关应当自收到电子指令之日起 10 日内按照要求重新报送备案。

第三,备案文件的分送审查。全国人大常委会办公厅根据职责分工,将司法解释备案文件分送有关专门委员会和法制工作委员会进行审查。专门委员会、法制工作委员会在审查研究中发现司法解释可能存在问题的,可以与制定机关沟通,或者采取书面形式询问制定机关;当制定机关未按照审查研究意见及时修改、废止司法解释时,专门委员会、法制工作委员会则可以依法提出要求制定机关予以修改、废止的议案、建议,或者提出由全国人大常委会作出法律解释的议案、建议,由委员长会议决定提请常委会会议审议。

司法解释的审查程序如下：

第一,审查的启动。司法解释的审查可以采取依职权审查、依申请审查、移送审查、专项审查等方式进行。全国人大常委会各专门委员会、法制工作委员会可依职权主动对司法解释进行审查,包括在司法解释备案过程中的审查、对涉及宪法问题的司法解释主动进行的合宪性审查、针对特定方面或领域的某类司法解释开展的专项审查。国务院、中央军事委员会以及省、自治区、直辖市的人民代表大会常务委员会认为司法解释与宪法、法律相抵触,最高人民法院、最高人民检察院相互之间认为对方作出的司法解释与宪法、法律相抵触,可以向全国人大常委会书面提出审查要求,由全国人大常委会办公厅接收、登记,报秘书长批转有关专门委员会会同法制工作委员会进行审查。其他国家机关、社会团体、企业事业组织以及公民可依照法律规定向全国人大常委会书面提出对司法解释的审查建议,由法制工作委员会接收、登记,并进行审查研究,①若有必要,可送有关专门委员会进行审查、提出意见。有关机关在备案审查过程中发现应当由全国人大常委会审查的,可通过备案审查衔接联动机制移送全国人大常委会审查。

---

① 《法规、司法解释备案审查工作办法》第23条规定:“经初步研究,审查建议有下列情形之一的,可以不启动审查程序:(一)建议审查的法规或者司法解释的相关规定已经修改或者废止的;(二)此前已就建议审查的法规或者司法解释与制定机关作过沟通,制定机关明确表示同意修改或者废止的;(三)此前对建议审查的法规或者司法解释的同一规定进行过审查,已有审查结论的;(四)建议审查的理由不明确或者明显不成立的;(五)其他不宜启动审查程序的情形。”

第二,审查的程序。全国人大常委会有关专门委员会、法制工作委员会根据审查要求、审查建议进行审查研究,发现司法解释可能存在“违背宪法规定、宪法原则或宪法精神”“与党中央的重大决策部署不相符或者与国家的重大改革方向不一致”“违背法律规定”“明显不适当”等问题的,[①]应当发函告知司法解释制定机关。制定机关应在一个月内作出说明并反馈意见。对司法解释开展依职权审查、移送审查、专项审查,发现可能存在前述问题的,制定机关应在一个月内作出说明并反馈意见。专门委员会、法制工作委员会一般应当在审查程序启动后三个月内完成审查研究工作,提出书面审查研究报告。

第三,审查的处理。全国人大常委会有关专门委员会、法制工作委员会在审查研究的过程中如发现相关司法解释可能存在问题的,可以与制定机关沟通,或者采取书面形式询问制定机关。经审查研究,认为相关司法解释需要纠正的,可以与制定机关沟通,要求制定机关及时修改或者废止。制定机关同意修改或者废止相关司法解释,并书面提出明确的处理计划和时限。此时,审查主体可以不再向其提出书面审查研究意见,审查中止。如果制定机关不同意修改或者废止相关司法解释,专门委员会、法制工作委员会应向制定机关提出书面审查研究意见,要求制定机关在两个月内提出书面处理意见。如果制定机关逾期未报送书面处理意见,专门委员会、法制工作委员会可以向制定机关发函督促或者约谈制定机关的有关负责人,要求制定机关限期报送处理意见。制定机关按照书面审查研究意见对司法解

---

① 具体参见《法规、司法解释备案审查工作办法》第三章第三节的规定。

释进行修改、废止的，审查终止；未按照书面审查研究意见及时修改、废止的，专门委员会、法制工作委员会可以依法提出要求最高人民法院或者最高人民检察院予以修改、废止的议案、建议，或者提出由全国人大常委会作出法律解释的议案、建议，由委员长会议决定提请常委会会议审议。

第四，审查结果的反馈与公开。审查工作结束后，全国人大常委会办公厅向提出审查要求的机关、法制工作委员会向提出审查建议的公民、组织以书面形式进行反馈，必要时也可以采取口头形式反馈。通过备案审查信息平台提出的审查建议，可以通过备案审查信息平台进行反馈。备案审查工作情况由专门委员会、常委会工作机构以适当的方式向社会公开。

第二节　我国现行法律解释制度的运行实效

我国现行法律解释制度自 1981 年确立至今，实际运行了四十余年，有其现实合理性，也存在种种问题。我国现行法律解释制度是与改革开放以来我国的法治建设密不可分的。特定的社会情势和时代背景影响了我国法律解释制度的构设和运行，而现行法律解释制度也在不断适应我国法治社会发展的需要。只有在特定的社会和时代语境下才能够准确理解、评价我国的现行法律解释制度。因此，有必要将现行法律解释制度置于我国四十余年法治实践的时代背景之下，进行全面的分析和总结。

一、现行法律解释制度的合理性

(一)适应了经济社会高速发展对法律规范的需求

我国的法律解释制度发挥了重要的法律规范发展功能,一定程度上及时、有效地回应了经济社会发展对法律规范的需求。改革开放四十余年来,我国的经济社会迅速发展,立法当时所确立的制度规则,带有时代的局限性,随着时间的推移,逐渐显露出其与社会发展的脱节。由于立法程序较为复杂,启动不易,既定法律规范不可能随时修正更改,立法就显露出其面对社会生活的滞后性。而法律解释程序的启动则较为方便,程序相对简易,因此,创制法律解释成为应对复杂多变的社会情势的有效手段。尤其是以最高人民法院为代表的法律解释主体,创制了大量的司法解释,贯彻了新的法律理念和社会治理政策导向,及时回应了社会发展对法律规范的新要求。

例如,1979 年《刑法》将假冒注册商标犯罪的主体限定为工商企业。但改革开放后,出现了个人假冒他人注册商标的新情况。因此,最高人民法院《关于假冒商标案件两个问题的批复》(已废止)将没有营业执照的个人违反商标法规,假冒他人注册商标的行为也认定为假冒商标罪,从而扩大了 1979 年《刑法》所规定的假冒商标罪的犯罪主体,①为打击、遏制个人假冒商标犯罪行为提供了规范依据。

---

① 参见苗炎:《司法解释制度之法理反思与结构优化》,载《法制与社会发展》2019 年第 2 期。

随着网络信息的日益发达,有关网络信息的纠纷不断增多。其中,涉网络知识产权纠纷较为突出。网络知识产权纠纷涉及网络服务提供者、电子商务平台经营者、网络用户等非传统法律主体,在责任主体认定及责任承担方式上都需要有新的规则。而且由于网络信息的传播方式和速度与传统信息传播不同,知识产权侵权纠纷的解决也需要新的方式和手段。2020 年最高人民法院《关于涉网络知识产权侵权纠纷几个法律适用问题的批复》对涉网络知识产权纠纷的法律适用作出了规定,明确了知识产权权利人在权利受到侵害时可采取的举措以及网络服务提供者、电子商务平台经营者的相应义务和责任承担方式。

网络信息技术的发展也改变了人们的消费方式,社会大众越来越多地通过网络来满足消费需求,网络消费成为人们基本的消费方式。随着网络数字经济的迅猛发展,网络消费纠纷案件快速增长,司法实践中也出现了一些新情况、新问题。在此背景下,最高人民法院《关于审理网络消费纠纷案件适用法律若干问题的规定(一)》出台,对网络消费合同权利义务、责任主体认定、直播营销民事责任、外卖餐饮民事责任等问题作出了规定。该司法解释针对经济社会发展出现的新业态、新问题,贯彻落实新发展理念,注重平衡消费者、电商平台、平台内经营者等各方利益关系,遵循网络消费参与交易主体多样化、交易环境虚拟化、交易空间跨地域性、合同格式化等特点,既回应了网络消费纠纷案件的审判实践需求,也规范了网络平台经济的发展。

(二)为法律实施机关提供了较为明确的规范依据

中华人民共和国成立至改革开放之前,党和国家对法制建设工作不够重视,在一段历史时期内甚至全面否定、破坏法制,导致我国的法律体系始终未能确立起来。改革开放之后,我国的法制建设步入正轨,立法工作高速推进,但由于历史"欠账"太多,在短时间内无法建立起较为系统、精细、完善的法律体系。为了适应经济社会的快速发展,立法工作采取了"宜粗不宜细"的策略,结果部分法律规范的原则性较强,甚至非常粗疏,无法实际地适用于具体的案件处理。而相应的法律解释则对这些法律规范进行了细化。无论是"两高"的司法解释,还是行政机关的"实施细则""实施办法",在明确法律规范的具体含义、适用的具体情形、如何操作执行等方面发挥了重要作用。

以下以最高人民法院对交通肇事罪的司法解释为例说明法律解释在为各级审判机关提供可资依据的规范、促进法律规范准确适用方面的功能。我国《刑法》第 133 条规定:"违反交通运输管理法规,因而发生重大事故,致人重伤、死亡或者使公私财产遭受重大损失的,处三年以下有期徒刑或者拘役;交通运输肇事后逃逸或者有其他特别恶劣情节的,处三年以上七年以下有期徒刑;因逃逸致人死亡的,处七年以上有期徒刑。"该条中的"重大事故""重大损失""有其他特别恶劣情节"等表述的含义并不明晰,如果由各司法机关在适用本条时自行认定"重大事故""重大损失""有其他特别恶劣情节",势必出现法律适用的混乱。2000 年出台的最高人民法院《关于审理交通肇事刑事案件具体应用法律若干问题的解释》第 2 条第 1 款规定了交通肇事处 3 年以下有期徒刑或者拘役的具体三种情形:"(一)死亡一人或者重伤三人以上,负事故全部或者主要责任的;(二)死亡三人以上,负事故同等责任的;(三)造成公共财产或者他人财产直接损失,负事故全部或者主要责任,无能力赔偿数额在三十万元以上的。”第 4 条明确了“有其他特别恶劣情节”的具体所指:“(一)死亡二人以上或者重伤五人以上,负事故全部或者主要责任的;(二)死亡六人以上,负事故同等责任的;(三)造成公共财产或者他人财产直接损失,负事故全部或者主要责任,无能力赔偿数额在六十万元以上的。”最高人民法院的解释为各级人民法院裁判交通肇事案件提供了具体而明确的指引,也被各级人民法院征引为裁判依据。中国裁判文书网所收录的裁判文书显示,2014 年至 2020 年,各高级人民法院、江苏省各市中级人民法院以及南京市各区基层人民法院审理的所有有关交通肇事的案件中,共有 73 起案件的判决适用了最高人民法院《关于审理交通肇事刑事案件具体应用法律若干问题的解释》第 2 条的规定,15 起案件的处理适用了该解释第 4 条的规定(参见附录一)。相关司法解释为各级人民法院的案件审理提供了可以参照执行的具体规范,一定程度上统一了法律适用标准,促进了法律的正确理解和适用。

(三)弥补法律规范缺失,促进法律发展

由于主客观等多方面的原因,立法往往存在一些局限和缺失。我国各法律解释主体在实施法律的过程中,能够较为容易地发现法律所存在的问题,并通过创制法律解释文件的方式弥补法律的漏洞、缺失。各主体通过法律解释所发展起来的规则也被后来的立法所吸纳,促进了我国法律规范的发展完善。

例如,《刑事诉讼法》对刑事案件的合并和分别处理并未作何种规定。但共同犯罪或者关联犯罪案件涉及多人多事,在现

实审理过程中需要视情况分案或并案处理。因此,2012 年最高人民法院、最高人民检察院、公安部、国家安全部、司法部、全国人大常委会法制工作委员会联合发布的《关于实施刑事诉讼法若干问题的规定》对刑事案件的合并问题作了规定;2021 年最高人民法院制定、发布的《关于适用〈中华人民共和国刑事诉讼法〉的解释》第 220 条又对分案审理问题作出了原则性规定,从而以解释性规范实际创制了刑事案件合并与分离处理的法规范。[①] 这些法律解释弥补了我国《刑事诉讼法》相关制度规定的缺失,发挥了重要的规范补充作用。

各主体的法律解释还为立法作了准备,在法律解释中发展起来的一些规则直接被后来的立法所吸纳。我国《行政诉讼法》第 34 条规定:"被告对作出的行政行为负有举证责任,应当提供作出该行政行为的证据和所依据的规范性文件。被告不提供或者无正当理由逾期提供证据,视为没有相应证据。但是,被诉行政行为涉及第三人合法权益,第三人提供证据的除外。"该条来源于 1999 年 11 月 24 日由最高人民法院审判委员会第 1088 次会议通过、2000 年 3 月 8 日最高人民法院公布的最高人民法院《关于执行〈中华人民共和国行政诉讼法〉若干问题的解释》(已废止)第 26 条的规定:"在行政诉讼中,被告对其作出的具体行政行为承担举证责任。被告应当在收到起诉状副本之日起 10 日内提交答辩状,并提供作出具体行政行为时的证据、依据;被告不提供或者无正当理由逾期提供的,应当认定该具体行政行

① 参见龙宗智:《立法原意何处寻:评 2021 年最高人民法院适用刑事诉讼法司法解释》,载《中国法学》2021 年第 4 期。

为没有证据、依据。”①《行政诉讼法》第 34 条第 2 款“但是，被诉行政行为涉及第三人合法权益，第三人提供证据的除外”的规定则是在司法实践中出现了被告拒绝提供证据而第三人能够提供证据的案例。在山西省高级人民法院审理的一起房屋登记纠纷案中，被告拒绝提供证据，而第三人能够提供证据证明其房产证是合法取得的，根据最高人民法院《关于行政诉讼证据若干问题的规定》第 1 条的规定，被诉行政行为没有证据依据，应当判决予以撤销，则第三人的合法权益无法得到保护。因此，山西省高级人民法院向最高人民法院请示。最高人民法院经研究后向山西省高级人民法院建议“在判决书论理部分，阐明第三人取得房产证是合法的，应当予以保护；被告拒绝提供证据是违法的，判决驳回原告的诉讼请求，诉讼费由被告承担”。2014 年《行政诉讼法》修改时吸纳了最高人民法院的修改建议，从而有了《行政诉讼法》第 34 条第 2 款有关被诉行政行为涉及的第三人提供证据例外情形的规定。②

（四）法律解释在内容上相对较为科学合理

所谓法律解释，是对既定法律的阐释，既有法律是解释的出

---

① 该条被 2002 年最高人民法院《关于行政诉讼证据若干问题的规定》所采纳，只是文字上有所改动。最高人民法院《关于行政诉讼证据若干问题的规定》第 1 条第 1 款规定：“根据行政诉讼法第三十二条和第四十三条的规定，被告对作出的具体行政行为负有举证责任，应当在收到起诉状副本之日起十日内，提供据以作出被诉具体行政行为的全部证据和所依据的规范性文件。被告不提供或者无正当理由逾期提供证据的，视为被诉具体行政行为没有相应的证据。”

② 参见蔡小雪：《司法解释中的遗憾》，载微信公众号“中国法律评论”2020 年 11 月 3 日，https://mp.weixin.qq.com/s/lEbc4MD1pbtmxAnkVlNzaA。

发点和落脚点。我国现行法律解释制度特别强调法律解释应当符合立法的目的、原则和原意。《立法法》第119条明确规定,最高人民法院、最高人民检察院作出的属于审判、检察工作中具体应用法律的解释,应当主要针对具体的法律条文,并符合立法的目的、原则和原意。最高人民法院、最高人民检察院等法律解释主体在拟制法律解释文件时也尽量符合立法的目的、原则和原意,尽管立法的目的、原则和原意本身即是一个需要解释的问题,带有一定的主观性。对此,有学者评价称:"2021年开始施行的《最高人民法院关于适用〈中华人民共和国刑事诉讼法〉的解释》的拟制者们,无疑也十分注意遵循立法原意,并为实现这一宗旨作了大量努力。该解释在回应实践需求、注意与时俱进的同时,遵循立法原意修改原司法解释,整体成效显著,应充分肯定。"[①]当然,在实践中法律解释突破既有法律的规定,偏离立法的目的、原则和原意也并非鲜见。

整体而言,各法律解释主体尚能够在既定的法律框架下,遵循基本的法理和法治精神,经由较为严密的程序,拟定法律解释文件。最高人民法院、最高人民检察院、国务院等法律解释机关各自发展了较为精细、完备的法律解释创制程序,特别强调在起草法律解释时要深入调查研究,总结实践经验,注重征询相关国家机构及部门、专家学者的意见,并向社会广泛征求意见,在一定程度上保证了解释在内容上的科学性。

各法律解释主体所创制的法律解释文件公布之后,要接受

---

① 龙宗智:《立法原意何处寻:评2021年最高人民法院适用刑事诉讼法司法解释》,载《中国法学》2021年第4期。

各层级法律实施机关的适用检验。不少法律解释文件中存在的不足即是在适用过程中被发现的。相关的法律实施机关会针对这些问题提请解释制定机关再次进行解释。法律解释在不断检验、修正的过程中逐步完善。同时,法律解释文件要经受来自法学专家的审视和批评。各专业领域的专家会对法律解释文件进行研读,并对其中所存在的偏离立法原意、违背法学理论、解释文件内部的不协调等问题进行指正。虽然这是对法律解释的非正式监督,但一定程度上也有利于促使法律解释机关审慎地制定法律解释文件。

二、现行法律解释制度存在的主要问题

尽管我国现行法律解释制度在一定程度上发挥了重要的规范补充功能,适应了我国经济社会高速发展的需求,具有其功能上的必要性和合理性。但同时应当看到,我国现行法律解释制度缺乏坚实的理论支撑,没有进行系统的、逻辑自洽的顶层制度设计,在制度的具体运行中也存在种种障碍和问题。法律解释权被分配给多个主体,由全国人大常委会、最高人民法院、最高人民检察院、国务院及其主管部门、地方人大及政府齐抓共管。但各主体的法律解释权限不清,程序不一,效力层级不明,部分法律解释失当,抑制了法律实施人员解释法律的主动性和能力,导致法律解释制度整体运行上的混乱。

(一)各法律解释主体的权限不清

我国现行法律解释制度是以《1981 年法律解释决议》为框架构建起来的。该决议将法律解释的内容区分为“法律法规条

文本身”的问题及“法律法规具体应用”的问题两大类，前者由享有立法权的全国人大常委会以及省、自治区、直辖市人大常委会解释，后者则由适用、执行法律法规的审判机关、检察机关及行政机关分工解释（见图3－2）。现行法律解释权配置贯穿着“中央归中央，地方归地方”“立法归立法，实施归实施”“审判归审判，检察归检察，行政归行政”的观念及原则。①

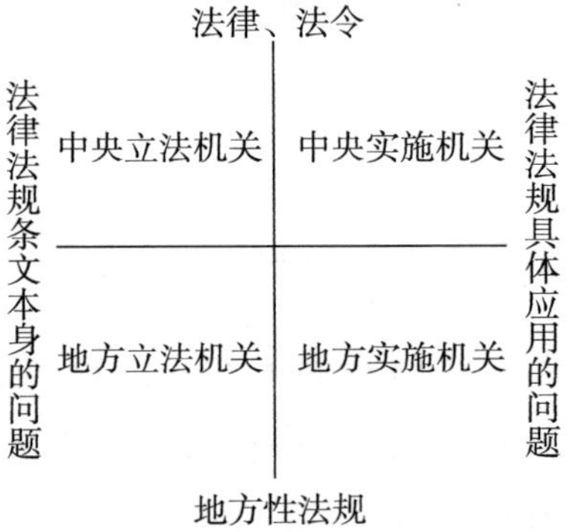

图3－2 《1981年法律解释决议》的制度逻辑

这种法律解释权划分看似清晰，实际上却是模糊不清。对于何谓“条文本身”问题、何谓“具体应用”问题，本身难以明确界定。很多法律法规具体应用的问题即是条文本身的问题，而条文本身的问题也往往与具体应用问题相伴而生。如此一来，“立法归立法，实施归实施”的法律解释权划分就无法实现泾渭分明。实践中，多机关联合解释（包括全国人大常委会职能部门与其他司法、行政机关以及审判机关、检察机关、行政机关

① 参见张志铭：《法律解释学》，中国人民大学出版社2015年版，第153页。

联合制定、发布解释）的出现即是各主体解释权限不清晰的表现，宣告了《1981年法律解释决议》所贯穿的法律解释权配置原则的破产。而且将法律解释作为一种权力在特定主体间分配，其本身即存在对法律解释的误解，忽视了各层级法律实施主体解释法律的实际需求，剥夺了它们的法律解释权。而且在实践中，法律解释权具有异化为立法权的倾向，大量的抽象规范性法律解释文件的出台偏离了法律解释的本旨，从而导致整个法律解释制度的正当性缺失。法律解释权应当如何定性，并进行科学合理的配置，这需要构建全新的统一法律解释制度予以解决。

（二）法律解释程序不统一、不规范

各法律解释主体创制解释的程序不统一、不规范，而且较为粗疏，不够详尽，有必要确立统一、规范、具体的法律解释程序。《1981年法律解释决议》并未对各主体解释法律的方式、程序作出具体规定。2000年《立法法》对全国人大常委会的法律解释程序作了规定，但是仍然不够具体明确。[①] 为加强法律解释工作，2004年2月17日第十届全国人大常委会第十二次委员长会

---

① 参见2000年《立法法》第44条规定："常务委员会工作机构研究拟订法律解释草案，由委员长会议决定列入常务委员会会议议程。"第45条规定："法律解释草案经常务委员会会议审议，由法律委员会根据常务委员会组成人员的审议意见进行审议、修改，提出法律解释草案表决稿。"第46条规定："法律解释草案表决稿由常务委员会全体组成人员的过半数通过，由常务委员会发布公告予以公布。"《立法法》于2023年修正时，有关全国人大常委会解释法律程序的规定未有更改，只是调整为第50条、第51条、第52条。

议通过的全国人大常委会法律解释工作程序，就全国人大常委会法律解释权的行使制定了较为详细的操作性规则。最高人民法院、最高人民检察院、国务院等法律解释主体分别制定了关于自身法律解释工作的规则。① 但是各主体的法律解释创制程序并不一致。最高人民检察院及最高人民法院司法解释的创制大体包括立项、起草、审核、审议、发布、备案等程序，但又不尽相同。比如，在司法解释的立项来源上，最高人民检察院检察长可以作出制定司法解释的批示，而最高人民法院院长则无此权限；“两高”研究室各自对司法解释草案进行审查的内容不同，最高人民法院对研究室的审核期限作了规定，而最高人民检察院则未作规定；等等。国务院对行政解释创制程序的规定十分简略，仅规定国务院法制机构研究拟订行政法规解释草案，报国务院同意后公布；对属于行政工作中具体应用行政法规的问题进行研究答复，涉及重大问题的，由国务院法制机构提出意见，报国务院同意后答复。对于拟定行政法规解释草案、研究答复的程序以及国务院的同意程序等都没有详细规定。地方性法规和地方政府规章的解释程序更是“各自为政”，十分不统一，大部分地方甚至没有制定详细的法规规章解释程序规则。法律解释创制程序的不统一、不规范、不精细直接影响了法律解释的科学性、合理性和权威性。

① 《最高人民检察院司法解释工作规定》《最高人民法院关于司法解释工作的规定》分别规定了最高人民检察院、最高人民法院制定司法解释的程序；《行政法规制定程序条例》《规章制定程序条例》对行政法规、规章的解释程序进行了规定。

(三)法律解释文件具有立法倾向

当前我国的法律解释形式多种多样,具有立法倾向,违背法律解释本旨。以司法解释为例,最高人民法院、最高人民检察院作出的司法解释有"解释""规定""规则""批复""决定"五种形式。[①] 这些法律解释绝大部分都是不针对具体个案的成文化的抽象解释,具有"准立法"的性质:在内容上,不列明其所解释的法律疑义以及为何作如此解释的缘由;在形式上,与法律条文相似,具有成文化的特征;在效力上,与法律具有同等效力,可以作为司法裁判的依据。而在理论上获得普遍承认的法律解释形式——判例,并未得到官方的承认。近年来,我国所建立的案例指导制度试图以指导性案例来统一法律的解释及适用。但是,当前我国案例指导制度与法律解释制度是相互独立的,指导性案例并未取得法律解释形式的地位。以判例为代表的个案解释制度未能建立起来,抽象的成文化司法解释抢占了本应该由判例进行法律解释、统一法律适用标准的功能。而行政解释的形式则多是以"实施细则""实施条例""暂行规定""实施意见"为名的法律规范性文件。这导致我国的法律解释制度在一定程度上陷入了僭越立法、违背法律解释本旨的"非法""悖理"境地。

---

① "两高"除制定发布规范性司法解释之外,还发布一些带有司法解释性质的文件,主要有(指导)意见、通知、会议纪要等形式。这些(指导)意见、通知、会议纪要也成为司法裁判的依据,出现在判决书中。

（四）法律解释效力的混乱

缺少对各主体法律解释效力的规定，亟须明确法律解释的效力层级，确立解释冲突解决机制。《1981 年法律解释决议》在授予多元主体以法律解释权的同时，却没有规定各主体法律解释之间的效力关系，只是对最高人民法院审判解释与最高人民检察院检察解释之间原则性分歧的解决作出了规定，而对审判解释、检察解释与行政解释的关系，地方性法规立法解释与行政解释之间的关系均未予明确。之后，各有权解释主体纷纷出台规定，确认自身解释的效力。① 各主体通过自我赋权使自身的法律解释获得了“立法”效力，不仅没有正当的法律依据，而且与公认的法律解释理论相背，更有僭越立法权之嫌疑。

现实中，各种法律解释相互之间不一致，甚至冲突的现象也时有发生，但又缺少一套法律解释冲突解决机制，从而严重损害了法律的确定性和权威性。例如，最高人民检察院、最高人民法院关于《刑法》第 408 条“负有环境保护监督管理职责的国家机关工作人员严重不负责任，导致发生重大环境污染事故，致使公私财产遭受重大损失或者造成人身伤亡的严重后果的，处三年以下有期徒刑或者拘役”中的“公私财产遭受重大损失”的认定标准就不一致。2006 年 7 月 26 日，最高人民检察院发布《关于

---

① 《最高人民检察院司法解释工作规定》第 5 条规定：最高人民检察院制定并发布的司法解释具有法律效力。《最高人民法院关于司法解释工作的规定》第 5 条规定：最高人民法院发布的司法解释，具有法律效力。《行政法规制定程序条例》第 31 条规定：行政法规的解释与行政法规具有同等效力。

渎职侵权犯罪案件立案标准的规定》第 19 条“环境监管失职案”第 3 项规定“造成个人财产直接经济损失 15 万元以上，或者直接经济损失不满 15 万元，但间接经济损失 75 万元以上的”，应当立案侦查。2006 年 7 月 21 日发布的最高人民法院《关于审理环境污染刑事案件具体应用法律若干问题的解释》（已废止）第 1 条第 1 项规定，致使公私财产损失 30 万元以上的，属于《刑法》第 408 条规定的公私财产造成重大损失。① 又如，2000 年 12 月 28 日发布的《最高人民检察院刑事赔偿工作规定》（已废止）对赔偿程序和赔偿范围作了严格限制，而 1996 年 5 月 6 日发布的《最高人民法院关于人民法院赔偿委员会审理赔偿案件程序的暂行规定》（已废止）则作了宽松规定。②

（五）部分法律解释的合理及合法性缺失

尽管各法律解释主体在实践中发展出了较为详细的解释程序，并力图创制出科学合理并具有前瞻性的法律解释，但我国当前所谓的法律解释更多的具有立法性，法律解释主体在创制法律解释时脱离具体的法律事实，相关的法律解释并非源于法律实践中的解释需求，而是法律解释创制者“预想”的解释情形，或者一味借鉴国外的“先进”立法例，结果创制出“无用”的解释。

1991 年发布的最高人民法院《关于贯彻执行〈中华人民共

---

① 参见任婕：《最高人民检察院司法解释效力研究》，中共中央党校 2019 年博士学位论文，第 29 页。

② 参见魏胜强：《法律解释权的配置研究》，北京大学出版社 2013 年版，第 214 ~ 215 页。

和国行政诉讼法〉若干问题的意见(试行)》(已废止)第44条规定:“行政机关就同一事实,对若干人作出具体行政行为,根据法律规定,当事人对这类具体行政行为不服,可以向上一级行政机关申请复议并由复议机关作终局裁决,也可以直接向人民法院起诉的,如果一部分人选择了申请复议,这部分人就不能再向人民法院起诉,另一部分人仍可以依法向人民法院起诉。”该条规定出台后,并没有任何一个案件适用此一规定。原因是公安机关对此类违法行为惯常的操作是一人作一个行政处罚决定,没有同时对若干人作过一个行政处罚决定。这是最高人民法院对行政机关的习惯做法不清楚,结果制定出无用的司法解释条款。2000年3月8日公布的最高人民法院《关于执行〈中华人民共和国行政诉讼法〉若干问题的解释》(已废止)第39条第2款自2000年实施后一直没有实际适用。① 在现实中没有发生一起在紧急情况下,相对人在履行期限内,直接向法院提起诉讼的案件。这是因为“依申请的行政行为,都是行政相对人请求赋予相对人某种特殊的权利,在没有作出决定前,不会使相对人的权利直接产生减损。正因为,其权利没有直接产生减损,因而不会提起诉讼。行政机关不作为、不及时制止可能造成相对人人身权、财产权损失的,都是依职权的

---

① 《最高人民法院关于执行〈中华人民共和国行政诉讼法〉若干问题的解释》第39条规定:“公民、法人或者其他组织申请行政机关履行法定职责,行政机关在接到申请之日起60日内不履行的,公民、法人或者其他组织向人民法院提起诉讼,人民法院应当依法受理。法律、法规、规章和其他规范性文件对行政机关履行职责的期限另有规定的,从其规定。公民、法人或者其他组织在紧急情况下请求行政机关履行保护其人身权、财产权的法定职责,行政机关不履行的,起诉期间不受前款规定的限制。”

行政行为。这类行为只要发生,就可以提起诉讼”。[①] 结果,《最高人民法院关于执行〈中华人民共和国行政诉讼法〉若干问题的解释》第 39 条第 2 款成为没有实际意义的司法解释规定,浪费了宝贵的法律解释资源。

还有部分法律解释主体任意使用法律解释权,突破了法律的既有规定,创制出“非法”的法律解释。最高人民法院《关于审理非法行医刑事案件具体应用法律若干问题的解释》第 1 条将“个人未取得《医疗机构执业许可证》开办医疗机构的”认定为《刑法》第 336 条第 1 款规定的“未取得医生执业资格的人非法行医”情形之一。但是个人未取得医疗机构执业许可证而开办医疗机构并不代表其没有取得医生职业资格。现实中完全有可能存在取得医生职业资格的个人没有取得医疗机构执业许可证却开办医疗机构的情况。没有取得医疗机构执业许可证开办医疗机构违反的是国家医疗机构管理秩序,是违反行政管理法规的行为,应予以行政处罚,而非犯罪行为。因此,最高人民法院的这一解释扩大了“非法行医罪”的适用范围,违反了罪刑法定原则。[②] 最高人民法院《关于适用〈中华人民共和国民事诉讼法〉的解释》第 174 条第 2 款规定,人民法院对必须到庭才能查清案件基本事实的原告,经两次传票传唤,无正当理由拒不到庭的,可以拘传。该解释突破了《民事诉讼法》有关拘传措施适用的范围,将

---

① 蔡小雪:《司法解释中的遗憾》,载微信公众号“中国法律评论”2020 年 11 月 3 日,https://mp.weixin.qq.com/s/lEbc4MD1pbtmxAnkVlNzaA。

② 2016 年 12 月最高人民法院对最高人民法院《关于审理非法行医刑事案件具体应用法律若干问题的解释》进行了修改,删除了该条规定。

拘传措施适用于原告。同时,拘传作为限制人身自由的强制措施,关于其适用范围,根据《立法法》第 11 条的规定,只能通过法律来规定,最高人民法院无权通过司法解释来扩大其适用范围。而且,该解释在实践中并无适用之必要,成为"具文","反映出司法解释权运作的想当然和随意化。"①

(六)严重抑制了法律实施人员的法律解释主动性及能力

法律实施主体在具体的案件办理或执法过程中,将相应法律规定适用于具体的事实,势必涉及对法律规定的解释。但法律规定不可能穷尽社会生活的方方面面,也不可能事无巨细地囊括所有的案件情节,法律规定往往具有较强的抽象性和一般性。这就需要法律实施主体对法律规定作出解释。在现代法治社会,一般允许法律实施主体遵循基本的解释规则、运用一定的解释方法对法律作出解释,以应对、解决复杂的具体事实。但在我国现行法律解释制度之下,下级法律实施机关遇到稍微复杂的案件就请示上级,等待来自本系统最高机关的指示,基层法律实施机关及人员对法律解释文件过于依赖,基本丧失了解释法律主动性,甚至不具备解释法律的能力。

在 2003 年发生的南京同性卖淫案中,犯罪嫌疑人李某招募、组织多名男青年先后 7 次与男性消费者从事同性卖淫活动,从中牟利。警方以涉嫌有组织卖淫罪将李某刑事拘留。而检察机关以《刑法》没有对组织同性卖淫行为作出规定为由,将犯罪

① 柏孟仁:《合法与谦抑:司法解释权规范运作之基本遵循》,载《学习与实践》2018 年第 3 期。

嫌疑人释放。我国《刑法》第 358 条第 1 款规定:“组织、强迫他人卖淫的,处五年以上十年以下有期徒刑,并处罚金;情节严重的,处十年以上有期徒刑或者无期徒刑,并处罚金或者没收财产。”该规定中的“他人”是指男性还是女性,并不明确。但司法机关及人员完全可以通过解释来确定此处的“他人”既包括男性,也包括女性。然而,如此简单的一个问题却牵动了众多部门,经历了复杂的请求解释程序。在江苏省委政法委的召集下,省级政法部门召开了案件协调会,决定由江苏省高级人民法院向最高人民法院请示。最高人民法院在接到请示后,向全国人大常委会作了汇报。最终由全国人大常委会法制工作委员会作出了口头答复:可以参照《刑法》第 358 条第 1 款第 1 项进行定罪量刑,“他人”主要是指女人,也包括男人。① 接到答复之后,南京市秦淮区人民法院才对该案进行了审理。一个非常简单的、近似“常识”的问题,却请示省级政法委、省级人民法院和最高人民法院,直至最高的法律解释主体“出面”答复(实际上最终是全国人大常委会的内设机构作出了解释)。

总之,若要在保留现有多元法律解释主体的基础上,结束法律解释制度及其运行中的种种问题,改进和完善我国法律解释制度,就有必要构建由专一机关职掌统一法律解释权、各法律解释主体权限清晰、各法律解释效力层级分明的统一法律解释制度。

---

① 参见魏胜强:《法律解释权的配置研究》,北京大学出版社 2013 年版,第 272 页。

第三节　构建统一法律解释制度的现实需求分析

一项国家所确立的正式制度必须建基于现实需求的基础上。现实需求既是国家制度建立的必要性所在,同时也决定着相应制度的具体内容。当然,制度是由人来设计、建立的,必然带有人的主观性。而且制度也可能因其前瞻性而与社会现实具有一定的距离。但是完全脱离现实或不能适应现实需求的制度必然是空中楼阁,缺少必要的根基,缺乏正当性,注定不会坚固、长久,也不会产生良好的制度效果。构建统一法律解释制度也必须建基于我国法治实践的需求,围绕各方主体对法律解释的需求展开。因此,笔者广泛调研了法律实施机关、社会组织、普通公民等各方主体对法律解释制度的需求以及对构建统一法律解释制度的意见和建议。

调研主要采取了两种方式。一是问卷调查,选择 S、J、G、H、Z 五省人民法院、人民检察院,包括省高级人民法院、市中级人民法院、基层人民法院以及省级人民检察院、市级人民检察院、区县级人民检察院,由各人民法院、人民检察院研究室(或相关负责人、工作人员)向该院法官、检察官发放网络问卷,调研审判、检察工作中的法律解释需求;通过网络随机向普通公民发放问卷,调研公民对法律解释的需求。二是访谈调研,访谈 J、L 两省人大工作人员、法官、检察官、监察官、政府工作人员、企业法律工作人员、律师 20 余人,各被访谈者充分发表了自己对于当前法律解释制度的看法以及完善我国法律解释制度的意见。

一、法律实施主体的法律解释需求情况分析

为充分了解法律实施过程中对法律解释的需求情况，通过问卷调查和访谈方式重点对审判、检察工作中的法律解释需求开展调研。同时，通过访谈方式对监察、行政工作中的法律解释需求进行了调研。调研过程中，设计了“审判工作中法律解释使用情况及需求”调查问卷、“检察工作中法律解释使用情况及需求”调查问卷（参见附录二），共收到 288 份样本，审判机关和检察机关各 144 份。

（一）法律解释制度在法律实施中的必要性

为充分了解法律解释文件对于各法律实施主体开展工作的必要性，在调查问卷中设计了两个方面的系列问题。

一是调查各法律实施主体实际使用法律解释的情况。为此设计了以下问题：（1）各法律实施主体在日常工作中是否使用法律解释文件；（2）在过去一个年度内各法律实施主体运用法律解释文件处理的案件有多少件。第一个问题的调查结果显示：88.19% 的法官、75.69% 的检察官表示在日常工作中经常使用法律解释文件。第二个问题的调查结果显示：53.47% 的法官过去一年适用法律解释解决的案件达到 50 件以上，45.14% 的在 50 件以内；16.66% 的检察官过去一年适用法律解释文件解决的案件达到 50 件以上，79.17% 的检察官在 50 件以内。

二是调查各法律实施主体对法律解释存在必要性的认识。为此设计了以下两个问题：（1）对于您从事的工作而言，法律解

释文件有没有存在的必要;(2)法律解释文件对于您从事的工作的意义是什么。调查结果显示,90.97%的法官认为对于审判工作而言,法律解释文件的存在非常有必要;93.75%的法官认为法律解释文件可以为案件处理提供明确的规范依据;93.06%的法官认为法律解释文件的存在有利于统一法律适用,避免法官自由裁量权的滥用,促进司法公正;65.97%的法官认为法律解释文件的存在有利于提高办案效率;49.31%的法官认为在审判中适用法律解释有利于获得当事人的认可和信服。87.50%的检察官认为对于检察工作而言,法律解释文件的存在非常有必要;93.06%的检察官认为法律解释文件可以为案件处理提供明确的规范依据;87.50%的检察官认为法律解释文件的存在有利于法律的统一正确实施,促进司法公正;71.53%的检察官认为法律解释文件的存在有利于提高办案效率;41.67%的检察官认为在检察工作中适用法律解释有利于获得当事人的认可。

(二)法律实施主体对完善现行法律解释制度的意见

为了解各法律实施主体对完善我国现行法律解释制度的意见,笔者在调研过程中围绕各法律实施主体对法律解释权配置的需求、对法律解释形式的需求、对法律解释效力冲突解决的需求、对法律解释文件编纂体例的需求等主题设计了以下四组问题。

1. 各法律实施主体对法律解释权配置的需求

为了解法律实施人员对自身是否可以解释法律的认识和态度,设置了"作为法官,您认为自己是否可以对法律进行解释?"的问题。调查结果显示:57.64%的法官、63.89%的检察官认为

"不可以,因为有权对法律进行解释的只能是法定机关";40.97%的法官、34.03%的检察官认为自己可以在适用法律时对法律进行解释;只有2位法官、3位检察官对此问题表示不清楚。为了解法律实施人员是否在实践中解释法律这一问题,设置了"在遇有法律疑问(如语词含义不明、法律规定模糊、规范冲突、法律漏洞等)时,您会如何处理?"的问题。调查结果显示:54.17%的法官、44.44%的检察官表示会自己研究解决;19.44%的法官表示会提交本院审判委员会解决,25.69%的检察官表示会提交本院检察委员会解决;25%的法官表示会转请上级法院提出法律解释请求(包括案件请示),27.08%的检察官表示会转请上级检察院提出法律解释请求(包括案件请示)。由此可见,大部分的法官、检察官都认为法律解释权归属于法定主体,自己无权解释法律。但在实践中,遇到法律疑问时,大部分法官、检察官还是选择自己解决或在本部门内部解决,也即他们实际上在解释法律。在被调查者的认知中,法律解释被区分为两种情形:一是法定主体创制具有普遍约束力的法律解释文件;二是普通法官、检察官在适用法律时对法律的解释。

围绕是否应赋予省级审判机关、检察机关以法律解释权的问题,设置了"您认为有没有必要赋予省级审判(检察)机关以法律解释权?"的问题。调查结果显示:55.56%的法官认为没有必要赋予省级审判机关以法律解释权,53.47%的检察官认为没有必要赋予省级检察机关以法律解释权,否则容易导致地方保护主义,导致解释的混乱。但仍有43.06%的法官认为有必要赋予省级审判机关以法律解释权、42.36%的检察官认为有必要赋予省级检察机关以法律解释权,省级审判(检察)机关可以结合本省的实际情况制定解释文件,以使法律法规更好地适用于本区域,而且省级审判(检察)机关事实上已经通过会议纪要等方式统一了本区域审判(检察)的法律适用和解释。

围绕监察机关的法律解释权问题,设置了"您认为是否应当赋予国家监察委员会解释与监察事务相关法律的权力?"的问题。其中,23.61%的被调查者认为"一府两院"都有法律解释权,国家监察委员会作为与他们并列的国家机关,也应当有法律解释权;27.08%的被调查者认为我国当前法律解释体制贯彻了"谁制定,谁解释""谁主管,谁解释"的原则,国家监察委员会作为负责全国监察工作的最高监察机关,有权制定监察法规,应当有权对与监察实务相关的法律及自身制定的监察法规进行解释;17.36%的被调查者认为现实中监察机关对于法律规范条文的适用以及有效执行法律规范需要对相关的法律规范进行细化、解释,应当赋予国家监察委员会法律解释权;38.19%的被调查者认为法律没有明确授权国家监察委员会法律解释权,国家监察委员会不应当享有法律解释权;36.81%的被调查者认为监察机关自己制定规范、自己解释规范、自己执行规范,容易导致权力滥用,不应当赋予国家监察委员会法律解释权。主张不应当赋予国家监察委员会以法律解释权的被调查者多于主张赋予国家监察委员会以法律解释权的被调查者。但主张不应当赋予国家监察委员会以法律解释权的被调查者主要是基于现在的法律没有明确赋予国家监察委员会以法律解释权。

当前学界对构建统一法律解释制度存在两种主张:一种主张建立以最高立法机关为主导的统一法律解释制度,另一种主张建立以最高审判机关为主导的统一法律解释制度。笔者对应当由何种主体负责法律统一解释这一问题进行了调研。调查结果显示 61.81% 的法官认为检察机关、监察机关、行政机关可以在适用法律时对法律进行解释,但它们的法律解释在理论上都要接受审判机关的审查,审判机关对法律的解释才是标准的、有效的,统一法律解释的权力应当归属审判机关。但 66.67% 的检察官则不同意这种观点。50.69% 的法官认为全国人大常委会虽然是宪法确立的法律解释机关,但它不具体地适用法律,无法承担起统一法律解释的任务,可以由最高人民法院来统一法律的解释。但 51.39% 的检察官则认为不可以由最高人民法院来统一法律的解释,在我国“一府一委两院”的体制下,最高人民法院并不具有特殊的较高地位,不能够统一行政、检察、监察系统的法律解释。47.22% 的检察官认为全国人大常委会是宪法确立的法律解释机关,由全国人大常委会来统一法律解释比较恰当。由此可见,最高人民法院统一法律解释的观点无法获得检察机关人员的广泛认同和支持。在访谈过程中,有被访谈者提出应当由立法机关和审判机关共同主导法律解释,认为“我国的最高立法机关为全国人大,全国人大存在闭会期,不能及时对法律进行解释,会导致法律的滞后性进一步加大,同时全国人民代表大会也不负责具体的法律实践,不能真正掌握哪些法律亟须解释;我国的最高审判机关是最高人民法院,审判机关比立法机关更能了解司法实践面临的困境,但若建立以最高人民法院为主导的统一法律解释制度则忽视了立法机关的地位,若是出台的法律解释过于抽象,那便与立法无异,已经超越了审判机关的权限,对于法律解释制度,应该由立法机关与审判机关共同主导,通力合作,才能出台令人民满意的法律解释”。

2. 各法律实施主体对法律解释形式的需求

主要围绕法律解释文件应以抽象规范性文件的形式呈现，还是以具体案例的形式呈现，抑或两者并存，笔者设置了“结合您的工作需要，您认为法律解释以何种形式呈现比较好？（多选）”的问题。针对该问题设计了 8 个选项：“A. 可以以抽象规范性文件的方式呈现，比较系统、全面地对法律进行细化；B. 不能以抽象规范性文件的方式呈现，那样与立法无异，不是法律解释；C. 以说理性文件的方式呈现，阐明创制该解释的目的、理由；D. 应当与案件事实相结合，以案例（或判例）的方式呈现；E. 可以以抽象规范性文件和案例（或判例）两种形式呈现；F. 可以以说理性文件和案例（或判例）两种形式呈现；G. 可以以抽象规范性文件、说理性文件、案例（或判例）三种形式呈现；H. 其他。”调查结果显示：选择 A 的有 42.71%；选择 B 的有 12.85%；选择 C 的有 38.19%；选择 D 的有 40.63%；选择 E 的有 20.49%；选择 F 的有 24.31%；选择 G 的有 29.86%。法律解释文件以抽象规范性文件、说理性文件、案例（或判例）等方式来呈现获得了较多认可。

我国建立了案例指导制度，“两高”发布指导性案例以统一法律适用。从世界范围来看，判例是解释法律的重要形式。英美法系国家以判例的方式创制、解释规则。大陆法系国家最高法院的判决也在解释、发展法律规范，并对下级法院具有事实上的约束力。因此笔者就各法律实施主体是否需要（或认可）指导性案例作为法律解释的形式进行了调研。调查结果显示，60.42% 的受访者认为指导性案例可以作为法律解释的形式。

3. 各法律实施主体对法律解释效力冲突解决的需求

在我国现行法律解释制度之下，法律解释主体众多，不同主体解释之间的效力层级不明确。57. 29% 的被调查者表示自己对法律解释相互之间存在冲突的现象有所了解。笔者重点调查了各法律实施主体对最高人民法院与最高人民检察院的司法解释之间、司法解释与行政解释之间效力关系的认识。

对于最高人民法院与最高人民检察院的司法解释之间出现冲突应如何处理的问题,55. 21% 的被调查者认为应提请全国人大常委会统一解释。同时,40. 97% 的法官认为应以最高人民法院的解释为准。与法官对最高人民法院解释的态度有所不同,仅有 13. 89% 的检察官认为应以最高人民检察院的解释为准。

对于国务院的行政法规解释与司法解释相冲突时应如何处理的问题,40. 28% 的被调查者认为应提请全国人大常委会统一解释,37. 15% 的被调查者认为应以司法解释为准,13. 54% 的被调查者认为应对国务院的行政法规解释进行审查以决定是否适用,4. 51% 的被调查者认为应以国务院的解释为准,4. 51% 的被调查表示不清楚。关于这一问题,没有过半数的一致意见,出现了提请全国人大常委会统一解释和以司法解释为准两种意见的分歧。但在接下来有关审判机关、检察机关应如何适用国务院行政法规解释、部门规章解释的问题中,65. 97% 的被调查者认为对国务院的行政法规解释、部门规章解释可在审查后根据实际情况决定是否适用。对于地方性法规解释、地方政府规章解释的适用问题,72. 22% 的被调查者认为应在审查后决定是否适用。

4. 各法律实施主体对法律解释文件编纂体例的需求

为了解法律实施主体对法律解释文件的编纂格式体例的需求,笔者设置了“您认为法律解释以何种格式编纂比较好?(多选)”的问题,包含以下选项:“A. 按照年字号顺序编纂,先将某机关发布的法律解释文件单独编在一起,再将所有机关的法律解释文件全部编在一起;B. 按照内容分门别类编纂,比如将现行有效的所有有关《刑事诉讼法》的解释编在一起,再根据内容分为若干小类,每一小类中的文件按时间顺序编排;C. 将法律和解释编为一体,将法律解释附录于相关的法律条文之后编纂;D. 建成可检索的法律解释文件数据库;E. 其他。”调查结果显示:27.09%的被调查者选择了A;68.40%的被调查者选择了B;43.40%的被调查者选择了C;32.29%的被调查者选择了D;2.43%的被调查者选择了E。将法律解释文件分门别类进行编纂获得了多数被调查者的支持。

同时,笔者在访谈中特别请法官、检察官、监察官、行政工作人员从自身工作需求出发,谈了完善、改进现行法律解释制度的意见。总结各方意见,主要有以下六点:

第一,及时出台法律解释,以适应时代和社会的发展。多名被访谈者提到,现行法律解释无法满足实践需要,跟不上时代变迁,提出应根据实际情况及时更新法律解释。但也有访谈者认为司法解释制定、修改的频率太高,不利于法的安定性,而且不容易广为人知,因此建议在一年中的某一固定时间段集中发布司法解释。

第二,广泛调研,加强沟通协调,提高法律解释的质量。J省N市G区人民检察院检察官建议,在法律解释文件的创制过程中,要充分调研、听取意见,尤其是基层一线的意见。否则,即使出台了解释也可能无法解决实践中的争议问题。L省S市中级人民法院法官建议,要加强不同主体法律解释创制的沟通协调,进一步健全“两高”司法解释会商制度，避免司法解释“各自为政”，相互分歧矛盾。

第三，法律解释文件应阐释解释的具体理由。鉴于当前我国大量的司法解释文件都是抽象的规范性文件，J省D县基层人民法院W法官建议，在创制规范性司法解释时，创制主体可以公开所创制的规则的目的和理由，一方面可以使法官更准确地理解、适用相关解释；另一方面在相关解释与其他规范冲突时可以更好地回溯制定解释的原意。还有被访谈者称，司法解释造法、架空法律的现象仍然存在，法律解释应当以法律条文规定为基础，进行说理性解释。

第四，加强对法律解释文件的备案审查。J省高级人民法院Y法官表示，应当加强全国人大常委会对司法解释的备案审查工作。所有的司法解释都应当报送全国人大常委会备案，全国人大常委会设立专门的组织负责审查。如果发现相关的司法解释违背宪法或法律，应当予以撤销，并责令解释主体重新修改或解释。

第五，确立法律解释与法律规范以及法律解释相互之间的效力冲突解决机制。J省人民检察院W检察官表示，应当根据创制主体和所解释的法律规范确立不同法律解释之间的效力位阶。比如，全国人大常委会对法律的解释，其效力高于其他主体对法律的解释；国务院行政法规解释、部门规章解释的效力低于“两高”对法律的解释；地方性法规解释、地方政府规章解释的效力则低于国务院行政法规、部门规章解释。

第六，加强法律解释宣传，建立法律解释检索平台。L省T市人民检察院L检察官建议应当建立一个全国公民都可以自由查阅法律及法律解释的数据平台,方便法律实施主体检索使用法律解释。

此外,还有被访谈者提到应当参考、借鉴法治先进国家在法律解释方面较为成熟的做法,一定程度上可规避试错成本。

二、公民的法律解释需求调研情况分析

在我国现行法律解释制度之下,个人、社会团体及组织无权向全国人大常委会提出解释法律的请求。但现实中,已经出现了普通公民向全国人大常委会申请解释法律的事例。2013 年 1 月,湖南岳阳彭姓男子以自己维权却遭受当地公安、法院等机关的不公正对待为由,向全国人大常委会提出释法申请,请求对《刑事诉讼法》第 206 条第 1 款第 4 项、第 12 条、第 27 条及第三章有关回避的规定,《刑法》第 293 条有关寻衅滋事罪的规定进行解释。为充分了解普通公民对法律解释制度的需求情况,笔者通过网络进行了问卷调查,共收到 350 份问卷。

关于公民对法律解释文件的需求情况,72% 的受访者认为法律解释文件对于自己的工作、生活而言非常必要;94. 57% 的受访者认为法律解释文件可以为相关问题的处理提供明确的规范依据;73. 14% 的受访者认为法律解释文件的存在有利于提高办事效率。

对于公民个人发现法律规定存在不明确、有缺漏等问题,是否可以向全国人大常委会提出法律解释要求的问题,79. 14% 的受访者认为普通公民可以向全国人大常委会提出法律解释的要求,在人民主权国家,一切权力属于人民,人民有权对立法进行监督,有提出法律解释要求的权力;64% 的受访者认为公民提出

法律解释可以最大限度地发现法律中存在的问题,有利于法律的发展完善。

65.14%的受访者认为公民个人如果认为法院、检察院、监察机关、行政机关对法律的理解和实施有错误,可以提请全国人大常委会解释。因为全国人大常委会有法律解释权,是最高的法律解释机关,有权监督法院、检察院、监察机关、行政机关对法律的理解和实施。31.43%的受访者则认为公民个人如果认为法院、检察院、监察机关、行政机关对法律的理解和实施有错误,不可以提请全国人大常委会解释。如果案件在审理过程中,可由法院纠正检察、监察、行政机关对法律的错误理解和适用;若案件已经终审,可以提起申诉。

在访谈中,部分律师、企业法律工作者以及其他普通公民提出了完善我国当前法律解释制度的建议,主要有:部分法律的相关解释文件繁多,名称不一,不能确定是不是有关该法律的解释,寻找法律解释时容易遗漏;建议建立系统的、正式的、权威的法律解释数据库平台,并向社会开放,以方便公民了解、查阅法律解释文件;减少作为法言法语的抽象性表达,多用具体案例说明法律条文的具体适用,做到让每个识字的公民都能较为轻松地理解法律。

第四章　统一法律解释权体系及其配置

法律解释权是相关主体进行法律解释的权力依据。由何种主体职掌法律解释权以及各主体的解释权限范围划定是法律解释制度构建必须要首先解决的问题。它关系着相关法律解释文件的正当性及其效力等问题,也关系着法律解释制度的有序运行问题。正如学者所言“如果不对各法律解释主体的解释权划分作出明确具体的界定,就会损害法律统一适用的基础,尤其是严重妨碍一个国家形成健全的司法功能”。[①] 构建统一法律解释制度必须首先明确何种主体有权解释法律,并对各主体的法律解释权限进行具体的界定。

---

① 张志铭:《法律解释学》,中国人民大学出版社 2015 年版,第 157 页。

第一节 法律解释权体系的重构

一、我国现代法律解释权的配置

(一)中华人民共和国成立初期的法律解释权配置

早在新民主主义革命时期,中国共产党领导的革命政权就已经意识到法律解释的重要性,并对法律解释权的配置作了相应的安排。[①] 中华人民共和国成立初期,也对法律解释问题作了制度化安排。1949 年 9 月 27 日,中国人民政治协商会议第一届全体会议通过的《中央人民政府组织法》(已废止)第 7 条规定了中央人民政府委员会十个方面的职权。其中,中央人民政府委员会的第一项职权就是“制定并解释国家的法律,颁布法令,并监督其执行”。法律解释权被赋予当时事实上的最高国家机关——中央人民政府委员会。中央人民政府委员会既有立法权,也有法律解释权,还有监督法律执行的权力。1954 年,我国第一部《宪法》将法律解释权授予了最高国家权力机关的常设机关——全国人大常委会。《1955 年解释决议》将全国人大常委会法律解释权的一部分转授权给了最高人民法院审判委员会。

中华人民共和国成立初期的法律解释权力配置受到了苏联

① 参见第二章第二节有关“中国共产党领导的革命政权统一法律解释的做法”的论述。

法制的深刻影响。根据1936年《苏联宪法》第49条的规定,苏联最高苏维埃主席团有权解释苏联现行法律。[①] 苏联最高苏维埃主席团是苏联最高权力机关——苏联最高苏维埃的常设机构。在当时我国的国家机构中,与苏联最高苏维埃主席团相对应的国家机构正是全国人大常委会。而且,在理论上,全国人民代表大会是我国的最高立法机关,代表全体人民行使立法权,由全国人大常委会职掌法律解释权可以最大限度地体现和维护人民的意志和利益。至于由最高人民法院审判委员会职掌部分法律解释权这一做法也有苏联法制的影子。[②]

(二)当前我国法律解释权配置存在的问题

我国的法律解释权主要是依据《1981年法律解释决议》进行配置的。1979年《人民法院组织法》第33条规定:"最高人民法院对于在审判过程中如何具体应用法律、法令的问题,进行解释。"[③]这是对《1955年解释决议》的延续,确认了最高人民法院的法律解释权。《1981年法律解释决议》在《1955年解释决议》的基础上,又扩大了法律解释权主体的范围,将法律解释权授予

① 参见苏联科学院法权研究院编著:《马克思列宁主义关于国家与法权理论教程》,中国人民大学马列主义关于国家与法权理论教研室译,华东政法学院教务处1953年翻印版,第524页。

② 参见第二章第一节有关"苏联的统一法律解释制度"的内容。

③ 《人民法院组织法》在1983年修订、1986年修改和2006年修正,本条在条文内容上并未发生变化,只是在2006年修正时由第33条变为了第32条。2018年修订后改为第18条,内容修改为:"最高人民法院可以对属于审判工作中具体应用法律的问题进行解释。最高人民法院可以发布指导性案例。"

国务院及其主管部门、最高人民检察院、省级人民代表大会常务委员会以及省级人民政府主管部门，从而确立了我国多元主体协同解释法律的体制。

《1981 年法律解释决议》以解释内容的不同划分法律解释，进行解释权配置，其背后是“立法”与“用法”的两分法，“立法归立法”“应用归应用”是严格区分立法权与司法权、执法权的产物。此种法律解释权的划分及配置至少存在以下三个问题：

第一，法律法规条文本身的问题与具体应用问题很难区分，且无区分之必要。法律法规条文具体应用的问题往往就是法律法规条文本身的问题，或者是由于法律法规条文本身过于抽象，或者是法律法规条文本身存在歧义或者疏漏，或者是法律法规条文本身滞后于社会发展需要等。而且法律法规制定出来就是为了应用，法律法规条文本身就涉及具体应用的问题。所以，根本就无法明确地区分何为法律法规条文本身的问题，何为法律法规的具体应用问题。

第二，立法机关制定法律并由其解释法律的观念和做法并无坚实依据。若言立法机关知晓法律制定之本意故而更能准确地解释法律，但法律虽由此机关制定，但解释者可能并非当时制定法律之人，而且即使解释者与立法者同一，也不能保证其解释更能切合法律的主旨和本意，更不论立法者并不实际适用法律，不能及时知晓法律的与时不适之处，不能适时、有效地作出符合社会需要的解释。

第三，将法律解释权归属于特定的立法、司法及行政机关，而实际上适用、执行法律的基层司法、行政人员却没有法律解释权，存在对法律解释的严重误读。“这与法治国家通行的将法律解释权主要运用于法律实施者对个案处理环节的制度安排存在明显差异”。[①] 因此,应当重新定性和配置法律解释权力。

二、学界有关法律解释权配置的两种不同观点

法律解释权配置问题与法律解释权的定性密切相关。而法律解释权的定性又取决于法律解释是什么。换言之,法律解释是什么直接决定着法律解释权是什么。按照法律解释的主体和效力的不同,国内学界通常认为法律解释可以分为法定解释和学理解释。[②] 学理解释是没有法定解释权的个人或团体作出的不具有当然法律效力的解释,不涉及法律解释权配置问题。法定解释则涉及法律解释权的归属和效力。对此,学界存在两种不同的观点:第一种观点是从我国现行法律解释制度安排出发,认为法律解释是指特定主体对法律所做的具有法律效力,特别是具有普遍约束力的解释。[③] 全国人大常委会、国务院及其职能部门、最高人民法院、最高人民检察院等国家机关拥有法定解释权。第二种观点是根据当代西方的法律解释理论、制度安排及实践,认为法律解释是法官将法律适用于具体案件过程中对法律的理解和解释。法律解释权“就是司法主体在案件审理中对各种形式的法源以及事实的法律意义进行阐释说明的权力”。[④] 法律解释权附属于司法权,专属于法官或司法机关,立法和行政

① 刘平:《法律解释:良法善治的新机制》,上海人民出版社 2015 年版,第 217 页。
② 参见张志铭:《法律解释学》,中国人民大学出版社 2015 年版,第 174 页。
③ 参见张文显主编:《法理学》(第 2 版),高等教育出版社 2003 年版,第 320 页。
④ 魏胜强:《法律解释权研究》,法律出版社 2009 年版,第 30 页。

主体不具有法律解释权。

以上两种有关法律解释、法律解释权及其配置的观点都有其合理性,但也都存在问题。法律解释作为一个概念,用以描述主体阐明法律之意义的现象,其对解释主体并无何种特殊之限定。只是当论及法律解释的效力时,解释主体才成为问题,因为只有"特定主体"的解释才具有法律上的效力。此种特定主体在传统法律解释理论中即是有权解释主体,一般包括立法、司法、行政机关。① 立法、司法、行政机关可以解释法律,而且其解释具有法定效力。但这些有权解释主体的解释之所以具有效力是由于其各自的立法权、司法权、行政权,而非"法律解释权"。法律解释权附属于立法权、司法权或行政权,而非一种独立的权力。我国法律将法律解释权作为一种独立的权力予以确认,并且将其赋予特定的立法、司法、行政等多元主体,继承了传统法律解释理论对于有权法律解释的认知,由特定主体职掌法律解释权一定程度上有利于法律解释的统一,但却忽视了法律解释是所有立法者和法律实施者共有的活动而非特定主体的权力,法律解释的统一应是建立在法律解释多元基础上的。而且由于立法、司法、行政机关的职权、功能不同,立法、司法、行政法律解释的效力不可能相同,在功能上也应有所区别。现行法律解释制

① 日本学者奥田义人所著的《法学通论》于1910年译介至中国,就已经将有权解释区分为立法解释、司法解释与行政解释。所谓有权解释是指"以法律所定之解释及有法律行用职权者其行用时所下之解释";"立法解释者,谓以法律所定之解释";"司法解释者,谓裁判官判决之际,适用法律所为之解释也";"行政解释者,行政官为行政处分,又为行政裁决,行用法律所下之解释也"。参见[日]奥田义人:《法学通论》,卢弼、黄炳言译,政治经济社1910年版,第214页、第215页、第217页。

度却没有对这些有权解释的效力和功能进行明确区分和定位。

第二种观点认为只有法官或司法机关有权解释法律，只有在法律适用过程中才发生对法律的理解和解释，且只有司法者的解释才是终局解释；而立法解释不是能够适用于具体案件的终局性解释；行政主体在行政管理活动中也必然会涉及对法律的应用问题，也面临着对法律的理解和解释，但不是权威性的终局性的解释。[①] 其实，这是以法律解释的效力是否具有终局性为标准对有权法律解释主体的范围进行了限缩，认为只有对法律作出终局性解释的司法机关才有法律解释权。此种主张为将法律解释权归属于司法机关，由最高司法机关统一法律解释铺平了道路，但却无法解决下级司法机关的解释要接受上级司法机关的审查，那么是否下级司法机关的解释因不具有终局性而不具有法律解释的效力这一问题，也无法解决非司法审判机关在法律实施过程中的法律解释需求问题。

其实，以上两种观点都重视法律解释的统一，试图通过法律解释权主体的特定化实现法律解释的统一。构建统一法律解释制度可以吸收这两种观点的合理之处，调和二者的差异，弥补其各自的缺陷，从而构建符合法理逻辑、切合实践需要的统一法律解释权体系。

三、统一法律解释权与普通法律解释权的界分

以法律解释主体所创制的解释是否具有“统一”功能为标准，法律解释权可区分为普通法律解释权与统一法律解释权，并

---

① 参见魏胜强：《法律解释权研究》，法律出版社 2009 年版，第 30 页、第 45 页。

按照“统一法律解释权归特定机关”“普通法律解释权归实施主体”的原则进行配置。如此一来,既回归了法律解释的本意,又兼顾了法律解释的统一。

所谓普通法律解释权,是指所有适用法律的主体在法律实施过程中所具有的理解、阐释法律条文含义,并将其与特定的具体事实相结合的权力。法律实施主体在实施相关法律法规时必然涉及对法律法规的解释。法律实施的过程即是理解、阐释法律条文,将其应用于具体事件的过程。否定法律实施者的法律解释权不论在理论上,还是在事实上都是不可能的。法律实施主体是抽象规范与具体事实的连接者,能够切实而且及时地发现法律法规在适用过程中存在的疑义和问题,能够较为准确地把握社会对于法律规范的解释需求。因此,由法律的实施主体解释法律有其必要性和合理性。

统一法律解释权是由特定且唯一的主体对法律作出最终、权威解释的权力。统一法律解释权的设置是以承认各层级法律实施机关的普通法律解释权为基础,目的是统一各系统、各层级机关及人员相互之间对相同法律条文的不同解释,避免法律解释和适用的混乱。既然是“统一”法律解释,那么就应当由专一机关进行,也即统一法律解释的主体应当是唯一的。否则,如果存在多个统一法律解释主体,仍然无法解决多个主体法律解释歧义的问题。同时,统一法律解释机关应当具备在国家机关中处于最高(或较高)地位、能够及时作出准确的法律解释、有能力保障统一法律解释效力的实现等条件。否则,所谓的统一法律解释无法获得“统一”的权威性,无法获得各级法律实施主体的认可和切实的遵从。由此,统一法律解释权的归属就是一个需要慎重考虑、合理安排的首要问题。

第二节　统一法律解释权归属全国人大常委会

一、学界有关统一法律解释权归属的争议

由何种机关职掌最高的统一法律解释权不仅是一个理论上的问题,也与一个国家的法制传统、国家性质、法制发展状况等因素相关。在近代以来的世界法制历史上,各国关于统一法律解释的制度安排主要有两种:一是由最高立法机关职掌唯一的最高法律解释权,不允许其他任何主体尤其是法官解释法律;二是由最高司法审判机关统一解释法律。19 世纪末 20 世纪初,法国、德国、日本等国多是由最高法院承担统一法律解释的功能。最高法院处于司法审判组织系统的"金字塔尖",职掌最高审判权,以审查下级法院裁判的法律适用为本职。如果下级法院对法律的理解、适用出现了偏差或错误,它们的裁决将会遭到最高审判机关的变更或撤销。因此,最高审判机关具有保证法律适用统一的能力,由最高审判机关职掌统一解释法律权确实可以有效地实现法律解释的统一。

在我国,清末民国时期将统一法律解释权归由最高司法机关行使。新民主主义革命时期,中国共产党领导的革命政权关于统一法律解释机关的设置(或设想)主要有两种:一是由最高行政机关行使,二是由最高审判机关行使。在中华人民共和国

成立后,《宪法》确立了全国人大常委会的最高法律解释机关地位。但在实践中,全国人大常委会的会期有限,无法承担起大量的、繁重的日常法律解释任务。全国人大常委会对自身的法律解释权进行再授权之后,其所保留的对条文本身的解释权实际上并无多少可以行使的机会,或者说"在解释对象重合(皆为基本法律、法律)的情况下,立法解释除去立法的内容之外,实际上并没有什么不同于实施机关对法律解释的内容"。[①] 而且,全国人大常委会所拥有的事实上的统一法律解释权处于闲置状态,从而出现了统一法律解释权的权力真空。与此相对,最高人民法院则承担起主要的、经常性的法律解释任务,发布了数以千计的法律解释文件。在 2011 年至 2013 年的司法解释清理工作中,最高人民法院梳理出单独和联合制发的现行有效的司法解释、司法解释性文件以及其他规范性文件共计 3351 件。[②] 最高人民法院在统一法律解释方面的表现也更为强势,甚至有学者称:"最高人民法院抢滩全国人大常委会的立法解释权,收编最高人民检察院的司法解释权,甚至窥探宪法解释权。"[③]由此就出现了我国规范层面与现实层面上统一法律解释机关的不一致。

学界有关统一法律解释权配置的观点,也存在归属全国人大常委会与最高人民法院的分歧。近年来,学界有关将统一法律解释的权力赋予最高人民法院的呼声日渐高涨,甚至出现了

---

① 张志铭:《法律解释学》,中国人民大学出版社 2015 年版,第 160 页。

② 参见张媛:《司法解释集中清理基本完成 两高共废止司法解释 817 件》,载《法制日报》2013 年 4 月 25 日,第 3 版。

③ 田芳:《法律解释如何统一——关于司法解释权的法律统一解释功能的思考》,载《法律科学(西北政法学院学报)》2007 年第 6 期。

“一边倒”的态势。对此,笔者认为应当由全国人大常委会行使统一法律解释权,只是全国人大常委会行使统一法律解释权的方式要有所改变,而且全国人大常委会的统一法律解释权与其他法律解释主体的法律解释权力之间的关系需要重新厘定。

二、统一法律解释权归属全国人大常委会的合理性

由全国人大常委会行使统一法律解释权,针对不同主体法律解释间的冲突作出最终、权威、统一的法律解释的制度安排是建基于当前我国《宪法》、法律确立的法律解释制度框架之上,符合我国的基本政治原则和政治制度,与全国人大常委会在整个国家机构中的职权、地位与权威相匹配的。

首先,赋予全国人大常委会统一法律解释权与我国《宪法》、法律确立的法律解释制度相契合。全国人大常委会是《宪法》所确定的法律解释主体,在整个法律解释体制中居于主导地位,其他立法、司法、行政机关的法律解释权皆源自全国人大常委会的授权。2015 年修正的《立法法》明确规定最高人民法院、最高人民检察院作出的属于审判、检察工作中具体应用法律的解释,应当自公布之日起 30 日内报全国人大常委会备案,强化了全国人大常委会在整个法律解释体制中的主导地位。同时,根据《1981 年法律解释决议》的规定,如果最高人民法院与最高人民检察院的解释相互之间存在原则性的分歧,全国人大常委会有权作出最终的解释或决定。虽然我国当前的法律法规中并未出现“统一法律解释”字样,但可以说全国人大常委会是我国实际上的统

一法律解释机关。[①] 构建全国人大常委会主导的统一法律解释制度建基于我国《宪法》对法律解释体制的安排之上,具有坚实的法律依据。如果由最高人民法院职掌统一法律解释权,需要变更《宪法》,不具有现实可行性。

其次,赋予全国人大常委会统一法律解释权与我国民主集中制原则及人民代表大会制度相适应。我国是人民民主专政的社会主义国家,一切国家机构的权力都来自人民,对人民负责,受人民监督。《宪法》第 3 条规定,中华人民共和国的国家机构实行民主集中制的原则。民主集中制强调民主基础上的集中和集中指导下的民主相结合。我国的国家权力集中于全国人民代表大会和地方各级人民代表大会,其他行政、监察、审判、检察机关都由人民代表大会产生。全国人大常委会是我国最高权力机关的常设机关,将统一法律解释权赋予全国人大常委会即是将法律解释权集中掌握在人民手中。有学者提出由最高人民法院行使统一的法律解释权,取消全国人大常委会、最高人民检察院、国务院及其主管部门等主体的法律解释权。[②] 但是,由最高人民法院行使最高法律解释权可能会使全国人民代表大会的最高权力机关地位遭遇挑战,造成司法机关对权力机关的制约。持此种主张的学者在后来的研究中也认识到"纯粹的理论主张和一些法治发达国家法律解释权配置方式同我国的政治原则和

---

① 由全国人大常委会承担法律统一解释功能,建立全国人大常委会法律统一解释制度得到了一些学者的支持,认为全国人大常委会法律解释体制的特征在于其法律统一解释功能,并提出基于这种法律统一解释功能来构建全国人大常委会的法律解释程序。参见田芳:《论全国人大常委会法律统一解释体制构建》,载《西南政法大学学报》2013 年第 3 期。

② 参见魏胜强:《法律解释权研究》,法律出版社 2009 年版,第 245 ~ 249 页。

政治制度相冲突,采用理想化的法律解释权配置方式无法适应我国当前的政治基础”。①

再次,赋予全国人大常委会统一法律解释权与全国人大常委会的立法权相匹配。全国人民代表大会及其常务委员会是我国的最高立法机关,全国人大常委会具有制定除应当由全国人民代表大会制定的法律以外的其他法律的权力。严格意义上的法律只能由全国人大及其常委会创制,并由它们修改和解释。法律解释具有法续造功能,统一法律解释是对法律最终权威的解释,是法律解释的标准意义,往往会创设新的规范。将统一法律解释权赋予全国人大常委会可以保持立法权威,防止立法权旁落,保障法律规范体现人民的意志和利益。在我国法律解释制度运行过程中,“两高”通过颁布抽象性、规范化司法解释的方式代替全国人民代表大会及其常委会“立法”的现象屡见不鲜。司法解释制度因此遭遇了诸多批评。② 尽管抽象的规范化司法解释文件并不必然违背人民的意志和利益,甚至“两高”的司法解释在我国特殊的法制国情之下在一定程度上弥补了立法过于粗疏、法律适用不统一等缺陷,但是“两高”的司法解释无论在创制形式上,还是在创制程序上都有很大的改善空间。而且如何避免司法机关经由法律解释任意“造法”而导致的可能恶果,也需要慎重而周全地通盘考虑。

最后,全国人大常委会有能力解决不同法律解释主体之间

---

① 魏胜强:《法律解释权的配置研究》,北京大学出版社 2013 年版,第 267 页。

② 参见袁明圣:《司法解释“立法化”现象探微》,载《法商研究》2003 年第 2 期;汪全胜:《司法解释正当性的困境及出路》,载《国家检察官学院学报》2009 年第 3 期;陈甦:《司法解释的建构理念分析——以商事司法解释为例》,载《法学研究》2012 年第 2 期。

的解释冲突。全国人大常委会作为我国最高权力机关的常设机关在整个国家机构中地位崇高,不受最高行政机关、最高审判机关、最高检察机关、最高监察机关的制约,有能力解决这些机关相互之间关于法律解释问题的分歧。更为重要的是,全国人大常委会享有《宪法》所赋予的解释《宪法》的权力,能够解决有关法律解释是否违背《宪法》的问题,而最高人民法院、最高人民检察院等其他国家机关都不具备此种权力和能力。如果由其他国家机关职掌统一法律解释权,要么因这些机关不具有宪法解释权,其所创制的解释无法获得最终的统一性和权威性;要么赋予这些国家机关以宪法解释权,以使其统一法律解释获得最高性和终局性。而对宪法解释权配置的更改势必将会影响到我国现行的政治体制和政治生态。

三、全国人大常委会内部具体负责统一法律解释工作的机构

将统一法律解释权归属于全国人大常委会,那么全国人大常委会应当如何行使该权力,由哪个具体的机构主要负责统一法律解释的创制呢?我国《立法法》所规定的法律解释创制程序是:全国人大常委会工作机构拟定法律解释草案,委员长会议决定列入常委会会议议程,常委会会议审议法律解释草案,宪法与法律委员会根据审议意见修改并提出法律解释草案表决稿,常委会会议表决通过法律解释草案,常务委员会公布法律解释。但这种法律解释程序设计存在如下问题:第一,由全国人大常委会的何种工作机构负责拟定法律解释草案并不明确;第二,由委员长会议决定是否列入常委会会议议程,但决定“解释”或“不解释”也非“处理常委会的重要日常工作”的委员长会议所能够经

常性进行的；第三，整个解释创制程序涉及多个主体以及多个程序的转换衔接，但却没有专门的机构及人员总司其事。这导致全国人大常委会法律解释权的行使不够流畅、有效。全国人大常委会缺少解释法律的积极性和主动性，解释数量偏少，解释效果不彰。《宪法》赋予全国人大常委会的“解释法律”的权力在一定程度上存在“虚置”现象。因此，为加强全国人大常委会统一法律解释工作的积极性、有效性，应当由专门的机构负责和承担起日常的统一法律解释工作。

（一）统一法律解释不能由法制工作委员会作出

在实践中，全国人大常委会的立法工作机构——法制工作委员会在解释法律上扮演着重要角色。根据全国人民代表大会官方网站的介绍，全国人大常委会法制工作委员会的职责包括“承担推动宪法实施、开展宪法解释、推进合宪性审查、加强宪法监督、配合宪法宣传等方面的具体工作”，“对各省、自治区、直辖市人大常委会及中央和国家机关有关部门提出的有关法律方面问题的询问进行研究予以答复，同时报人大常委会备案”，“开展法规、司法解释的备案审查工作”。[①] 全国人大常委会法制工作委员会不仅从事司法解释的备案审查工作，而且还直接作出法律解释。

根据《立法法》第 69 条的规定：“全国人民代表大会常务委员会工作机构可以对有关具体问题的法律询问进行研究予以答

① 《全国人大常委会法制工作委员会简介》，载中国人大网，http://www.npc.gov.cn/npc/fgw001/202009/37a38fef089e499bb63b9d58ceda9ba4.shtml，2022 年 2 月 13 日访问。

复,并报常务委员会备案。”全国人大常委会法制工作委员会作为全国人大常委会的工作机构,有权对中央和地方的国家机关、部门以及人民团体、全国性社会团体等主体提起的具体法律问题进行答复。所谓的“具体的法律问题”,是指不属于《立法法》第48条所规定的由全国人大常委会解释的“法律的规定需要进一步明确具体含义的;法律制定后出现新的情况,需要明确适用法律依据的”两种情形的有关具体法律条文如何理解和适用的问题。实践中,全国人大常委会法制工作委员会曾对国务院工作部门、最高人民检察院、各省级人大常委会、全国总工会办公厅等提出的请示或法律解释请求进行了答复。[①] 这种对法律询

① 全国人大常委会法制工作委员会还对自身作出的法律询问答复进行了汇编。2001年全国人大常委会法制工作委员会编的《法律询问答复汇编》(第1辑)收录了2000年7月1日至2000年12月31日的法律询问答复;2002年编辑的《法律询问答复汇编》(第2辑)收录了2001年1月1日至12月31日法制工作委员会对有关法律问题询问的答复;2003年全国人大常委会法制工作委员收集整理2002年1月1日至12月31日法制工作委员会对有关法律问题询问的答复,编为《法律询问答复汇编》(第3辑)。全国人大常委会法制工作委员会原本计划对每年度的法律询问答复进行汇编,但实际上2003年之后全国人大常委会法制工作委员会并未再按年度汇编法律询问答复。至2006年,全国人大常委会法制工作委员会编纂了《法律询问答复(2000—2005)》,收集整理了2000年7月1日至2005年12月31日的法律询问答复。2015年修改的《立法法》普遍赋予设区的市地方立法权,一些地方人大建议全国人大常委会将有关地方立法的法律询问答复进行汇编。因此,2017年全国人大常委会法制工作委员会办公室甄选了2016年年底之前有关地方立法的法律询问答复共60件,汇编成《法律询问答复选编》。参见全国人大常委会法制工作委员会编:《法律询问答复汇编》(第1辑),中国民主法制出版社2001年版;全国人大常委会法制工作委员会编:《法律询问答复汇编》(第2辑),中国民主法制出版社2002年版;全国人大常委会法制工作委员会编:《法律询问答复汇编》(第3辑),中国民主法制出版社2003年版;全国人大常委会法制工作委员会编:《法律询问答复(2000—2005)》,中国民主法制出版社2006年版;全国人大常委会法制工作委员会办公室编:《法律询问答复选编》,中国民主法制出版社2017年版。

问的答复往往涉及对法律的解释。更为重要的是全国人大常委会法制工作委员会还承担着开展宪法解释方面具体工作的职责。那么,可否由全国人大常委会法制工作委员会作为统一法律解释机构专门承担统一法律解释的功能?

全国人大常委会法制工作委员会的法律询问答复一定程度上满足了实践中各方对法律解释的需求,但却存在合法性缺失、与法律解释功能交叉重合、效力不确定等问题。[①] 实际上,全国人大常委会法制工作委员会的法律询问答复与全国人大常委会的法律解释之间不存在明确的实质区分。在表面上,前者针对的是“具体法律问题”,后者针对的是“抽象法律问题”。但是法律的规定需要进一步明确具体含义、法律制定后出现新的情况需要明确适用法律依据往往发生在具体的案件中,都是具体的法律问题。在实践中,全国人大常委会法制工作委员会的大部分答复也主要是针对法律实施中法律规定的含义不明确、出现新情况无法确定如何适用法律而作出的。由此,全国人大常委会法制工作委员会通过法律询问答复承担了大量的应当由全国人大常委会进行的法律解释工作,架空了全国人大常委会的法律解释权,而且答复和解释的并存也不利于法律解释的统一。

从全国人大常委会法制工作委员会的机构属性上而言,它只是全国人大常委会的一个内设工作机构,不能够独立作出法律解释。诚如学者所言:“工作机构可以认为是一种半职能性机构,它可以行使一定的法律职权,但不可以以独立名义发布执行性的文件、指示、命令,它是为职能机构提供服务的。所以,它本

---

① 参见林彦:《法律询问答复制度的去留》,载《华东政法大学学报》2015 年第 1 期。

质上又是一种服务机构。”[①]全国人大常委会法制工作委员会本身并不是一个独立的主体，“不能代表全国人大常委会直接处理也不能以自身名义处理具体带有法律意义的问题，当然它也无权对法律作出具有法律效力的解释”，[②]不可以以自身名义发布法律解释文件。全国人大常委会享有《宪法》赋予的解释法律的权力，法制工作委员会作为全国人大常委会的工作机构当然可以在全国人大常委会的领导下从事一些具体的法律解释事务性工作，辅助法律解释案的起草。但法律解释的创制不仅仅涉及解释案的起草，还要经过拟订、审议等程序。这显然不是作为事务性机构的法制工作委员会所能够胜任的，也不是其应当承担的职责。

鉴于此，在统一法律解释制度之下，应当取消全国人大常委会法制工作委员会对法律询问进行答复的权力，以免全国人大常委会的工作机构侵夺其法律解释权。作为全国人大常委会的工作机构，法制工作委员会不具有独立的主体资格，也不能够赋予其统一法律解释权。但在统一法律解释工作中，全国人大常委会法制工作委员会仍承担着重要的职能。全国人大常委会法制工作委员有对法律解释请求进行审查的权力，有权决定相关的法律解释请求是否适格，并协助统一法律解释草案的起草工作。这样可使全国人大常委会法制工作委员会积极参与到法律解释工作中，以发挥其成员法律专业素养较高、对相关法律立法

① 蔡定剑：《中国人民代表大会制度》，法律出版社2003年版，第476页。

② 刘政、程湘清：《民主的实践：全国人民代表大会及其常委会的组织和运作》，人民出版社1999年版，第224页。

原意较为熟悉的优长,促进统一法律解释制度的良好运行。

(二)应由宪法和法律委员会负责统一法律解释工作

关于全国人民代表大会之下应当由何种机构承担具体的统一法律解释任务这一问题,梁慧星认为可以在全国人民代表大会法律委员会之下设立统一解释法律委员会,作为行使立法机关授予的专项职权的专家委员会,具体负责统一解释法律。[①] 这为全国人大常委会统一法律解释权的专门行使提供了很好的思路,可以由法律委员会(现为宪法和法律委员会)负责法律的统一解释。

全国人大常委会法律委员会是 1983 年第六届全国人民代表大会第一次会议设立的六个专门委员会之一,主要负责对法律草案的统一审议,提出审议结果的报告和草案修改稿。[②] 2018 年,为加强宪法实施和监督,推进合宪性审查工作,在全国人大常委会之下改组成立了“宪法和法律委员会”,作为宪法实施和监督的专门机构,承担具体的宪法解释工作。宪法和法律委员会取代了原先的法律委员会。2018 年 3 月 11 日,《宪法》第 70 条第 1 款中的“法律委员会”更名为“宪法和法律委员会”。2018 年 6 月 22 日,全国人大常委会为了明确宪法和法律委员会的职责,专门通过了《关于全国人民代表大会宪法和法律委员会职责

① 参见梁慧星:《关于法律统一解释问题及设立统一解释法律委员会的建议》,载《法学》1999 年第 3 期。

② 参见刘政、程湘清:《民主的实践:全国人民代表大会及其常委会的组织和运作》,人民出版社 1999 年版,第 300 页。

问题的决定》第 2 条规定:“宪法和法律委员会在继续承担统一审议法律草案等工作的基础上,增加推动宪法实施、开展宪法解释、推进合宪性审查、加强宪法监督、配合宪法宣传等工作职责。”

宪法和法律委员会的确立对于我国宪法解释制度的构建具有重要意义。诚如学者所言:“宪法和法律委员会的确立使全国人大常委会‘解释宪法’的职权有了行使的平台与机制,对于今后开展宪法解释活动提供了有力的制度保障。”①根据《宪法》的规定,我国的宪法解释权属于全国人大常委会,但长期以来全国人大常委会并未设置专门的宪法解释工作机构,结果导致宪法解释权的虚置,宪法解释权在实践中没有真正行使过。因此,有必要明确宪法解释具体工作的承担主体,以便事有专责、落到实处。而由宪法和法律委员会具体承担起宪法解释工作也具有宪法上的正当性。我国《宪法》第 70 条规定:在全国人民代表大会闭会期间,各专门委员会受全国人大常委会的领导。各专门委员会在全国人民代表大会和全国人大常委会领导下,研究、审议和拟订有关议案。在全国人民代表大会闭会期间,宪法和法律委员会受全国人大常委会领导,可以径直作为宪法解释的具体工作机构,研究、审议和拟订有关宪法解释的议案。

依此思路,统一法律解释工作同样可以由宪法和法律委员会具体组织开展。宪法和法律委员会既然具体承担宪法解释工作,统一法律解释工作也就没有必要再由其他机构负责。这是

---

① 范进学:《全国人大宪法和法律委员会的功能与使命》,载《华东政法大学学报》2018 年第 4 期。

因为统一法律解释与宪法解释密不可分,有关法律的统一解释应当符合《宪法》,而且涉及法律重大疑问的统一解释往往涉及《宪法》的解释问题。统一法律解释与宪法解释工作由同一机构承担,在事实上可以使统一法律解释与宪法解释在程序的转换衔接上更为方便、解释的创制更加准确高效,有利于保障法律解释的统一。况且,宪法解释与统一法律解释同时由宪法和法律委员会承担,也与其名称相匹配,是真正的名实相副。

如果由宪法和法律委员会负责法律解释工作的具体组织和开展,那么宪法和法律委员会应如何开展法律解释活动?是否有必要在宪法和法律委员会之下设一个统一法律解释委员会来专门负责法律解释工作呢?全国人民代表大会专门委员会是"帮助全国人大及其常委会审议和拟订方案的机构",①是全国人民代表大会及其常委会的一个履行职责层次。法律解释权是全国人大常委会的职权之一。宪法和法律委员会对《宪法》及法律事务比较熟悉,可以协助全国人大常委会履行法律解释职责。全国人大常委会法制工作委员会的办事机构也是全国人民代表大会宪法和法律委员会的办事机构,可以具体负责法律解释案的调查、研究、起草工作。② 如果再在宪法和法律委员会之下设置一个统一解释法律委员会,则显得叠床架屋。而且新设立的委员会的性质、组织、人员、职权、任期都将成为问题。因此,既

① 焦洪昌:《宪法学》,北京大学出版社2010年版,第237页。

② 全国人大常委会法制工作委员会的办事机构同时也是法律委员会的办事机构。参见全国人大内务司法委员会办公室编:《全国人民代表大会专门委员会工作手册》,中国民主法制出版社1992年版,第60页。

然明确了宪法和法律委员会是法律解释活动的具体组织承担者,就没有必要再在其下设置专门的责任主体,仅需确定宪法和法律委员会开展统一法律解释活动的具体组织形式以及程序即可。至于宪法和法律委员具体开展统一法律解释的组织形式及程序将在下一章有关统一法律解释创制程序的讨论中具体展开。

(三)全国人大常委会其他专门委员会可以参与相关领域法律的解释工作

在全国人大常委会法律解释权的具体行使主体上还存在一个问题,即除宪法和法律委员会之外的其他专门委员会是否可以承担法律解释任务。全国人民代表大会之下除宪法和法律委员会之外,还有民族委员会、监察和司法委员会、财政经济委员会、教育科学文化卫生委员会、外事委员会、华侨委员会、环境与资源保护委员会、农业与农村委员会、社会建设委员会等9个专门委员会。这9个专门委员会有权提出、审议甚至表决法律案,对相关领域的立法意旨比较熟悉,完全有资格也有能力参与法律解释工作。只是相较于宪法和法律委员会,它们仅是对某个或某几个领域的立法情况较为熟悉,不可能承担起全部的统一法律解释工作任务,更不可能承担起宪法解释的工作。因此,全国人大常委会其他专门委员会不能作为统一法律解释的主体。但是它们完全可以参与与自身事务密切相关的法律解释工作。至于各专门委员会应以何种方式参与统一法律解释工作,将在后面有关统一法律解释创制程序的论述中具体展开。

第三节 统一法律解释权的下位权力及其配置

一、统一法律解释权的下位权力

统一法律解释权由唯一主体职掌并不代表法律解释工作可以由某一机关垄断。我国的法律规范体系由宪法、法律、行政法规、部门规章、地方性法规、地方政府规章所组成。截至2023年3月13日第十四届全国人民代表大会第一次会议闭幕,我国现行有效法律共294件。① "国家法律法规数据库"数据显示,截至2023年3月,我国现行有效行政法规692件,地方性法规19,942件。② 事实上并不可能由单一的机关垄断对体系庞大、数量众多的法律规范进行解释的权力。而且,全国人大常委会行使法律解释权也面临着实际的困难。全国人大常委会有近200位委员,讨论问题不便。加之,全国人大常委会职权众多,常委会会议每两个月召开一次,根本没有时间和精力进行一般性、经常性的法律解释工作。我国长期以来的法律解释实践也证明,全国人大常委会无法承担起对所有法律规范进行解释的任务,大量的日常法律解释是由全国人大常委会所授权的司法及行政机关

---

① 参见《现行有效法律目录(294件)》,载中国人大网,http://www.npc.gov.cn/npc/c30834/202303/6695905f16fa4f2ab0d24008db1410fc.shtml,2023年3月27日访问。

② 参见国家法律法规数据库,https://flk.npc.gov.cn/,2023年3月27日访问。

承担的。1981 年至今,全国人大常委会创制的以“解释”命名的法律解释文件仅有 26 件。[①] 这在数量上与司法机关、行政机关的法律解释相比,显得微不足道。据不完全统计,截至 2019 年 7 月,最高人民法院、最高人民检察院单独或联合作出的司法解释(解释性文件)达 3686 件,国务院及其主管部门作出的行政解释性文件有 150 件。[②]

法律解释是与法律实施密切联系在一起的。法律的模糊、疑义、缺漏等问题往往只有在具体的实施过程中才能暴露。法律实施机关能够更为及时地发现这些问题,了解社会实际案件或事务处理的规范需求。因此,由法律实施机关进行法律解释可以及时、准确地回应相关的法律问题。而相较于法律实施机关,全国人大常委会作为立法机关与法律实施活动的距离较远,“不是处于应用法律特别是适用法律办理案件的位置,因而难以适时就法律应用特别是司法实践问题做出法律解释”[③]。因此,全国人大常委会也不适宜承担日常性的法律解释任务。

既然全国人大常委会在事实上不可能承担所有法律的解释,也不适宜承担所有的法律解释任务,而且也不可能对所有法律实施主体的解释活动进行审查,那么就有必要在统一法律解释权之下设置下位权力,由下一级的统一法律解释机关承担相

---

① 其中 2014 年 11 月 1 日第十二届全国人大常委会第十一次会议通过的《全国人民代表大会常务委员会关于〈中华人民共和国民法通则〉第九十九条第一款、〈中华人民共和国婚姻法〉第二十二条的解释》已被废止。

② 参见聂辛东:《论监察解释权的法治化原理及其方案》,载《南大法学》2020 年第 4 期。

③ 周旺生:《中国现行法律解释制度研究》,载《现代法学》2003 年第 2 期。

关领域内的法律统一解释任务，全国人大常委会则主要负责对下级统一法律解释机关相互之间的解释分歧进行统一。那么，在统一法律解释权之下应设何种权力，这些下位权力应当如何进行配置呢？

在我国国家机构体系中，法律的实施主体主要是审判系统、检察系统、监察系统以及行政系统。[①] 各系统在组织、职权、主管事务上具有相对的独立性，它们对与自身职权相关的法律法规比较熟悉，在适用这些法律法规过程中发生的法律解释问题，可以先在本系统内部解决。具体而言，在全国人大常委会的统一法律解释权之下设置统一审判解释权、统一检察解释权、统一监察解释权、统一行政解释权，分别配置给最高人民法院、最高人民检察院、国家监察委员会、国务院。最高人民法院、最高人民检察院、国家监察委员会、国务院作为审判、检察、监察、行政系统的最高机关分别承担本系统内部法律解释的统一的职责。这是与最高人民法院、最高人民检察院、国家监察委员会、国务院的性质、职权、功能及地位相适应的。

二、统一审判解释权及其配置

统一审判解释权就是统一审判系统内部各级审判机关的法律解释的权力。各级审判机关在适用法律过程中都可以对法律作出解释。它们的这种法律解释是司法审判的附随活动，仅对具体的个案发生效力，其效力不及于其他审判机关以及其自身

① 在我国的国家机构中，除审判、检察、监察、行政机关之外，尚有军事机关。军事机关具有较强的独立性，军事法的适用和解释有其特殊性，在此暂不予讨论。

以后之审判。也即,该法院在此后的审判活动中不必遵守之前适用法律时对法律的解释,其他法院也不必遵从该法院对法律的解释。这是审判独立的应有之义和必然要求。在理论上,即使审判系统内部存在法律解释的不统一,也可以经由审级救济制度解决,即通过上诉审法院否决下级法院的法律解释、最高法院作出终局性法律解释的方式实现审判系统内部法律解释的统一。但是,我国诉讼审判实行"四级二审制",两审终审的审级制度根本无法通过终审机关实现审判系统内部的法律解释统一。在最高人民法院、高级人民法院、中级人民法院、基层人民法院四级法院中,最高人民法院、高级人民法院、中级人民法院都拥有终审权。它们的法律解释都对下级法院具有事实上的拘束力。因为下级法院若不遵守上诉审法院的法律解释,则其判决将面临被否决的危险。在我国有 31 所高级人民法院、近 300 所中级人民法院,各中级人民法院之间、高级人民法院之间互不统属,彼此并无遵守对方法律解释之义务,如果它们各自解释法律,势必将导致法律解释的混乱和不统一,影响法律适用的统一性,损害法律的权威。此时应当由专门的机关通过统一审判解释权的行使予以纠正、统一,以保障法律适用和解释的统一。

统一审判解释权应当由最高人民法院职掌。最高人民法院是我国的最高审判机关,其最高审级地位以及上诉制度的设置决定了最高人民法院具有统一审判系统内部法律解释的功能。最高人民法院对于上诉案件的审查侧重于法律适用的正确与否,其在判决中所表达的法律见解即作出的法律解释,具有终局性。而且这种法律解释依靠最高人民法院的最高审判权以及其对下级法院的监督权而具有事实上的可实现性。因而,最高人民法院天然具有统一审判系统内部法律解释的功能。但是最高人民法院不宜承担应由全国人大常委会承担的统一法律解释的功能。在我国《宪法》所确立的国家权力框架内,立法机关有权监督法院,法院不具有制约立法机关和行政机关的能力,最高人民法院无力承担起最终的统一法律解释权。[①] 所以,由最高人民法院承担统一审判解释权较为妥当。

统一审判解释权只能由最高人民法院行使,其他各级人民法院都无此种权力。在我国现行审判体制和诉讼制度之下,中级人民法院在具体案件中对法律的解释就可能是终局性的,其解释对于基层法院具有事实上的拘束力。高级人民法院的法律解释更是可能对本省级区域内的下级法院产生影响。原本,上诉审是以法律审为主,存在多级上诉终审机关势必造成法律解释的不一致。因此有学者提出要改革我国的现行审级制度,实行四级三审制。即使实行四级三审制,高级人民法院依然享有终审权,其法律解释仍然具有相当之效力。而且在实践中,高级人民法院也往往通过各种形式统一本省级区域的裁判尺度和法律适用,甚至出台抽象的规范性文件。[②] 一些学者也主张建立一元二级的司法解释体制,赋予高级人民法院以司法解释权,各省、自治区、直辖市高级人民法院可以制作在本行政区

---

① 参见田芳:《法律解释如何统一——关于司法解释权的法律统一解释功能的思考》,载《法律科学(西北政法学院学报)》2007 年第 6 期;魏胜强:《法律解释权的配置研究》,北京大学出版社 2013 年版,第 267 页。

② 参见夏正林、李新天:《高级人民法院发布抽象规范性文件问题研究》,载《政治与法律》2019 年第 11 期。

内普遍适用的司法解释。[①] 因此，是否赋予高级人民法院统一本省级区域内各级审判机关法律解释的权力就成为一个需要解决的问题。

对此，笔者认为不宜授予高级人民法院统一审判解释权，但不可否认高级人民法院具有统一本省级区域法律解释的功能。既言“统一”审判解释权，则该项权力应当由单一的特定机关行使，而不能由数十个高级人民法院分别行使。但作为上诉审机关，而且享有部分案件的终审权，高级人民法院具有统一本省级区域各级审判机关法律解释的功能是不能否认的。只是这种统一法律解释的功能是通过高级人民法院审判权的行使和审级制度来实现的，而非某种统一法律解释权。而且高级人民法院的统一法律解释功能不能以发布“司法解释性质文件”或抽象规范性文件的方式实现。否则，不仅与基本的司法法理相悖，而且容易导致不同省级区域之间的法制不统一，形成司法上的地方保护主义，甚至“地方割据”，有损国家法制的统一和权威。不过，为了更好地发挥高级人民法院在统一本省级区域法律解释的功能，有必要改革当前的审级制度，实行四级三审制度，加强高级人民法院对下级法院案件审判的监督，最大限度地通过上诉审实现法律解释的统一。如果为了适应区域差异而制定具有地方性的规范性法律解释，应由最高人民法院在征询地方审判机关意见的基础上统筹进行。与此同时，也可以

---

① 参见张玖利:《论我国司法解释权的归属》，载《山东社会科学》2002 年第 1 期；马冬梅、邢荣允:《论我国司法解释的主体》，载《河北大学学报(哲学社会科学版)》2004 年第 1 期。

对高级人民法院进行统一法律解释的“有限授权”,扩大其在统一法律解释制定程序中的参与空间,以满足其个性化释法的需求。①

三、统一检察解释权及其配置

统一检察解释权是指统一检察机关系统内部各级检察机关的法律解释的权力。检察机关是我国的法律监督机关,独立行使检察权。根据《人民检察院组织法》的规定,检察机关的检察权由公诉权与法律监督权两部分组成。公诉权与法律监督权并不能简单等同。我国刑法学家陈兴良认为,检察权中的批准逮捕权和不起诉权具有终局性和裁量性,属于司法权,而其他的公诉权及法律监督权属于行政权。② 关于检察权的定性问题直接涉及检察机关所作解释的性质是属于司法解释抑或行政解释等其他解释的认定问题,甚至与检察机关是否具有法律解释权相关。有的学者认为,不论检察权属于何种性质,检察机关都不能

---

① 本观点受到聂友伦所提出的解决司法解释领域“央地矛盾”的“有限授权模式”方案的启发。所谓“有限授权模式”,是指在坚持现行一元化司法解释资源供给机制的基础上,通过对地方司法机关进行有限授权,扩大其在“两高”司法解释制定程序中的参与空间,最终以司法解释满足其个性化释法需求的操作机制。参见聂友伦:《司法解释场域的“央地矛盾”及其纾解——以“地方释法”为中心的分析》,载《法律科学(西北政法大学学报)》2021 年第 1 期。

② 参见陈兴良:《从“法官之上的法官”到“法官之前的法官”——刑事法治视野中的检察权》,载《中外法学》2000 年第 6 期;陈兴良主编:《中国案例指导制度研究》,北京大学出版社 2014 年版,第 290 页。

行使法律解释权。[①] 与此不同，笔者认为不论检察权的性质如何，检察机关行使检察权必然会涉及对法律法规的理解和适用问题。比如，不予立案与不予起诉都关系到检察机关对罪与非罪的认定，直接关系到是否追究当事人的刑事责任。对此，检察机关需要对法律进行解释。而且为了保持各检察机关的相关决定在裁量尺度上的相对一致，应当由较高级别的检察机关作出统一解释。除此之外，有关检察系统内部机构组织、职权分配、工作程序等的法律法规在具体施行中也需要统一的解释。

根据《1981 年法律解释决议》，我国最高人民检察院享有法律解释权，可以对检察院检察工作中具体应用法律、法令的问题进行解释。直到 2018 年《人民检察院组织法》修订时，最高人民检察院的法律解释权才得到了法律上的正式确认。《人民检察院组织法》第 23 条第 1 款规定："最高人民检察院可以对属于检察工作中具体应用法律的问题进行解释。"最高人民检察院的法律解释与最高人民法院的法律解释统称为司法解释。在检察系统，只有最高人民检察院享有法律解释权，其他各级检察院都没有创制法律解释的权力，最高人民检察院实际上发挥着统一检察系统法律解释的功能。最高人民检察院是我国的最高法律监督机关，有权领导全国各级检察院的检察工作，既可以对检察机关行使司法权时适用的法律法规进行统一解释，也有权对检察行政工作具体应用法

① 例如，魏胜强认为不论检察权是司法权，还是行政权，抑或是兼具司法权与行政权双重属性，或者是一种独立的权力，检察机关都不能行使法律解释权。参见魏胜强：《法律解释权的配置研究》，北京大学出版社 2013 年版，第 220 ~ 226 页。这是将法律解释权视为审判机关的专权，而排斥其他任何机关享有法律解释权。同时，这并非说检察机关不能进行法律解释，只是这种解释不具有终局性，不能称之为"权"。

律法规的问题作出最终权威的统一解释。统一检察解释权也只能由最高人民检察院所专有，其他各级检察机关都没有此种权力。

四、统一监察解释权及其配置

我国当前独立的监察体制是 2018 年之后才建立起来的。而我国的现行法律解释体制主要是根据《1981 年法律解释决议》确立的。《1981 年法律解释决议》没有对监察解释作出安排，也不可能赋予监察机关以法律解释权。而现行有关监察制度的法律法规也并未对监察解释作出任何规定。因此，我国当前并不存在规范意义上的专门行使监察解释权的机关。但这并不意味着不存在实践意义上的监察解释，更不意味着监察机关不需要对法律进行解释。

监察机关是为加强对所有行使公权力的公职人员的监督而设立的，依据相关法律法规行使监督、调查、处置权。监察机关在行使监察权的过程中涉及监察法律的适用问题，并可能会对相关法律法规产生疑问，具有法律解释之需求。而且，我国现行监察制度确立时间较短，许多工作尚处于实践探索阶段，监察立法相对比较粗疏，法律法规供给不足。尽管 2019 年 10 月 26 日第十三届全国人大常委会第十四次会议表决通过的全国人民代表大会常务委员会《关于国家监察委员会制定监察法规的决定》授予了国家监察委员会以制定监察法规的权力，2023 年修正的《立法法》第 118 条规定国家监察委员会有权根据宪法和法律、全国人大常委会的有关决定制定监察法规，国家监察委员会可以以立法的方式对相关的监察法律进行细化，但这并不能够满足监察工作对法律规范的实际需要。一是国家监察委员会所制定的法规依然具有较强的抽象性、涵摄性,其本身就需要进一步的解释;二是以立法方式无法及时有效回应现实中监察机关对于个别规范条文的适用以及有效执行规范的需求。这就需要通过解释的方式细化相关法律法规,为监察工作的开展提供明确、具体、可操作的规范性指引。

实际上,国家监察委员会在被授予监察法规制定权之前已经在行使着"准法律解释权"。国家监察委员会所制定的《国家监察委员会管辖规定(试行)》《公职人员政务处分暂行规定》《中央纪委国家监委监督检查审查调查措施使用规定(试行)》《中央纪委国家监委立案相关工作程序规定(试行)》分别对《监察法》第 11 条第 2 项职务犯罪管辖条款、第 45 条第 1 款第 2 项政务处分条款、第四章有关调查措施条款、第五章有关立案程序条款进行了解释。在获得立法权之后,国家监察委员会不仅出台了大量解释性的法规,而且发布了法律解释文件。2022 年 2 月 14 日,国家监察委员会印发了《关于办理国有企业管理人员渎职犯罪案件适用法律若干问题的意见》,围绕非法经营同类营业罪,为亲友非法牟利罪,国有公司、企业人员失职罪和国有公司、企业人员滥用职权罪等 4 类案件的法律适用问题,主要明确和解决了追诉标准、犯罪主体、犯罪地、"国家利益遭受损失"及挽回后处置、犯罪构成的认定标准等问题。[①] 这是国家监察委员会印发的第一个针对职务犯罪实体认定方面的监察执法指导性

① 参见陆丽环:《国家监委印发首个职务犯罪实体认定监察执法指导性文件 规范国企管理人员渎职犯罪案件法律适用》,载中央纪委国家监委官网,https://www.ccdi.gov.cn/yaowenn/202202/t20220214_171435.html。

文件,实际上是在创制监察法律解释。

所谓统一监察解释权,是指统一监察机关系统内部各级监察机关的法律解释的权力。统一监察解释权应当归属于国家监察委员会。国家监察委员会是我国最高监察机关,负责全国监察工作,领导并监督地方各级监察委员会的工作。国家监察委员会的地位和职权决定了其具有统一监察系统内部法律解释的能力。“国家监察委员会作为监察制度体系的中枢大脑,可以全方位地接收来自监察实践的各种有用信息,及时作出具有针对性的解释,最大限度地统一关于监察规范内涵的理解,高效回应监察实践需求”。[①] 因此,由国家监察委员会统一监察系统内部的法律解释疑问或分歧较为妥当。而其他各级的监察委员会可以在行使职权时对相关的法律法规作出解释,但没有统一监察解释的权力。

五、统一行政解释权及其配置

学理意义上的行政解释是指国家行政机关在行使职权的过程中对相关法律法规及规章的解释。行政机关在执法过程中将一般法律规范运用到具体的行政事务中,必然涉及对法律的解释,“除非法律对主体、期限等作出明确的规定,或者其法律概念已经非常具体,行政机关在执行和具体应用过程中不存在争议或者模糊之处,否则行政机关在具体应用过程中必须对法律概念和法律条文的含义进行解释”。[②] 因此,行政机关可以进行法

---

① 聂辛东:《论监察解释权的法治化原理及其方案》,载《南大法学》2020 年第 4 期。

② 朱福惠、刘心宇:《论行政解释形式的制度逻辑与实践图景》,载《四川师范大学学报(社会科学版)》2018 年第 6 期。

律实施方法意义上的法律解释活动,这是行政权行使的必然要求。行政机关在行政过程中遇有法律疑问不能解决,可以请求上级主管行政机关予以解释,直至最高行政机关进行指示。

在我国现行法律解释制度之下,国务院及其主管部门有权对不属于审判、检察以及监察工作中的其他法律、法规、规章进行解释;省、自治区、直辖市人民政府主管部门有权对地方性法规的具体应用问题进行解释。实践中,国务院往往以颁布"实施细则""实施条例"的方式对法律进行解释。例如,1994 年 3 月 22 日第八届全国人民代表大会第二次会议通过,并于 1995 年 1 月 1 日起施行的《预算法》第 78 条明确规定:"国务院根据本法制定实施条例。"1995 年 11 月 22 日国务院令第 186 号发布了《预算法实施条例》(已被修订);2017 年 11 月 22 日国务院发布《反间谍法实施细则》,以 26 个条文对《反间谍法》的有关概念作了界定、对有关规定进行了细化,使其更加明确具体、具有可操作性。国务院各主管部门则通过制定和发布"实施细则"、"意见"以及"解释"的方式行使法律解释权。比如,1985 年 9 月 6 日第六届全国人大常委会第十二次会议通过《计量法》,于 1986 年 7 月 1 日正式施行,1987 年 2 月 1 日原国家计量局就发布了《计量法实施细则》对《计量法》进行解释、细化;1995 年 8 月 4 日,原劳动和社会保障部(含劳动部)发布《关于贯彻执行〈中华人民共和国劳动法〉若干问题的意见》以"意见"的形式对《劳动法》进行了解释;2006 年 1 月公安部颁布的《公安机关执行〈中华人民共和国治安管理处罚法〉有关问题的解释》(部分已废止)从 15 个方面针对《治安管理处罚法》的有关问题作了解释。此外,地方各级人民政府在执行法律的过程中如果遇到法律疑问,会向国务院及其主管部门请求指示,国务院及其主管部门对相应的法律问题作出答复,涉及对法律的解释。例如,国务院法制办公室在对原新闻出版总署提请解释《行政许可法》有关适用问题的复函中,对何谓《行政许可法》第 41 条所规定的行政许可“在全国范围内有效”作了解释和界定;卫生部[①]对贵州省卫生厅所提请解释关于《药品管理法》解释权问题的复函中,确认了自身对《药品管理法》《药品管理法实施办法》的解释权力,并对《药品管理法》第 54 条的适用范围进行了限定。[②]

国务院办公厅于 1999 年发布的《关于行政法规解释权限和程序问题的通知》具体规范了行政法规解释权的行使主体和程序,确立了国务院在行政法规解释中的主导地位。在解释过程中,有关行政主管部门解释有困难或者其他有关部门对其作出的解释有不同意见,要求国务院解释的,由国务院法制办公室承办,作出解释,其中涉及重大问题的,由国务院法制办公室提出意见,报国务院同意后作出解释。这实际上已经对国务院各部门之间的解释分歧作出了统一解释的制度安排。

当前,我国行政解释的主体和对象都很复杂。既有国务院及其主管部门对法律的解释,也有国务院主管部门、国务院办公厅、国务院法制办公室对行政法规的解释,还有国务院办公厅对国务院、国务院办公厅其他规范性文件的解释。此外,一些国务

① 2013 年机构改革撤并为国家卫计委,2018 年机构改革撤并为国家卫生健康委员会。

② 参见朱福惠、刘心宇:《论行政解释形式的制度逻辑与实践图景》,载《四川师范大学学报(社会科学版)》2018 年第 6 期。

院主管部门的内设机构也直接对法律、行政法规和部门规章进行解释。[①] 为了消除不同行政解释之间的分歧,保障行政解释的统一,规范行政权力的行使,有必要设置统一行政解释权。

所谓统一行政解释权,是指统一行政机关系统内部各级行政机关的法律解释的权力。统一行政解释权应当归属于国务院。国务院作为我国的最高行政机关,领导、监督全国行政机关,管理全国行政事务,有权对相关行政法令作出在行政系统内部有效的、最终的权威性解释。国务院主管部门、国务院主管部门的内设机构以及其他各级行政机关都不具有这种统一行政领域法律解释的权力,也不具备统一行政法律解释的能力。

综上所述,在统一法律解释制度之下,全国人大常委会职掌宪法解释及统一法律解释权,居于整个法律解释体制的最高地位;最高人民法院职掌统一审判解释权、最高人民检察院职掌统一检察解释权、国家监察委员会职掌统一监察解释权、国务院职掌统一行政解释权,分别统一审判、检察、监察、行政系统内部的法律解释。全国人大常委会的统一法律解释权负责解决统一审判、检察、监察、行政解释权之间的冲突。统一审判、检察、监察、行政解释权是统一法律解释权的下位权力,服从于统一法律解释权。全国人大常委会的统一法律解释权不是对法律解释权的垄断,而是以承认司法、监察、行政机关的法律解释权为基础,不会干涉、指挥司法、监察及行政机关的具体法律实施活动。如此一来,既保持了人民主权原则,又符合法律解释制度的本旨,而且与我国现行宪法及法律所确立的国家权力机关主导法律解释

① 参见魏胜强:《法律解释权的配置研究》,北京大学出版社 2013 年版,第 199 页。

的体制不相违背。

第四节 统一法律解释权与其下位权力的界限

在统一法律解释制度之下,所有的法律实施主体都有权对法律进行解释,原有的法律解释权限划分需要全面调整。明确统一法律解释权及其下位解释权力的界限就是要明确相关解释权主体有权对何种情形下的法律疑义进行解释。

一、我国当前各法律解释主体的解释权界限

(一)全国人大常委会的法律解释权限

根据《1981 年法律解释决议》的规定,凡关于法律、法令条文本身需要进一步明确界限或作补充规定的,由全国人大常委会进行解释或用法令加以规定。全国人大常委会可以在两种情况下进行法律解释:一是法律、法令条文本身需要进一步明确界限;二是法律、法令条文本身需要作补充规定。但对于这两种情况具体所指的内容,全国人大常委会并未予以明确。直至 2000 年《立法法》颁布,才在《1981 年法律解释决议》的基础上对全国人大常委会的法律解释权进行了明确。

2000 年《立法法》第 42 条第 2 款规定:"法律有以下情况之一的,由全国人民代表大会常务委员会解释:(一)法律的规定需要进一步明确具体含义的;(二)法律制定后出现新的情

况,需要明确适用法律依据的。”在第一种情形下,存在相关的法律规定,但相关规定不够明确、具体,存在模糊之处,具体包括三种情况:一是需要进一步明确法律界限的;二是需要弥补法律规定的轻微不足的;三是对法律规定含义理解产生较大意见分歧的。① 第二种情形是由于社会发展出现了既有法律没有规定的新情况,但新的情况通过解释既有法律是可以被包含、解决的。

除此之外,全国人大常委会还可以在最高人民法院与最高人民检察院的法律解释出现原则性分歧时作出统一解释。《1981 年法律解释决议》规定,最高人民法院和最高人民检察院的解释如果有原则性的分歧,报请全国人大常委会解释或决定。

(二)“两高”的法律解释权限

根据《1981 年法律解释决议》,最高人民法院和最高人民检察院可以对法律法令的具体应用问题进行解释。最高人民法院有权对法院审判工作中具体应用法律、法令的问题进行解释。最高人民检察院有权对检察院检察工作中具体应用法律、法令的问题进行解释。

2015 年修正的《立法法》对“两高”司法解释权的行使进行了限定。2015 年《立法法》第 104 条第 1 款规定:“最高人民法院、最高人民检察院作出的属于审判、检察工作中具体应用法律

① 参见乔晓阳主编:《〈中华人民共和国立法法〉导读与释义》,中国民主法制出版社 2015 年版,第 184 页。

的解释,应当主要针对具体的法律条文,并符合立法的目的、原则和原意。遇有本法第四十五条第二款规定情况的,应当向全国人民代表大会常务委员会提出法律解释的要求或者提出制定、修改有关法律的议案。”

据此,“两高”的法律解释应当主要针对具体的法律条文,不能脱离具体的法律条文,不能针对法律的整体精神、原则进行解释。而且,司法解释只能针对具体法律条文的应用问题进行解释,而不能明确其具体的含义或者作补充规定。如果“两高”遇到法律需要进一步明确具体含义、出现新的情况需要明确法律适用依据的情形,应当提请全国人大常委会作出解释。

(三)国务院及主管部门的解释权限

根据《1981 年法律解释决议》,国务院及主管部门有权对不属于审判和检察工作中的其他法律、法令如何具体应用的问题进行解释。首先,国务院及主管部门只能对法律、法令如何具体应用的问题进行解释,而不能对法律、法令条文本身进一步明确界限或者作补充规定。其次,国务院及主管部门所解释的法律、法令范围是“不属于审判和检察工作中的其他法律、法令”。《1981 年法律解释决议》采用排除法来规定国务院及主管部门解释法律的范围,过于笼统。实际上,国务院及主管部门也不可能对不属于审判和检察工作中的其他全部法律、法令进行解释。这里的“不属于审判和检察工作中的其他法律、法令”应当作限缩解释,仅指与行政职权行使相关的法律法令。

此后,国务院及行政主管部门出台通知、条例、办法对自身法律解释权的行使作了规范,扩展了《1981 年法律解释决议》所规定的国务院及主管部门的法律解释权限。国务院及主管部门对于与自身职权相关的法律的应用问题进行解释,并且对自身所制定的行政法规、部门规章以及贯彻实施法律、行政法规的规范性文件的条文问题、具体应用问题进行解释。

《1999 年通知》规定了行政法规(包括法律的实施细则、实施条例)以及国务院、国务院办公厅有关贯彻实施法律、行政法规问题的规范性文件的解释权限。根据该通知,国务院有权对下列有关行政法规的问题进行解释:(1)行政法规条文本身需要进一步明确界限或者作补充规定的;(2)行政主管部门对行政工作中具体应用行政法规的问题进行解释有困难或者其他有关部门对行政主管部门作出的解释有不同意见的;(3)国务院、国务院办公厅有关贯彻实施法律、行政法规的规范性文件的解释。

《行政法规制定程序条例》对行政法规的解释权限作了规定。《行政法规制定程序条例》第 31 条第 1 款规定:"行政法规有下列情形之一的,由国务院解释:(一)行政法规的规定需要进一步明确具体含义的;(二)行政法规制定后出现新的情况,需要明确适用行政法规依据的。"同时,国务院法制机构可以对省、自治区、直辖市人民政府法制机构以及国务院有关部门法制机构所提起的行政工作中具体应用行政法规的问题进行解释。

国务院各部委、中国人民银行、审计署和具有行政管理职能的直属机构等行政主管部门有权对行政工作中具体应用法律、行政法规的问题进行解释,并有权对自身所制定的部门规章进行解释。《规章制定程序条例》第 33 条第 2 款规定:"规章有下列情形之一的,由制定机关解释:(一)规章的规定需要进一步明确具体含义的;(二)规章制定后出现新的情况,需要明确适用规章依据的。”以生态环境部为例,其可以对下列问题进行解释:环境保护法律、行政法规具体适用的问题;部门规章理解和执行中的问题;环境保护法律、行政法规授权国务院环境保护行政主管部门解释的问题。[①]

(四)省、自治区、直辖市人民代表大会常务委员会及政府主管部门的解释权限

省、自治区、直辖市人民代表大会常务委员会对于自身所制定的地方性法规出现下列情形时进行解释:地方性法规条文本身需要进一步明确界限;地方性法规条文需要作补充规定。省、自治区、直辖市人民政府主管部门对于地方性法规如何具体应用的问题进行解释。

省、自治区、直辖市、设区的市、自治州的人民政府可以对其制定的规章进行解释。地方政府规章的制定主体可以在两种情况下对规章进行解释:一是规章的规定需要进一步明确具体含义的;二是规章制定后出现新的情况,需要明确适用规章依据的。

虽然现行法律解释制度有关法律解释权限的划分仍然存在一些问题,比如,有关法律本身的问题与法律应用的问题就难以完全清楚地划分,审判工作、检察工作、行政工作可能应用同一法律而无法明确区分不同主体法律解释权的界限。但这些规定

① 参见原国家环境保护总局 1998 年 12 月 8 日颁布的《环境保护法规解释管理办法》第 3 条之规定,载中华人民共和国生态环境部官网,https://www.mee.gov.cn/gkml/zj/jl/200910/t20091022_171809.htm。

也显示了立法者对于不同主体的法律解释权进行界分的意图。同时,这也为统一法律解释制度之下划分各解释主体法律解释权限提供了有益的启示。

二、各系统统一解释机关与其下级机关解释权划分

在统一法律解释制度之下,不再区分"条文本身"的问题与"具体应用"的问题,不再遵循"立法的问题归立法机关解释""应用的问题归法律实施机关"的法律解释权配置原则,中央及地方各级机关在适用与其职权相关的法律的过程中,遇有法律疑义都可以自行解决,从而对法律作出解释。它们的法律解释权可以在出现法律条文本身不明确或者法律存在漏洞等情形时行使。此处的"法律"包括一切与该国家机关职权相关的法律规范性文件,但《宪法》除外。中央及地方各级机关在发生有关《宪法》的疑义时,应当提请专门的宪法解释机关进行解释,而不能自行作出解释。

在同一国家机关系统内部,该机关对法律所持见解与本机关或其他机关既有之解释不同,且该机关不受本机关或其他机关解释之拘束,亦无权变更本机关或其他机关之解释,则该机关应将相关法律问题提请本系统统一解释机关进行解释。下文以审判系统为例,说明最高人民法院统一审判解释权与地方各级法院解释权之间的界限。

在审判系统,依据我国《宪法》所确立的审判独立原则,[①]各

① 《宪法》第131条规定,人民法院依照法律规定独立行使审判权,不受行政机关、社会团体和个人的干涉。

级审判机关的法官都有权独立解释、适用法律而作出判决,并不受本机关或其他审判机关在既有判决中所表达的法律见解的拘束。因此,各级审判机关的法官在审判过程中对法律的见解可以与本机关或其他审判机关法官对同一法律条文的见解不一致,而无须提请统一法律解释机关进行解释。地方各级人民法院可以作出与自身以往法律解释不同的解释,亦可以作出与上级人民法院(不包括最高人民法院)不同的法律解释,而无须提请统一解释机关进行解释。在上诉审过程中,上诉法院可以对初审法院在判决中表达的法律见解进行变更、修正,对法律作出不同的解释。此时,虽然上诉法院的法律解释与初审法院不一致,但无须提请统一解释机关进行解释。最高人民法院的统一审判解释在审判系统内部具有最高效力,除非认为统一审判解释有违宪之疑问或有其他较为坚实、充分的理由认为统一审判解释确有错误,地方各级法院必须遵守统一审判解释,不得作出违背统一审判解释的其他解释。因此,如果地方各级人民法院对法律的见解与最高人民法院不一致,但因地方各级人民法院应受最高人民法院法律解释之约束,故不能提请全国人大常委会解释。

在我国"两审终审"的审判制度之下,各中级人民法院、高级人民法院享有案件终审权。它们在终审判决中的法律解释意见对于其下级法院具有事实上的拘束力。互不统属的各中级人民法院、高级人民法院以及不存在上下级关系的中级人民法院与高级人民法院之间,原本并无遵从彼此法律解释的义务。但它们在其终审判决中表达的法律见解可以成为终局性的解释。为保证法律适用和解释的一致性,维护法的安定性和权威性,各中级人民法院、高级人民法院应当保持与其他中级人民法院、高级人民法院法律解释的一致性,若相互之间出现解释上的分歧,应当提请最高人民法院作出统一审判解释。若有关高级人民法院与中级人民法院属于上下级法院,则高级人民法院有权变更其管辖区域内中级人民法院的法律解释,而无须提请最高人民法院统一解释。

最高人民法院、最高人民检察院、国家监察委员会、国务院作为审判、检察、监察、行政各系统的最高机关,除可以在实施法律过程中对法律作出解释外,还可以在本系统内部各机关的法律解释出现分歧时作出统一解释。各系统统一法律解释机关可以在以下情形之下行使法律解释权:一是其下级机关相互之间对同一法律条文的解释不一致;二是各系统最高机关内部不同部门就同一法律条文的解释不一致;三是各系统最高机关主动变更自身作出的统一解释。

三、全国人大常委会统一法律解释权与各系统统一解释权的分界

全国人大常委会的统一法律解释权主要是针对以下情形:一是各系统最高机关统一法律解释之间出现分歧;二是需要对某一部法律或某一类事务作全面、系统的立法性解释;三是各系统无法解决的重大法律解释问题;四是主动变更自身及各系统最高机关所创制的法律解释。

全国人大常委会的统一法律解释权与各系统最高机关的统一解释权之间存在明显的界限。首先,在权力覆盖范围上,全国人大常委会的统一法律解释权覆盖除《宪法》之外的所有法律法

规;各系统统一解释权的解释对象仅限于与本系统职权相关的法律法规。其次,在行使方式上,全国人大常委会的统一法律解释权可以针对某一法律或某一类事务作出具有整体性、系统性的立法性法律解释,而各系统最高机关无权就某一部法律或某一类事务作出立法性法律解释。最后,全国人大常委会的统一法律解释有权变更各系统最高机关的统一解释,对各系统最高机关的法律解释活动进行监督。

全国人大常委会统一法律解释权与各系统最高机关的统一解释权之间的重要界分是全国人大常委会有权对某一部法律或某一类事务作出立法性解释。法律解释是处于法律制定与法律实施之间过渡地带的活动,具有法续造的功能。针对某一部法律或某类事务的普遍性解释具有更多的立法性质。当前我国最高人民法院、最高人民检察院以发布抽象性、规范化司法解释的方式行使法律解释权,一定程度上僭越了立法权,导致了不同国家机关之间功能划分的紊乱。在统一法律解释制度之下,针对某一部法律或某类事务的立法性解释只能由全国人大常委会作出。这是与全国人大常委会的立法机关性质相符合的。而最高人民法院、最高人民检察院、国家监察委员会、国务院不能对某一部法律或某一类事务作出立法性解释,以与其法律实施机关的性质和功能相符合。当然,这并不代表最高人民法院、最高人民检察院、国家监察委员会、国务院在立法性法律解释方面毫无作为。毕竟,法律在实施中才能最大限度地暴露其问题,法律也是在实施中不断被明确、优化和完善。相比于立法机关,法律实施机关更容易发现法律在实施中存在的问题,对法律应当如何明确、优化和完善有着更为切实的体会。因此,各系统最高机关仍应参与立法性法律解释的创制中，不过它们只是立法性法律解释创制请求的提起主体、立法性法律解释具体解释方案的提出者。也就是说，各系统最高机关可以向全国人大常委会提出创制立法性法律解释的请求，并提出相应的解释建议或解释条款，但最终立法性解释文件的创制权仍由在全国人大常委会行使。如此一来，便调和了法律创制与法律实施之间的张力，既能够使立法机关与法律实施机关各司其职，又加强了立法机关与法律实施机关的沟通协调，能够将法律实施中对法律解释的需求尽快反映到立法中来，有利于促进法律规范的与时俱进、更新完善。

第五章　统一法律解释制度的运行程序

相较于统一法律解释权的配置问题,统一法律解释制度的运行程序更具有实践性,直接关系着统一法律解释权的行使效果。如欲使统一法律解释制度发挥其应有的作用,就需要构建科学、完备的统一法律解释制度运行程序。统一法律解释制度运行程序以我国《立法法》所规定的全国人大常委会法律解释程序为基础,吸纳现行司法解释程序、行政解释程序以及指导性案例创制程序的合理部分,围绕统一法律解释制度的功能定位,遵循“以被动解释为主,以主动解释为辅”“以说理性解释为主,以立法性解释为辅”的原则进行构设。统一法律解释的运行程序即统一法律解释文件的创制程序。在统一法律解释制度之下,统一法律解释的形式主要有立法性统一法律解释文件、说理性统一法律解释文件及统一法律解释案例。具体的解释文件创制程序包括解释程序的启动,解释文件的拟稿、审议、公布等程序。

第一节 统一法律解释的形式

作为一项由主体开展的活动,法律解释在外部表现为主体的动作、行为。主体对法律的具体理解、阐释是法律解释活动的内容。这些内容以一定的形态展现出来就是法律解释的形式。法律解释以何种形式呈现与法律解释权主体、法律解释的创制程序密切相关,更与法律解释的性质、本旨等理论问题相关。就逻辑上而言,如果将法律解释作为一种独立的权力区别于立法权、司法权、行政权等其他国家权力,则法律解释文件不是立法、司法、行政活动的附随产物,不应当以法律、判决或者行政决定的形态呈现,尽管相关的法律规范、裁判或行政文书中包含着法律解释的内容。在统一法律解释制度之下,统一法律解释权是一种独立的权力,其行使的结果也应当以一种独立的载体呈现出来。那么,统一法律解释应当以何种形式呈现,统一法律解释形式应当具有哪些特征?这是在探讨统一法律解释创制程序之前首先需要明确的问题。

一、当前我国法律解释的主要形式

《1981 年法律解释决议》并未对各主体解释法律的形式予以明确。在法律解释实践中,各法律解释主体发展起了多种形式的法律解释文件。这些法律解释形式多是实践的产物,虽然一定程度上满足了法制运行的实际需要,但也存在不符合法律解释内在特征、偏离法律解释本旨等问题。

全国人大常委会的法律解释在1980年之前多是以“决定”为名,[①]还有的称为“批复”。[②] 当前全国人大常委会的法律解释文件多以“关于××的解释”为名,对法律具体条款的适用进行补充、明确。在形式上,这些法律解释文件是以非常简洁的文字表述解释结论。例如,2014年4月24日第十二届全国人大常委会第八次会议通过的《全国人民代表大会常务委员会关于〈中华人民共和国刑事诉讼法〉第七十九条第三款的解释》的主体内容是:“根据刑事诉讼法第七十九条第三款的规定,对于被取保候审、监视居住的可能判处徒刑以下刑罚的犯罪嫌疑人、被告人,违反取保候审、监视居住规定,严重影响诉讼活动正常进行的,可以予以逮捕。”该解释将“被取保候审、监视居住的可能判处徒刑以下刑罚的犯罪嫌疑人、被告人,违反取保候审、监视居住规定,严重影响诉讼活动正常进行”认定为2012年修正的《刑事诉

① 1955年、1956年的《全国人大常委会工作报告》明确指出了8件“决定”是法律解释,分别是:1955年3月《全国人民代表大会常务委员会关于省县乡改变建制后本届人民代表大会代表名额问题的决定》《全国人民代表大会常务委员会关于第一届地方各级人大任期问题的决定》;1955年11月《全国人民代表大会常务委员会关于在地方各级人民代表大会闭会期间省长、自治区主席、市长、州长、县长、区长、乡长、镇长和地方各级人民法院院长缺额补充问题的决定》《全国人民代表大会常务委员会关于地方各级人民委员会的组成人员是否限于本级人民代表大会代表问题的决定》《全国人民代表大会常务委员会关于地方各级人民法院院长人民检察院检察长可否兼任各级人民委员会的组成人员问题的决定》;1956年5月《全国人民代表大会常务委员会关于被剥夺政治权利的人可否充当辩护人的决定》《全国人民代表大会常务委员会关于不公开进行审理的案件的决定》《全国人民代表大会常务委员会关于自治州人民代表大会和人民委员会每届任期问题的决定》。

② 例如,1957年9月26日《全国人民代表大会常务委员会关于死刑案件由最高人民法院判决或者核准的决议如何执行问题给最高人民法院的批复》即是以“批复”的形式对1957年7月15日第一届全国人民代表大会第四次会议作出的《关于死刑案件由最高人民法院判决或者核准的决议》进行了解释。

讼法》第79条第3款“被取保候审、监视居住的犯罪嫌疑人、被告人违反取保候审、监视居住规定，情节严重的，可以予以逮捕”中的“情节严重”情形，并不是对“情节严重”的完全解释，只是列明了“情节严重”的某一种情形。此种形式的法律解释仅仅是给出解释结论，并没有阐释为何如此解释的理由。而且，这种法律解释本身也是需要法律实施主体进一步解释的。比如，上述解释中的“严重影响诉讼活动正常进行”之表述中的“严重”就需要在实施过程作更进一步的阐释、确定。

最高人民法院、最高人民检察院的司法解释包括“解释”“规定”“规则”“批复”“决定”五种。这五种不同的司法解释形式适用于不同的解释情形。其中，“解释”是最高人民法院（最高人民检察院）对审判（检察）工作中如何具体应用某一法律或者对某一类案件、某一类问题如何应用法律制定的司法解释；“规定”是最高人民法院（最高人民检察院）对审判（检察）工作中需要制定的办案规范、意见等司法解释；“批复”是最高人民法院（最高人民检察院）对高级人民法院、解放军军事法院（省级人民检察院、解放军军事检察院、新疆生产建设兵团人民检察院）就审判（检察）工作中具体应用法律问题的请示制定的司法解释；“决定”是最高人民法院（最高人民检察院）修改或者废止司法解释所采用的形式；但“规则”在最高人民法院那里与最高人民检察院不同，最高人民法院规范人民法院审判执行活动等方面的司法解释采用“规则”的形式，[①]而最高人民检察院发布的“规则”

---

① 2021年6月8日最高人民法院审判委员会第1841次会议通过的《最高人民法院关于修改〈最高人民法院关于司法解释工作的规定〉的决定》始将“规则”列为最高人民法院司法解释的形式之一。

与“解释”相同,都是最高人民检察院有关检察工作中如何具体应用某一法律或者对某一类案件、某一类问题如何应用法律制定的司法解释。

“两高”各种形式的司法解释中,除了“批复”是针对某些具体法律问题的答复,“决定”是对特定解释的修改、废止之外,“解释”“规定”“规则”大多以规范性文件的形式呈现,在外部表现形式上与法律法规条文无异。国务院及其主管部门的法律解释往往以“实施细则”“实施办法”“实施意见”“暂行规定”的形式出现,以条文的形式对相关法律法规进行细化。这些形式的法律解释直接给出解释结论,并不阐明具体的解释理由,而且大多是抽象的规范性条文,形同立法。实际上,这是司法机关、行政机关以法律解释之名代行立法之实,这也是我国现行的司法解释、行政解释饱受诟病之所在。

那么,在统一法律解释制度之下,应当采用何种法律解释形式,抽象的立法性法律解释文件还有没有存在的必要?此外,无论是英美法系国家,还是在大陆法系国家,最高审判机关的判例都是统一法律解释的重要形式。近代中国的最高审判机关也曾发布、编纂判例要旨,以统一解释法律、命令。当前,我国建立了案例指导制度,最高人民法院、最高人民检察院以发布指导性案例的方式统一法律适用,指导、规范下级法院、检察院的具体工作。判例或者指导性案例是否可以成为全国人大常委会主导下的统一法律解释制度的一种解释形式?

二、立法性法律解释文件可以作为全国人大常委会统一法律解释的形式

我国各有权法律解释主体所创制的法律解释文件多为抽象的、具有强制约束力的规范性文件。尤其是最高人民法院、最高人民检察院针对某一部法律逐条进行全面、细致的解释所出台的规范性文件,完全以法条的形式呈现,在实质上就是一种“立法”。比如,1988 年通过的《最高人民法院关于贯彻执行〈中华人民共和国民法通则〉若干问题的意见(试行)》(已废止)共 200 条,比《民法通则》(已废止)本身的条文还多 44 条,对《民法通则》的条文进行了全面而详尽的阐释、明确和补充,甚至存在不少独立的可以与《民法通则》条文并列且配套使用的实体性规范。2020 年《民法典》颁布,并于 2021 年 1 月 1 日正式施行。在《民法典》施行一年之后,2022 年 2 月 24 日《最高人民法院关于适用〈中华人民共和国民法典〉总则编若干问题的解释》发布,又以 39 个条文对《民法典》总则编进行了解释。长期以来,几乎每出台一部与审判或检察工作相关的实体或程序法律,“两高”就要对该法律进行配套解释。

在我国社会大变革、大发展的现实情况下,一些法律的原则性较强、弹性空间较大。这种立法性法律解释在一定程度上将原本较为粗疏的法律进行了细化、完善,有利于各级审判机关、检察机关的参照、适用,保障了相关法律的具体实施,也为现实中的一些特殊、疑难案件情形的处理提供了可资援用的依据。因此,立法性法律解释有其现实合理性。但立法性法律解释作为特殊法制条件下的产物,随着我国法律体系的完备以及

法律制度的完善,已经逐渐失去了其存在的必要,不应当成为法律解释的主要形式,至少不应当成为作为司法机关的最高人民法院、最高人民检察院的法律解释形式。

但是我们也应当清醒地认识到,我国仍处于快速发展、剧烈变化的时期,新生事物层出不穷,新型社会关系不断涌现,法律法规在一定程度上存在滞后性,国家法治体系仍有进一步发展完善的空间。同时,不同地区的法治发展水平不均衡,部分地区基层司法人员、执法人员的法律素养仍有待提高。以立法性法律解释文件的方式及时对社会的发展变化作出回应,为一定时期出现的特定类型案件的处理提供规范依据,仍不失为一种较为有效的法律治理策略。自上而下的统一法律解释文件在一定程度上也有利于规范不同区域、素质参差不齐的法律实施人员的行为,有利于保障国家法制的统一。因此,在当前及今后的一段时期内,立法性法律解释文件在一定程度上仍有其存在的必要性。立法性法律解释文件可以作为全国人大常委会解释法律的一种形式。由全国人大常委会创制和颁布抽象的立法性法律解释文件也是与全国人大常委会的立法机关性质相适应的,不存在僭越权力边界、紊乱国家机构功能的问题。

将立法性法律解释文件的创制权从作为司法机关的最高人民法院、最高人民检察院那里剥离出来,也可以避免"两高"以司法解释之名代行立法之实,避免立法者与裁判者合一而可能导致的司法专断。但这并不代表"两高"完全不再参与立法性法律解释文件的创制。毕竟司法机关在法律适用过程中能够更加真切地感知实践中的法律解释需求,法律适用的经验也需要及时地总结、固定。"两高"在立法性法律解释文件的创制过程中仍担负着立法性法律解释创制请求的提起、前期的调研起草等重要的职责。

三、说理性法律解释文件作为统一法律解释的主要形式

虽然抽象的立法性法律解释可以作为全国人大常委会的法律解释形式,但不应当成为统一法律解释制度之下的主要法律解释形式,而是应当确立说理性法律解释文件的主要法律解释形式地位,以符合法律解释阐明法律真意的本旨和目的。法律解释文件是统一法律解释主体针对有关法律条文的疑义作出的具体的说理性解释。全国人大常委会针对宏观的、一般性的重大法律问题或法律条文以及统一审判、检察、监察、行政解释机关的解释分歧作出具体性、说理性的阐释。最高人民法院、最高人民检察院、国家监察委员会、国务院等解释主体的法律解释同样应注重说理和阐释,增强法律解释的说理性、论证性、具体性,而不能创制抽象的立法性法律解释文件,以免违背法律解释的本旨。但需要补充说明的是,与国家监察委员会、国务院不同,最高人民法院、最高人民检察院作为司法机关不具有规范性法律文件创制权,无法以立法的形式规范各级审判机关、检察机关的具体工作。如果抽离了“两高”的立法性法律解释创制权,“两高”将无法针对下级机关发布有关审判、检察程序方面的技术性规则,这不利于审判、检察工作的规范化。对此,笔者认为,可以在全国人大常委会明确授权的前提下,最高人民法院、最高人民检察院直接以立法名义发布有关诉讼程序方面的细化规则,但不再以法律解释之名行之。

在体例格式上,法律解释文件至少应当包括解释字号、所解

释的法律条文及疑义、解释结论及理由等部分。如果相关解释是统一法律解释机关应其他主体的请求而作出的,还应当在解释文件之后附录相应的解释申请书。其中,解释结论及理由是法律解释文件的主体部分。解释结论应当清晰、明确、简洁地表达解释主体对相应法律疑义的判断,并详细阐述相关解释意见的学理依据、价值支撑、事实根据、正当性及合理性等。法律解释文件不应仅仅表明解释意见,更为重要的是要阐释、论证、说理,以符合法律解释的本旨,为各法律实施主体正确理解、执行法律提供坚实的保障。

四、变"指导性案例"为"统一法律解释案例"作为统一法律解释的形式

判例是近代以来世界各国最高审判机关统一法律解释的主要形式。我国一向比较注重案例在统一法律解释及适用上的重要功能。自 1985 年 5 月,最高人民法院就开始在《最高人民法院公报》上公布指导性案例,以介绍人民法院依法审理具体案件的情况,指导全国地方各级人民法院的审判工作。[①] 截至 2004 年年底,最高人民法院公布了近 500 例指导性案例。同时,江苏省高级人民法院、天津市高级人民法院、昆明市中级人民法院等地方法院也都在积极推行案例指导工作。[②] 近年来,我国又逐步

---

① 参见董皞主编:《中国判例解释构建之路》,中国政法大学出版社 2009 年版,第 2 页。

② 参见洪浩:《法律解释的中国范式——造法性司法解释研究》,北京大学出版社 2017 年版,第 263 页。

建立起了案例指导制度。2005年最高人民法院印发《人民法院第二个五年改革纲要(2004—2008)》,提出:"建立和完善案例指导制度,重视指导性案例在统一法律适用标准、指导下级法院审判工作、丰富和发展法学理论等方面的作用。最高人民法院制定关于案例指导制度的规范性文件,规定指导性案例的编选标准、编选程序、发布方式、指导规则等。"最高人民法院和最高人民检察院于2010年分别出台了《关于案例指导工作的规定》,标志着我国案例指导制度的正式确立,其中,最高人民检察院《关于案例指导工作的规定》已废止。2010年12月31日,最高人民检察院发布第一批指导性案例,以"检例第×号"编排;2011年12月21日,最高人民法院发布第一批指导性案例,以"指导案例×号"编排。此后,"两高"不定期地分批发布指导性案例。截至2022年12月31日,最高人民法院共发布37批共211号指导性案例。截至2023年3月31日,最高人民检察院共发布43批共174号指导性案例。

但是在我国现行法律解释制度之下,指导性案例并非法律解释的形式,甚至也不被理论界和实务界承认为法律解释形式之一种。长期以来,最高人民法院、最高人民检察院以发布高度概括、抽象的规范性司法解释的形式进行法律解释。"两高"的五种司法解释形式中也不包括指导性案例。在审判机关那里,指导性案例主要为总结审判经验、统一法律适用、提高审判质量、维护司法公正;[①]在检察机关那里,指导性案例的主要功能定位是:发挥对检察办案工作的示范引领作用,促进检察机关严格

① 参见《〈最高人民法院关于案例指导工作的规定〉实施细则》。

公正司法，保障法律统一正确实施。[①] 尽管指导性案例未被赋予统一法律解释的功能，但无论是“统一法律适用”，还是“保障法律统一正确实施”，都包含着对指导性案例发挥“统一法律解释”功能的期待。因为法律的适用、实施本身就蕴含着对法律的解释，“统一法律解释”是“统一法律适用标准”“保障法律统一正确实施”的重要保障。正如学者所言：“指导性案例旨在诠释法律精神，弥补法律条文的模糊甚至疏漏，在统一司法尺度、保障司法公正、降低司法成本、提高司法效率方面具有突出优势。”[②]“诠释法律精神”“弥补法律条文的模糊甚至疏漏”原本就是法律解释的功能。统一有关法律的解释也是案例指导制度构建者所欲达成的制度目的。最高人民法院有关负责人对《人民法院第二个五年改革纲要（2004—2008）》中所提出的案例指导制度的目的进行了说明：“在维护国家法制统一、实现社会公平正义方面，人民法院除了在审判具体案件时严格适用权力机关制定的法律外，还应当有一些制度和机制来协调、统一法院与法院之间、法院内部各个审判组织、审判机构之间在适用法律方面的认识和观点。”[③]“统一法院与法院之间、法院内部各个审判组织、审判机构之间在适用法律方面的认识和观点”的内容之一就是统一法院系统内部的法律解释。实际上，指导性案例也在发挥着解释法律的功能。例如，最高人民法院发布的指导案例 32 号

① 参见最高人民检察院《关于案例指导工作的规定》第 1 条、第 2 条。

② 刘风景：《司法解释权限的界定与行使》，载《中国法学》2016 年第 3 期。

③ 《我国法院探索建立起中国特色的案例指导制度》，载中国政府网，http://www.gov.cn/jrzg/2005-10/26/content_84599.htm。

“张某某、金某危险驾驶案”就对《刑法》第 133 条之一规定的“追逐竞驶”“情节恶劣”作出了具体化的解释。[①] 最高人民检察院发布的检例第 47 号“于海明正当防卫案”对《刑法》第 20 条第 3 款规定的“行凶”进行了具体化，将犯罪故意的内容不确定，但足以严重危及人身安全的暴力侵害行为认定为行凶。[②]

统一法律解释制度的构建应当在现行案例指导制度的基础上，将指导性案例作为一种法律解释形式，引入判例因素，将法律解释与具体个案相结合，实现案例指导制度与统一法律解释制度的整合。但是，当前指导性案例的效力比较薄弱，对各级司法机关只具有“指导”作用。各级司法机关只是可以“参照”指导性案例。在统一法律解释制度之下，统一法律解释机关发布的具有统一法律解释功能的案例不能仅仅具有“指导”效力，而应当具有更加清晰明确的强拘束力。因此，作为统一法律解释形式之一种的案例不宜再称为“指导性案例”，改称为“统一法律解释案例”较为恰当。

统一法律解释案例的创制权可作为“统一审判解释权”“统一检察解释权”“统一监察解释权”“统一行政解释权”的权力内

① 最高人民法院发布的指导案例 32 号裁判要点：(1)机动车驾驶人员出于竞技、追求刺激、斗气或者其他动机，在道路上曲折穿行、快速追赶行驶的，属于《刑法》第 133 条之一规定的“追逐竞驶”。(2)追逐竞驶虽未造成人员伤亡或财产损失，但综合考虑超过限速、闯红灯、强行超车、抗拒交通执法等严重违反道路交通安全法的行为，足以威胁他人生命、财产安全的，属于危险驾驶罪中“情节恶劣”的情形。参见中国法制出版社编：《最高人民法院、最高人民检察院指导性案例全书》，中国法制出版社 2021 年版，第 84 页。

② 参见中国法制出版社编：《最高人民法院、最高人民检察院指导性案例全书》，中国法制出版社 2021 年版，第 637 页。

容。将具有典范意义的统一法律解释案例作为各系统统一法律解释权的行使方式之一,充分发挥最高司法、检察、监察、行政机关统一法律解释、指导下级机关正确实施法律的功能。最高人民法院、最高人民检察院、国家监察委员会可以以发布统一法律解释案例的形式指导下级机关的法律实施工作,统一各自领域的法律解释。国务院统一行政解释会议可以发布典型的统一行政执法案例,以统一各级行政机关的执法行为。全国人大常委会则有权审查各系统统一法律解释机关所发布的案例,裁决不同系统统一解释案例之间对同一法律条文之解释的分歧与冲突。

第二节　统一法律解释程序的启动

在统一法律解释程序的启动上,有主动解释与被动解释之别。主动解释是指法律解释程序的启动是由解释主体自身积极主动发起的。被动解释的解释程序是解释主体应申请者的请求而发动的,法律解释机关不能主动作出解释。主动解释对法律解释权的运用是自主的、积极的、强势的;而被动解释对法律解释权的运用是受限的、消极的、谦抑的。

一、全国人大常委会统一法律解释程序的启动

由全国人大常委会承担统一法律解释功能,而不让其陷入繁重的、琐碎的法律解释工作之中,从而影响其他工作的开展,必须限定全国人大常委会统一解释的情形及其法律解释程序启

动的条件。全国人大常委会统一法律解释权的行使方式可以有两种：一是主动对某些特殊、重大的法律问题进行解释或者主动审查审判、检察、监察、行政系统的法律解释；二是接受审判、检察、监察、行政系统最高机关提起的法律解释申请而作出解释。

（一）全国人大常委会主动启动解释程序

全国人大常委会作为我国最高权力机关的常设机关，无须像司法审判机关一样保持消极、被动的谦抑性。它可以根据自己的判断，在必要时主动启动法律解释程序。但全国人大常委会主动启动法律解释程序时，其解释对象的范围应当有所限定，以与其地位和功能相适应。

在统一法律解释制度之下，较为一般性的法律问题可由其他法律解释主体承担，全国人大常委会主要负责特殊、重大法律问题的解释。所谓"特殊、重大法律问题"包括但不限于以下事项：涉及国家领土、主权等重大或者根本利益的法律问题；涉及国家政治、经济体制的法律问题；涉及《宪法》所规定的公民基本权利和义务的法律问题；法律存在漏洞、法律相互矛盾的问题；其他全国人大常委会认为需要解释的特殊及重大法律问题。除此之外，全国人大常委会不得、亦无必要主动对普通的法律疑义进行解释，以免陷入琐碎的、日常性的法律解释工作之中，浪费宝贵的法律解释资源。

此外，全国人大常委会还可以主动审查最高审判、检察、监察、行政机关作出的法律解释是否合乎《宪法》和基本法律，但不得干预、更不能替代具体的审判、检察、监察及行政活动和行为。全国人大常委会具有规范审查权，最高审判、检察、监察、行政机关作出的法律解释应当报全国人大常委会备案审查。全国人大常委会在备案审查过程中如果认为相关法律解释不当、错误,或存在分歧、矛盾,在必要情况下可以启动统一法律解释程序,以作出正确的法律解释。

(二)全国人大常委会依申请启动解释程序

全国人大常委会可以接受适格主体所提起的法律解释请求而被动地启动统一法律解释创制程序。

1. 适格的法律解释请求主体

在全国人大常委会被动进行法律解释的情形下,首先要有适格的主体向全国人大常委会提起法律解释请求。关于可以向全国人大常委会提请解释的主体,我国《立法法》第 49 条规定,"国务院、中央军事委员会、国家监察委员会、最高人民法院、最高人民检察院、全国人民代表大会各专门委员会,可以向全国人民代表大会常务委员会提出法律解释要求或者提出相关法律案。省、自治区、直辖市的人民代表大会常务委员会可以向全国人民代表大会常务委员会提出法律解释要求。"这一规定在统一法律解释制度之下仍然可以继续适用。

地方各级行政机关、审判机关、检察机关、监察机关以及省、自治区、直辖市以下各级人大及其常委会不得直接向全国人大常委会提起解释请求。地方行政机关、审判机关、检察机关、监察机关应先向其上级机关提起法律解释请求,由上级机关层转至本系统最高机关,然后由本系统最高机关转请全国人大常委会解释。省、自治区、直辖市以下各级人大及其常委会若有法律疑问应先向上一级人大常委会提起,然后由省、自治区、直辖市人大常委会向全国人大常委会提起法律解释请求。上级机关应当对下级机关的法律解释请求进行审查,如果不符合有关法律解释之规定则不予转请;如果所申请解释事项属于自身职权范围,可以直接予以解释,亦无须再提交上一级机关。国务院、最高人民法院、最高人民检察院、国家监察委员会及省、自治区、直辖市人大常委会应当对下级所提起的法律解释请求进行审查。如果经审查发现相关法律问题属于自身解释权限范围,可以自行作出解释,并向全国人大常委会备案。如果相关的法律解释请求符合法律规定,但不属于自身解释权限范围,则应将涉及其他国家机关职权的事项移送其他系统最高解释机关进行解释;如果相关解释请求涉及多个国家机关与系统之职权,或者各系统最高机关既有解释不一致的,则提请全国人大常委会进行解释。

为贯彻人民主权原则,使法律解释真正体现人民的意志和利益,应当允许社会团体和组织、企业事业组织以及公民向全国人大常委会提起统一法律解释的请求。社会团体和组织、企业事业组织及公民如果发现各法律解释主体的解释相互之间存在矛盾、分歧,或者认为各法律解释主体的解释存在不当或错误而相关解释主体又不予变更修正,可以提起统一法律解释的请求。一定数量的全国人民代表大会代表或者一个代表团、全国人民代表大会各专门委员会以及一定数量的全国政协委员,如果发现各系统最高机关对同一法律规定的解释不统一或者认为有关法律解释不当或错误,也可以提请全国人大常委会进行解释。此类主体不仅可以对国家机关相互之间的法律不一致提起统一法律解释请求,而且可以针对法律解释的不当或错误提起解释请求。这实质上赋予了人民对法律解释的实质审查权,促使各国家机关更加妥当地解释法律,体现和维护人民的意志和利益。

2. 适格的法律解释请求

在统一法律解释制度之下,中央及地方各机关在行使职权的过程中,若遇有法律疑问,应当首先自己进行研究、解决,而非提请统一解释机关进行解释。只有当其法律解释与本机关或其他机关适用同一法律、法规所表示的见解不同,而且其不应当受本机关或其他机关法律解释的约束,亦无权变更本机关或其他机关的已有法律解释时,才可以提起法律解释请求。最高人民法院、最高人民检察院、国家监察委员会、国务院等各系统的统一解释机关还可以针对某一法律或者某一类事务向全国人大常委会提出创制立法性统一法律解释的请求。

请求法律解释主体所提请解释的法律疑问应当是抽象的有关法律理解、适用方面的疑问,而非有关具体案件、事务如何处理的疑问。有关具体案件或事务的处理是法律实施机关的职权,而非全国人大常委会所能代行。全国人大常委会审判具体案件或对具体事务的处理进行指示是违背"功能适当原则"的。所谓"功能适当原则",是指统一法律解释权机关只能在《宪法》赋予其的功能的范围内行使,不能通过法律解释扩大其职权范围,改变《宪法》和法律对国家权力的配置。① 当然,为了更好地表达、阐述相关的法律疑义,请求法律解释主体可以将案件或事

① 此处有关统一法律解释"功能适当原则"的阐释,参考了德国宪法解释的"功能适当原则"。参见韩大元、张翔:《宪法解释程序研究》,中国人民大学出版社 2016 年版,第 59 页。

务的相关材料作为附件材料一并提交全国人大常委会。但全国人大常委会应当超越具体的个案事实,从法律规范本身的逻辑、理念出发,通盘考虑各种可能性,对法律作出具有普遍适用意义的解释。

在形式上,统一法律解释请求应当以书面形式提起。统一法律解释请求书应当列明以下事项:(1)请求解释之目的;(2)请求解释的法律问题;(3)相关法律规定;(4)请求解释的理由;(5)请求主体对相关法律解释的见解;(6)请求主体名称或姓名、住址、联系方式等相关信息;(7)附录的相关必要材料。统一法律解释请求书可以信件、数据电文(包括电子邮件、电报、传真等)等方式提交全国人大常委会,也可以直接现场送达。

我国《立法法》对于各主体所提出的法律解释要求的格式并无具体之限定。有论者认为,法律解释要求只要有理由、依据就行,而无须像议案那样既要有理由、依据,还要有具体的内容,也即法律解释要求提出主体无须就法律应当如何解释阐述意见。这是因为提出解释要求就说明提出者不清楚法律规定的含义。而且,这样做还可以避免立法解释被一些部门利用来扩大自身权力或谋取不正当利益。[①] 但在统一法律解释制度之下,提起统一法律解释请求的主体不仅要说明请求解释的理由、依据,还应当阐明其对相关法律解释的具体见解。这是因为在统一法律解释制度之下,所有适用法律的主体都有权对法律进行解释,统一法律解释主要是对有关不同法律见解的统一,提起主体应当对

① 参见张春生主编:《中华人民共和国立法法释义》,法律出版社 2000 年版,第 146 页。

其不同的法律见解进行阐释,以方便统一法律解释主体更清晰地知晓有关法律解释的分歧之处。至于提请主体,尤其是有关国家机关提请解释时阐明了相关的法律解释内容是否会影响最终的法律解释出现偏向某部门利益的问题,其实大可不必杞人忧天。毕竟,统一法律解释是民主议事的产物,作出统一法律解释要有一套严密、复杂的程序,保障统一法律解释的公正、合理。从另一个角度而言,提请解释的机关阐明自己的立场、意见,更有利于统一法律解释机关一目了然地了解提请解释主体的意图。

二、各系统统一解释程序的启动

与全国人大常委会一样,最高人民法院、最高人民检察院、国家监察委员会、国务院既可以主动启动法律解释创制程序而作出法律解释,也可以应其他主体的请求而作出解释。但是这两种解释方式应当有主次之分,以被动解释为主,主动解释为辅。也即,被动解释是日常性的、普遍性的解释启动方式,而主动解释则是在特定情形出现时迫不得已而进行的。

(一)主动启动统一解释程序

最高人民法院、最高人民检察院、国家监察委员会、国务院若发现法律实施上的特殊重大问题可以主动进行解释,但主动解释的启动程序应当非常慎重,以避免法律解释权的过度能动侵害下级审判、检察、监察、行政机关的权力,抑制下级机关解释法律以适用、执行法律的积极性和自主性。

此处所谓的“法律实施上的特殊重大问题”,主要是指法律适用于特定事件或情形将导致公平正义受损、各系统最高机关及其下级机关的相关法律解释不当或者错误、同一系统内部各级机关的法律解释不一致而严重损害法律的统一实施等情形。但“法律实施上的特殊重大问题”并不包括相关法律法规与《宪法》相抵触的情形。如果各系统最高机关认为相关法律法规与《宪法》相抵触,则应提请全国人大常委会进行审查、解释,而不能自行解释。

(二)被动启动统一解释程序

以被动解释方式为主,并不意味着下级机关遇有任何事件都可动辄请求解释,申请解释的主体、请求解释的法律疑问及程序应予以明确限定。省级审判、检察、监察、行政机关可以直接提请各系统统一法律解释机关进行解释,省级以下审判、检察、监察、行政机关若有法律疑问应先提请其上级机关解释。

地方各级机关提请解释的情形及事由包括两点:第一,在适用法律过程中产生抽象的法律疑问且自身无法解决。所谓“抽象的法律疑问”,是指法律规定模糊不清、存在漏洞或相互冲突等,而非有关具体案件或事件如何处理的疑问,以避免下级机关遇有疑难案件即请求上级机关解释,从而形成对上级机关的依赖及自身司法、监察、行政工作上的惰怠。第二,法律解释之间相互存在分歧。本机关适用与其职权相关的法律所持之见解与本机关或其他机关适用同一法律规定所表达之见解不一致,而且本机关无须受本机关或其他机关已有法律解释之拘束,亦无权变更本机关或其他机关已有之法律解释。如果本机关应当受本机关或其他机关已有法律解释之拘束,则不能够变更既有之法律解释,而应当遵守既有之法律解释,也就不会有法律解释之分歧;如果本机关有权变更本机关或其他机关既有之法律解释,则可以直接变更既有之法律解释,既有之法律解释失其效力,也不存在前后法律解释不统一的问题。

社会团体和组织、企业事业组织及个人除可以向全国人大常委会提请统一法律解释外,如果认为地方各级审判、检察、监察、行政机关的法律解释存在不当或错误,或者与其之前对同一法律的解释不一致,或者该机关之解释与其他机关之解释有异(该机关有权变更其他机关之解释除外),可以提请最高审判、检察、监察、行政机关作出统一解释,但依照程序可以提起上诉、申诉或者复议等的除外。例如,社会团体和组织、企业事业组织或个人的权利遭受不法侵害,由中级人民法院作出了终审判决,但该中级人民法院在判决中对法律的解释存在不当或错误,或者与其自身已有之解释不同,或者与其他中级人民法院对同一法律规定的解释有异,当事人可以以此为理由申请再审,此时就不可以提起统一审判解释请求。但如果当事人认为再审判决中有关法律的解释仍然存在问题,则可以在一定期限内提起统一审判解释请求。

在提请解释的形式及程序上,法律解释请求应以书面为之,提交法律解释请求书;法律解释请求书应当列明所请求解释的法律条文及疑问、请求解释主体对相关法律解释的立场和观点以及请求解释主体的名称、住址、联系方式等相关信息,必要时要附录相关文件资料;省级以下审判、检察、监察、行政机关应将解释请求层报省级机关,由省级机关对解释请求进行审查、批注意见之后提请相应的统一法律解释机关进行解释。

第三节　统一法律解释的创制程序

一、全国人大常委会统一法律解释的创制程序

当前,全国人大常委会创制法律解释文件主要是依据《立法法》的相关规定以及全国人大常委会法律解释工作程序。这是设计全国人大常委会统一法律解释创制程序的基础。同时,在某种意义上,全国人大常委会的统一法律解释是对“两高”立法性司法解释创制权的“收编”,是其立法权“简化”的产物。“两高”对于司法解释文件的创制程序有详细的规定,而且经过了长期的实践,司法解释创制程序已经比较成熟,这为全国人大常委会统一法律解释的创制提供了范本、积累了经验。同时,法律规定了全国人大常委会的立法程序,全国人大常委会创制法律规范的程序也已经比较完善。因此,全国人大常委会的统一法律解释创制程序的设计也应当参考全国人大常委会的立法程序以及“两高”的司法解释创制程序。具体而言,全国人大常委会统一法律解释的创制要经过立项、拟定、审议、表决、公布等程序。

(一)立项

全国人大常委会创制统一法律解释文件首先要立项。立项的来源主要包括前述全国人大常委会主动及被动启动法律解释程序的各种情形,具体而言包括:(1)全国人大常委会在备案、审查相关法规及各系统统一解释文件过程中认为需要作出统一解

释的；(2)全国人大常委会各专门委员会提出的统一法律解释建议；(3)全国人大代表以及全国政协委员提出的统一法律解释的议案、提案；(4)国家各级机关、社会团体和组织、企业事业组织以及公民等相关主体提出的统一法律解释请求。

除全国人大常委会主动进行的法律解释可以直接立项之外，全国人大常委会需对相关法律解释请求进行审查后再决定是否受理立项。全国人大常委会在接到法律解释请求后，应当首先对法律解释请求是否适格进行审查，即审查请求主体是否适格、请求解释的内容是否属于其法律解释权限范围、请求解释的程序以及文件格式是否符合规定，这一方面保障了统一法律解释程序的依法有序进行，另一方面避免了自身陷入日常琐碎的法律解释之中。全国人大常委会法律解释工作程序规定全国人大常委会办公厅负责法律解释要求的接收、登记工作，然后报秘书长批转法制工作委员会。法制工作委员会接收批件后再对法律解释要求进行审查，向秘书长提出报告。在这一过程中，法律解释要求经过了办公厅、秘书长，但并未进行任何审查，转至法制工作委员会的解释要求可能完全是不适格的。此种批转浪费了大量的时间和资源，意义不大。笔者建议由全国人大常委会法制工作委员会具体负责统一法律解释请求文件的接收、登记、出具接收回执等工作。同时，法制工作委员会在特定期限内(如10日内)对申请人的资格、请求书、请求程序进行形式审查。如果法律解释请求符合相关形式要件，且相关请求事项在全国人大常委会法律解释权限范围内，则予以受理，由法制工作委员会向申请人出具受理通知书。如果法律解释请求不符合相关形式要求或者不属于全国人大常委会法律解释权限范围内，则作出不予受理决定,并以书面形式告知提请主体不予受理的决定及理由。对于准予受理的解释请求,法制工作委员会将其列入年度法律解释立项计划,而后启动统一法律解释文件的研究、拟定程序。

在当前全国人大常委会解释法律的程序中,法制工作委员会在对法律解释要求进行研究后,向秘书长提出报告,经秘书长同意或秘书长提请委员长会议讨论同意后,可以通过法律询问方式予以答复的,由常委会办公厅告知提出法律解释要求的机关,并说明理由。在统一法律解释制度之下,全国人大常委会法制工作委员会不再承担法律咨询答复职责。[①] 因此,全国人大常委会法制工作委员会在审查法律解释请求时,无须判断相关解释请求是否属于可以通过法律询问方式予以答复的情形。

(二)统一法律解释草案的拟定

统一法律解释文件的起草、拟具由宪法和法律委员会承担。我国《立法法》将法律解释案的起草交由全国人大常委会的工作机构(法制工作委员会)负责。这实质上是一种行政工作模式,基本上排除了人大常委会委员们的有效参与。“人大常委会是一个民主议事的机构,对于立法权、法律解释权和宪法解释权的行使,委员们不仅应有权对已经形成的草案进行‘讨论’,而且应有权参与‘起草’过程”。[②] 统一法律解释案的起草工作是统一

---

① 理由参见第四章第二节有关统一法律解释不应由全国人大常委会法制工作委员会作出的论述。

② 马岭:《我国宪法解释的程序设计》,载《法学评论》2015 年第 4 期。

法律解释创制的前提性工作,直接关系着最终统一法律解释文件的科学性、合理性。将此项工作交由本身并无立法权和法律解释权的法制工作委员会承担,在理论上和逻辑上都存在问题。由宪法和法律委员会负责统一法律解释文件的起草则是符合全国人大常委会的民主议事机关性质的。而且,宪法和法律委员会的成员大多具有较好的法律素养,能够胜任法律解释文件的起草拟定工作。

统一法律解释文件的起草工作可以遵循以下程序开展:由分管统一法律解释工作的宪法和法律委员会副主任委员指定一名或数名委员作为统一法律解释草案的主稿人或者主稿组成员。作为宪法和法律委员会办事机构的全国人大常委会法制工作委员会应当协助主稿人的具体起草工作,可以根据法律解释所涉及的法律领域分别由法制工作委员会之下的宪法室、刑法室、民法室、经济法室、国家法室、行政法室、社会法室等各室对接相关的主稿人,各室提供解释所涉及法律的相关资料,参与具体的起草工作。在统一法律解释起草过程中,宪法和法律委员会应当与其他专门委员会密切配合,主稿人应当主动与相关专门委员会就有关法律的解释问题进行沟通,征求专门委员会的意见,联合开展调查研究,共同完成起草工作,以吸纳各专门委员会在相关领域的专业意见,增强统一法律解释的科学性、合理性。

主稿人在拟稿过程中,应当参考相关的立法资料、广泛听取申请解释者、相关国家机关以及社会公众的意见,必要时应当进行实地调研。统一法律解释文件首先应当符合立法的本意和主旨,在拟具过程中应当参考相关法律制定之时的立法调研资料、立法理由书或说明书。为了解提请统一法律解释主体有关法律解释的意图、立场及理由，主稿人应当当面听取他们的意见。主稿人起草统一法律解释文件应当特别注重对相关法律在实践中运行状况的调查研究，可以通过论证会、座谈会、听证会等方式广泛听取相关国家机关、社会各界尤其是利益相关方的意见。如果相关法律解释涉及广大人民群众的切身利益、社会公共利益，或者相关法律疑问特别复杂、重大，解释创制主体必须听取社会公众的意见，可利用现代信息技术手段，通过互联网、电子邮件、App 等，公开征求人民群众的意见。这也是立法民主的应有之义和当然要求。

同时，为增强统一法律解释草案的科学性和合理性，应当设立统一法律解释咨询委员会，辅助法律解释草案的起草工作。统一法律解释咨询委员会的成员须有深厚的法学理论素养或者丰富的法律实务经验，可以从审判系统、检察系统、监察系统、行政系统以及法学研究者中遴选。至于遴选的资格标准，可以作如下限定：(1)曾任最高人民法院法官、最高人民检察院检察官、国家监察委员会委员、国务院国务委员 10 年以上并有杰出成绩者；(2)曾任全国人民代表大会各专门委员会委员 10 年以上并有杰出成绩者；(3)曾任大学法律核心课程教授 10 年以上并有杰出成绩者；(4)曾任国际法庭法官者；(5)著有法学权威著作、富有政治经验、声誉卓著者。统一法律解释咨询委员会成员为法律解释草案的拟定提供咨询意见。统一法律解释草案必须征询 5 名以上统一法律解释咨询委员会成员的意见。统一法律解释咨询委员会成员应当对法律解释草案出具书面意见并署名。

(三)统一法律解释草案的审议

统一法律解释文件草案完成后首先由宪法和法律委员会进行审议。在审议时,应当邀请有关专门委员会的成员列席会议,发表意见。经审议如果认为制定法律解释的条件尚不成熟,可以暂不作法律解释,而予以撤销立项;如果认为相关的法律解释请求需要修改法律,则列入法律修改计划,并书面告知请求解释主体;如果认为相关法律解释草案尚存在问题,则不提交全国人大常委会委员长会议,由统一法律解释文件草案的主稿人继续修正,或者改由其他委员负责重新拟稿。相关的修改无论是文字上的还是实质内容上的都应当及时反馈给有关专门委员会。如果经审议认为相关统一法律解释文件草案基本成熟,可以提交委员长会议决定是否列入全国人大常委会会议议程。在提交时,应当将统一法律解释草案、草案说明以及审议结果一并提交。委员长会议应优先将其列入会议议程,而无须对解释草案内容成熟与否进行审查讨论。

统一法律解释草案被列入全国人大常委会会议议程之后,在全国人大常委会全体会议上先由宪法和法律委员会对统一法律解释草案进行说明,然后由全国人大常委会分组会议进行审议。全国人大常委会分组会议审议后,由宪法和法律委员会根据全国人大常委会组成人员的审议意见进行审议、修改,并提出统一法律解释草案表决稿。统一法律解释草案表决稿经全国人大常委会会议审议后,如果全国人大常委会组成人员没有大的意见分歧,则由委员长会议提请全国人大常委会全体会议表决。

（四）统一法律解释草案的表决

统一法律解释文件草案应当由全国人大常委会以会议的形式进行表决。当前，“法律解释草案一般实行一审制，如果法律解释的问题比较复杂，也可以实行二审制”。[①] 说理性统一法律解释一般针对一条或几条法律条文，与立法相比在内容上要简短得多。即使是立法性统一法律解释针对某一法律或某一类事务作出解释性规定，也是在现有法律规范基础上的细化、补充，其复杂程度与制定一整部法律相比稍低。因此，统一法律解释的表决无须同立法一样经过“三读”程序，统一法律解释文件草案可以经一审通过，复杂的法律解释经二审通过的做法可以继续保留。

全国人大常委会会议对统一法律解释文件草案进行审查之后，认为仍有重要问题需要进一步研究的，可以不交付表决。因对统一法律解释的必要性、可行性等重大问题存在分歧而搁置审议满一年，或者因暂不交付表决经过一年没有再次列入全国人大常委会会议议程进行审议的，应由委员长会议向全国人大常委会报告，终止审议此项统一法律解释案。

统一法律解释案的通过需要一定数额的全国人大常委会委员表决同意。法律案需要由全国人大常委会全体组成人员过半数通过。因为全国人大常委会的法律解释与法律效力相同，所以统一法律解释案的表决应当与法律相同，由全国人大常委会

---

① 郑淑娜主编：《〈中华人民共和国立法法〉释义》，中国民主法制出版社2015年版，第141～142页。

全体组成人员过半数表决通过。

(五)统一法律解释文件的公布

统一法律解释文件由全国人大常委会以发布公告的方式公布。在格式上,区分立法性统一法律解释文件和说理性统一法律解释文件而有所不同。立法性统一法律解释文件是针对某一类法律问题创制具有普遍规范意义的解释性文件。此种法律解释文件应以“规定”命名,以条文的形式呈现,并标明“第×届全国人大常委会第×次会议通过”字样。说理性统一法律解释文件主要是针对某一个或数个法律疑义进行具体的阐释、说明的文件。说理性统一法律解释文件应当由标题、编号(可采“统释〔××××〕×号”字样)、主文、理由、公布时间等部分组成。如果是应申请者的请求而作出,还应当附录请求解释文件。统一法律解释作出后,除了应及时转达申请解释者外,还应当登载《中华人民共和国全国人民代表大会常务委员会公报》及全国人民代表大会门户网站,向社会公众公布。统一法律解释文件以登载《中华人民共和国全国人民代表大会常务委员会公报》的文本为标准文本。

二、各系统统一解释文件的创制程序

最高审判、检察、监察及行政机关可以各自设立专门的统一解释机构,负责法律解释请求的接收、审查、受理和解释草案的起草,并以召开统一解释会议的方式议决法律解释案,创制统一的审判、检察、监察、行政解释文件。在此以最高人民法院为例阐述各系统统一解释文件的创制程序,最高检察、监察、行政机关法律解释文件的创制程序可以比照最高人民法院设置。

(一)统一解释文件的创制

第一,统一审判解释会议的组成。最高人民法院设立由各庭庭长及其他资深法官组成的统一审判解释会议具体负责法律解释文件的起草、审议和议决。统一审判解释会议成员的数额应为单数,以避免在议决法律解释案时出现同票而无法作出最终决定的情形。至于具体的成员数额,以十几名为限,不宜过多,以保证会议成员能够充分展开讨论,而不是流于形式的举手表决、走过场。[①] 统一审判解释会议设主席一人(可由会议成员轮值任主席),负责统一审判解释会议的具体召集工作。

第二,法律解释请求文件的受理。最高人民法院研究室负责法律解释请求文件的接收,并对请求主体、请求书进行形式及内容审查。如果法律解释请求不符合相关规定,则作出不予解释的决定,以书面形式告知请求解释主体不予受理的决定及理由。如果法律解释请求符合相关规定,应当受理,则将解释请求文件呈交统一审判解释会议讨论,并告知请求解释主体准予受理的决定。

第三,法律解释文件的拟定。统一审判解释会议主席按照

---

① 我国最高人民法院设有 5 个刑事审判庭、4 个民事审判庭以及环境资源审判庭、行政审判庭、审判监督庭各 1 个,并有 6 个巡回法庭和 1 个知识产权法庭。如果各庭庭长均为统一审判解释会议成员,则统一审判解释会议至少有 19 位成员。同时,还应有最高人民法院院长、副院长以及部分资深法官参加。如此一来,统一审判解释会议成员将有 20 余位。但在具体的实践过程中,因各种情事,可能并非所有的成员都能莅会。

请求解释内容的性质将请求分发相关会议成员，由会议成员负责解释拟稿工作。例如，请求解释的事项为刑事法律方面的疑问，则交由统一审判解释会议成员中的刑事审判庭庭长或专长刑事法律的资深法官负责拟稿；如果请求解释事项涉及刑事、民事或者行政等两个及两个以上领域的法律，则由相关各庭或相关领域专家共同负责拟稿。主稿人在拟稿过程中应广泛听取申请解释者、其他国家机关以及社会公众的意见，必要时应当进行实地走访调研。

第四，法律解释文件的审议、表决。法律解释稿拟定后，提交统一审判解释会议决定是否进行表决。统一审判解释会议认为相应法律解释尚不成熟或者有改进空间的，可以决定暂不交付表决或直接提出修改意见。统一审判解释会议所有成员 2/3 以上未出席不得开议。统一审判解释案非经与会成员 1/2 以上赞同不得通过。

第五，法律解释文件的公布。统一审判解释文件应当有标题、编号（可采"法释〔××××〕×号"字样）、主文、理由、公布时间、统一审判解释会议主席及成员等内容，同时附录各解释会议成员对该解释的意见书（包括不同意见书）以及法律解释请求书。统一审判解释作出后，除转达申请解释者外，还应送全国人大常委会备案审查，同时转达最高检察、监察、行政机关，并登载《最高人民法院公报》、《人民法院报》以及最高人民法院官方门户网站，予以公布。统一审判解释文件以登载《最高人民法院公报》的为标准文本。

（二）统一解释案例的创制

在统一法律解释制度之下，统一解释案例是各系统最高机关统一法律解释的形式之一，是统一解释文件的一种。统一解释案例的创制由各系统统一解释会议负责，但与一般解释性文件的创制稍有不同。我国“两高”对指导性案例的创制有较为完善的规定，而且相关创制程序经过了较长时间的实践运行。统一法律解释制度之下的统一解释案例创制，可以在“两高”指导性案例创制程序的基础上，与统一解释创制程序实现有效衔接、整合。下文以最高人民法院统一解释案例的创制为例对各系统统一解释案例的创制程序做一说明。

第一，被推荐案例的受理。最高人民法院各审判业务单位、地方各级人民法院、人大代表、政协委员、人民陪审员、专家学者、律师以及社会各界人士都可以向最高人民法院推荐裁判已经生效、具有典型意义的案例。推荐主体应当提交统一解释案例推荐表、按照规定体例编写的案例文本及选编说明、相关裁判文书等材料。当前，指导性案例推荐的遴选、审查和报审工作由最高人民法院案例指导工作办公室负责。在统一法律解释制度之下，为集中业务、提高效能，可以将统一解释案例推荐与统一审判解释请求的受理、审查工作合并，统一由最高人民法院研究室负责。如果被推荐的案例在形式上不符合相关规定，则退回推荐主体予以修正或补充相关材料；如果被推荐案例明显不具有典型性，则作出不予受理的决定，以书面形式告知推荐主体不予受理的决定及理由；如果相关推荐符合规定，则作出予以受理的决定，以书面形式告知推荐主体准予受理的决定，并将推荐文件呈交统一审判解释会议讨论。

第二,被推荐案例的审查。统一审判解释会议主席按照被推荐案例的性质分发相关会议成员,由成员负责审查并拟具审查报告。在审查过程中,审查人可以征求相关国家机关、部门、社会组织以及其他会议成员、专家学者的意见。

第三,被推荐案例的审议。被推荐案例审查报告拟定后,提交统一审判解释会议进行审议。统一审判解释会议经审议最终认定被推荐案例是否可以成为统一解释案例。统一审判解释会议在审议案例时,非所有成员 2/3 以上出席不得开议。被推荐案例非经与会成员 1/2 以上赞同不得通过。

第四,统一解释案例的公布。统一解释案例由标题、关键词、裁判要点、相关法条、基本案情、裁判结果、裁判理由、生效裁判审判人员姓名等组成,并附录相关推荐理由和审查意见。统一解释案例应当在《最高人民法院公报》、《人民法院报》和最高人民法院网站上公布,以在《最高人民法院公报》公布者为标准文本。

(三)各系统统一解释文件的备案与审查

为保障各系统统一解释文件的合法性,避免其与《宪法》、法律以及全国人大常委会的统一法律解释文件之间产生冲突,加强对各系统最高机关统一解释权行使的监督,应当建立全国人大常委会对各系统统一法律解释文件的备案审查制度。

全国人大常委会既可以主动启动法律解释审查工作,也可以被动启动,应以被动审查为主、主动审查为辅。主动审查是指全国人大常委会在收到报送备案的法律解释文件之后,主动对相关法律解释是否符合《宪法》、法律以及全国人大常委会的统一法律解释文件进行审查,并提出审查意见。各系统最高机关在作出统一解释之后的一定期限内应当主动将相关解释文件报送全国人大常委会备案,接受全国人大常委会的审查。至于具体的报送期限,根据《法规、司法解释备案审查工作办法》第 9 条之规定,法规、司法解释应当自公布之日起 30 日内报送全国人大常委会备案,各系统的统一解释文件也应当自公布之日起 30 日内报送全国人大常委会备案。各系统最高机关在报送被审查的统一解释文件时,除完整的统一解释文件之外,还应当提供相应的申请解释文件、审议文件,以便全国人大常委会更为全面了解统一解释文件创制的背景和过程。

被动审查是指全国人大常委会应有关国家机关、社会团体、企业事业组织以及公民的要求或建议对各系统最高机关的统一解释文件进行的审查。最高人民法院、最高人民检察院、国家监察委员会、国务院以及省级地方人大常委会可以就各系统统一解释文件向全国人大常委会提出审查要求。除此之外的其他国家机关以及社会团体、企业事业组织、公民可以向全国人大常委会提出审查建议。在形式上,审查要求或建议应当明确列明相关的统一解释文件、申请审查的理由、申请审查主体的相关信息等内容。

全国人大常委会法制工作委员会具体负责各系统法律解释文件的备案审查工作,必要时送有关专门委员会进行审查、提出意见。在审查过程中,可以征询法律解释创制主体的意见,如果是被动进行审查,应当征询审查要求或建议提起主体的意见。法制工作委员会在审查之后提出书面意见,转送宪法和法律委员会进行审议。经审议,若相关法律解释不存在与《宪法》、法律相抵触的情形,则停止审查。若相关法律解释与《宪法》或法律相抵触,或者相关法律解释存在错误、不当,则要求解释创制主体进行修改或废止,或者由全国人大常委会主动启动统一法律解释程序作出统一法律解释以代替被审查的法律解释,从而使被审查的法律解释失效。

第六章　统一法律解释的效力

法律效力是法学理论中的一个重要概念。简言之,法律效力就是法律的约束力。“一般来讲,法律效力的特殊之处在于即使其下的人们对于这种约束并不认同,但是并不能够以此为理由,抗拒其最终的落实。”[①]法律解释的效力是指法律解释主体对法律作出的解释所具有的拘束力及所适用的范围,也即法律解释对何种主体、何种事务在什么区域和时间范围内具有约束力。所谓统一法律解释的效力是指全国人大常委会统一法律解释、各系统最高机关的统一解释以及其他机关的法律解释所具有的拘束力和适用范围。在经典法律解释理论中,立法解释、司法解释、行政解释等有权法律解释具有一定的强制力,这种强制力来自立法机关的立法权、司法机关的司法权、行政机关的行政权,只是立法解释、司法解释、行政解释的效力范围有所差别。立法解释是立法机关通过立法程序作出的法律解释,在本质上是一种法律,具有与法律同等的、绝对的、普遍的强制力,任何国家机

---

① 陈景辉:《法律解释的效力:一个难题的追问》,载《浙江社会科学》2004 年第 5 期。

关、组织、社会团体及个人都应当遵守。司法解释与行政解释的效力则是相对的、有限的,只对特定的案件或事务具有拘束力。不同的有权解释效力位阶不同,一般而言,立法解释的效力高于司法解释和行政解释;司法解释的效力高于行政解释,司法机关有权对行政解释进行审查,并拒绝适用;行政解释的效力最为有限,只在本行政系统内部有效,其效力并不及于司法机关。在统一法律解释制度之下,各项解释的效力在遵循法律解释效力一般理论的同时,亦有其特殊之处。

第一节　各主体法律解释的具体效力

一、全国人大常委会统一法律解释的效力

我国《立法法》第 53 条对全国人大常委会法律解释的效力作了明确规定:“全国人民代表大会常务委员会的法律解释同法律具有同等效力。”法制工作委员会在对《立法法》的释义中,基于法律解释的效力取决于其所解释的法律而无独立效力的认识,[①]认为无论在时间上,还是在空间上,全国人大常委会法律解释的效力都与其所解释的法律相同,全国人大常委会法律解释

① “由于法律解释是对法律条文的含义所作的进一步明确,因此,它不是一个独立的法律规范,即使是补充和变通,也应当是包含在法律条文的立法原意之中。所以,法律解释本身没有独立的效力,它的效力取决于法律规定的效力。”张春生主编:《中华人民共和国立法法释义》,法律出版社 2000 年版,第 149 页;乔晓阳主编:《〈中华人民共和国立法法〉导读与释义》,中国民主法制出版社 2015 年版,第 189 页。

的效力范围即是其所解释的法律的效力范围。具体而言,在时间上,全国人大常委会法律解释的效力溯及相关法律生效之时,"法律规定的含义应当是法律生效时就是这样的,不论什么时候对这一含义作出阐述,人们的行为应当一直都受这一规定约束,符合这一规定的要求"。[①] 在空间上,相关法律的效力所覆盖的范围也是法律解释有效的空间范围。在对象上,全国人大常委会的法律解释对行政机关、审判机关、检察机关以及公民、法人和其他组织都有约束力。[②] 此种有关全国人大常委会法律解释效力的定位,在统一法律解释制度之下可以继续沿用。全国人大常委会的统一法律解释是有关法律的标准、权威解释,在效力强度以及效力范围上,应当与其所解释的法律一致。

(一)全国人大常委会统一法律解释的效力强度

在统一法律解释制度之下,全国人大常委会作为宪法所规定的法律解释机关,享有最高的法律解释权,其统一法律解释与其所解释的法律具有同等效力,是所有有关同一法律的解释(宪法解释除外)中效力最高的,其他国家机关、社会团体和组织、公民都应当遵守。

首先,全国人大常委会的统一法律解释与被解释的法律具有同等效力,具有法律上的强制力。全国人大常委会统一法律

① 张春生主编:《中华人民共和国立法法释义》,法律出版社 2000 年版,第 149 页。

② 参见张春生主编:《中华人民共和国立法法释义》,法律出版社 2000 年版,第 149～150 页。

解释的效力直接来源于其所解释的法律,是被解释法律的效力的自然传导。如果统一法律解释有具体的被解释的法律条文,则其具有与被解释的法律条文同等的效力。如果统一法律解释是对法律的续造,或者针对某一部法律或某一类事务作出立法性解释,则具有与被解释的法律或者规范某一类事务的法律同等的效力。全国人大常委会统一法律解释所具有的与法律同等的效力是一种法定的强制拘束力,而非事实拘束力或相对拘束力。对于全国人大常委会的统一法律解释,全国各机关、组织、团体及公民都必须遵守,而不得以相关解释不当、错误或与其他机关之解释不同而不予遵守。若不遵守,即构成违法,要承担相应的法律后果。

其次,全国人大常委会的统一法律解释是在除宪法解释之外的所有法律解释中具有最高权威的解释。在统一法律解释制度之下,全国人大常委会作为最高法律解释机关,其所创制的统一法律解释在所有的法律解释中具有最高的权威效力,是关于特定法律最终和标准的解释,其他任何机关对于法律的解释都不得与全国人大常委会的统一法律解释相违背。全国人大常委会统一法律解释的此种效力源于全国人大常委会的最高国家权力机关常设机关地位以及《宪法》所赋予的解释法律之权。全国人大常委会是我国最高国家权力机关的常设机关,其权力和职能都围绕国家最高权力的具体和常态化行使展开。全国人大常委会解释法律的权力也是来自全国人民代表大会的最高权力,是全国人民代表大会通过立法的形式授予的,其背后是人民意志的汇聚和支撑。我国现行《宪法》第 67 条规定:“全国人民代表大会常务委员会行使下列职权:……(四)解释法律……”根据

《宪法》的规定，全国人大常委会是我国唯一的、最高的法律解释主体。因此，全国人大常委会的法律解释具有最高的权威效力。而且赋予全国人大常委会的统一法律解释以最高的权威效力也是统一法律解释权的应有之义，符合宪法对法律解释权力安排的立法本意，有利于维护法律的权威和统一。

（二）全国人大常委会统一法律解释的效力范围

统一法律解释的效力范围主要是指统一法律解释对什么人、在什么时间和空间有效的问题。全国人大常委会统一法律解释与其所解释的法律具有同等效力，所适用的对象及空间范围与所解释的法律相同，并无疑问。但统一法律解释的效力是否始于其所解释的法律生效之时呢？如果统一法律解释对其作出之前的行为进行约束，是否违背法不溯及既往的基本法理？

法律解释是对法律的阐释，其所阐释的内容应当是包含于法律之中的。它不是独立于法律之外的规则，并没有自身的独立性。因此，法律解释在效力上依附于其所解释的法律规范，其效力可回溯至法律生效之时。但是法律解释是否必然包含于法律之中却存在疑问。受限于立法技术、能力等因素，法律规定的含义在立法之时本身可能就是模糊的、不明确的，或者缺失的。而且随着时间流逝和社会的发展变迁，人们对于法律的认识和理解可能会发生变化。换言之，有关法律的理解和认识可能是立法者在立法之时尚未意识到的，或者与立法之时不同的。此种后来之有关法律的理解和认识如何能约束此前人们的行为？倘若承认法律解释的溯及既往效力，是否会破坏人们对法律的预期？由此，法律解释在时间上的效力追溯至法律生效之时将面临正当性缺失的问题。

法律解释可能是对法律的扩大解释，也可能是限缩解释，还有可能是根据法律的原则和精神进行漏洞补充和法律续造。法律解释可能会影响着主体之间的法律关系，甚至决定着罪与非罪、罪轻与罪重。但无论如何，法律解释都与创制新法律的立法不同。法律解释虽然具有一定的规则创制功能，但必须是在既有法律的精神、原则和规定之下，不能构成对既有法律的实质性改变。其对法律的明确、细化和补充应当是在人们的合理预期范围内，不损及人们的信赖利益。① 这是维护法秩序安定、保护人权的应有之义。

即使随着时代和经济社会发展，人们对法律的认识和理解与立法时不同，或者赋予了既有法律规定之前所没有的含义，但这不必然导致法律解释与法律规范的分离。立法者在制定法律之时，可能会考虑到社会未来的发展而预留一定的解释空间，以便相应的情形能够被既有的法律规定所包含。再退一步来说，即使不能通过对法律具体规定的解释来解决新出现的问题，还可以根据法律的精神和原则来处理。这并不违背立法的原意和本旨。我们完全可以合理地推想，如果立法者生活在新的时代，也会将相应的事项涵摄于法律之中。

在统一法律解释制度之下，全国人大常委会可以脱离具体的法条创制抽象的立法性法律解释。但这种立法性法律解释即

① 信赖利益，系指人民在旧法律秩序下，基于对法律稳定性的信仰对经济生活作出安排并获取的利益。参见杨登峰：《民事、行政司法解释的溯及力》，载《法学研究》2007 年第 2 期。

使是对法律作出新的阐释，发展了既有法律规范，也是在既有法律规定的框架之下进行的，不能违背立法的原意和本旨，对法律进行实质性变更。如果相应的情形无法通过解释既定法律解决，必须要变更法律，则将转入法律修改程序，而不是继续进行法律的解释。此外，全国人大常委会在创制统一法律解释时广泛吸收社会民众意见，在一定程度上保证了其对法律的细化、明确和补充能够为人们所预期，契合大多数民众对法律的认识和理解。因此，全国人大常委会的统一法律解释不会也不能超出大多数一般社会民众的预期，以防破坏既定法秩序，引发社会不安。

但是，在承认统一法律解释溯及力的同时，必须对其有所限制，不能无限溯及。第一，统一法律解释的效力只能溯及其所解释的法律生效之时，原则上对其所解释的法律生效之前的行为无效。统一法律解释的效力依附于其所解释的法律，对于其所解释的法律生效之前的效力应当由其所解释的法律是否具有溯及力决定。如果其所解释的法律具有溯及既往的效力，则相应的解释也具有溯及力。第二，统一法律解释原则上不能改变既定裁判的效力。当前，全国人大常委会对自身法律解释的溯及力进行了限定，“全国人大常委会对法律进行解释前已经作出处理的案件，特别是已经法院作出终审判决的案件，为了维护社会关系的稳定和法院的权威，在不严重违背社会公共利益和秩序的前提下，可以视情况豁免其受解释的约束”。[①] 豁免既定裁判受后来之法律解释的约束，使已经获得终局裁判的事项获得了

---

① 张春生主编：《中华人民共和国立法法释义》，法律出版社 2000 年版，第 149 页。

确定性,这有利于保持裁判的既判力和法秩序的稳定。第三,新的统一法律解释不能当然否定旧的统一法律解释的效力。旧的统一法律解释被后来的统一法律解释所变更并不意味着先前的解释一定是错误的。随着时代和经济社会的发展,人们对法律产生了新的认识和理解是非常正常的。受限于主观的认识能力和水平以及客观的社会条件,特定时期的人们对法律的认识和理解是有其历史局限的。只要这种法律解释不侵损人权、违背人性,都可以承认其效力。

(三)全国人大常委会统一法律解释效力的丧失

全国人大常委会统一法律解释的拘束力强,地位高,对社会的影响较大。为维护法秩序的稳定,统一法律解释应当具有一定的稳固性,仅在特定的法定情形下丧失其效力。全国人大常委会的统一法律解释在以下三种情形下丧失其效力:

第一,所解释的法律规范变更或废止。全国人大常委会统一法律解释存在的前提是相关法律的存在,其效力是依附于其所解释的法律的。如果统一法律解释所解释的相关法律规范变更或废止,相应的统一法律解释将失去存在的基础而当然丧失其效力。

第二,被新的统一法律解释所代替。全国人大常委会的统一法律解释在作出后可以被新的统一法律解释所变更,被变更后的统一法律解释则部分或全部丧失其效力。但全国人大常委会的统一法律解释只能由全国人大常委会自身来变更,其他法律解释主体都无权变更全国人大常委会的统一法律解释。

第三,与宪法相抵触。宪法是我国的根本大法,任何法律法规不得与宪法相违背，与宪法相抵触的法律法规自始无效。对法律法规的解释当然也不得与宪法相悖，与宪法相抵触的法律解释亦无效。全国人大常委会的统一法律解释不能违背宪法的基本精神、原则和具体规定。如果统一法律解释出现违背宪法基本精神、原则和具体规定的情形，则因合宪性的缺失而当然丧失其效力。并且，违宪的统一法律解释自其创制发布之时即无效。

二、最高人民法院统一审判解释的效力

当前，最高人民法院的司法解释及指导性案例在效力上都存在诸多问题。最高人民法院发布的司法解释多是抽象的立法性解释，被赋予了模糊不清的“法律效力”。形同立法的司法解释在溯及力问题上遭遇了质疑。指导性案例则只有微弱的“应当参照”效力。在统一法律解释制度之下，最高人民法院不再制定、发布抽象的立法性司法解释，以避免“僭越”立法权。但其针对具体法律条文的说理性解释以及发布的统一审判解释案例的效力问题，包括效力的来源、效力的强度及范围，都是需要慎重而充分论证的问题。

（一）最高人民法院司法解释及指导性案例在效力上存在的问题

我国法律没有对最高人民法院的司法解释及指导性案例的效力问题作出正式规定。《1981 年法律解释决议》虽然授予了最高人民法院以法律解释权，但并未对最高人民法院法律解释的效力予以明确。最高人民法院司法解释的效力是最高人民法

院通过自身所制定的文件进行明确的。1997 年《最高人民法院关于司法解释工作的若干规定》(已废止)第 4 条、2007 年《最高人民法院关于司法解释工作的规定》第 5 条都规定,最高人民法院发布的司法解释,具有法律效力。在此,最高人民法院"将司法解释与法律相提并论","认为自身的法律解释具有法律效力"。[①] 但是,需要指出的是,最高人民法院关于自身司法解释效力的认定本身是不明确的,它并没有明确司法解释具有何种法律效力,是与"法律"同等效力,还是与"其所解释的规范性文件"具有同等效力。而且,司法解释在整个法律规范体系中处于何种位置,与行政法规、部门规章、地方性法规、地方政府规章等其他法律规范的效力层级关系等问题都没有明确的规定。

在实践中,最高人民法院的司法解释可以作为法院裁判的依据,法院应当在司法文书中援引。然而,最高人民法院有关司法解释是否可以作为裁判依据、如何作为裁判依据的认识也有一个变化过程。最初,最高人民法院对于自身司法解释的效力问题持谨慎态度,认为各级法院对于其所提出的贯彻执行各种法律的意见及批复应当贯彻执行,但不宜直接援引。[②] 1997 年《最高人民法院关于司法解释工作的若干规定》第 14 条第 1 款规定:"司法解释与有关法律规定一并作为人民法院判决或者裁定的依据时,应当在司法文书中援引。"据此,司法解释只能与其所解释的有关法律一并作为裁判依据,而不能作为独立的裁判

① 王成:《最高法院司法解释效力研究》,载《中外法学》2016 年第 1 期。

② 参见《最高人民法院关于人民法院制作法律文书如何引用法律规范性文件的批复》(法(研)复〔1986〕31 号,已废止)。

依据。在援引的顺序上,应先引用适用的法律条款,再引用适用的司法解释条款。2007 年《最高人民法院关于司法解释工作的规定》第 27 条规定:“司法解释施行后,人民法院作为裁判依据的,应当在司法文书中援引。人民法院同时引用法律和司法解释作为裁判依据的,应当先援引法律,后援引司法解释。”所谓“同时引用法律和司法解释作为裁判依据的”包括两种情况:一是被解释的法律条文和解释该条文的司法解释同时援引;二是法律条文和司法解释无关但同时援引。因此,司法解释可以作为独立的裁判依据。在司法解释与法律被同时援引时,司法解释后于法律。2009 年《最高人民法院关于裁判文书引用法律、法规等规范性法律文件的规定》第 2 条规定:“并列引用多个规范性法律文件的,引用顺序如下:法律及法律解释、行政法规、地方性法规、自治条例或者单行条例、司法解释……”司法解释可以作为规范性法律文件被裁判文书引用为裁判依据,但其援引顺序处于最后。从裁判援引规范的顺序上来看,最高人民法院对于自身司法解释所具有的“法律效力”并不自信,司法解释不仅位列于法律之后,甚至在行政法规、地方性法规之后。

综观最高人民法院对司法解释效力的规定和认识,司法解释的效力不仅是最高人民法院自身所赋予的,而且是模糊不清的。如果赋予司法解释与法律“同等”的效力,则最高人民法院作为司法审判机关行使“立法权”,违背国家权力分工原则,缺乏权源上的正当性。如果说司法解释的效力低于法律,那么针对法律的司法解释的效力与除被解释的法律之外的其他法律规范性文件的效力位阶应当如何确定仍是需要解决的问题。

至于最高人民法院所发布的指导性案例的效力,则面临更多的问题。最高人民法院指导性案例的效力模糊且微弱。最高人民法院仅赋予了指导性案例以“指导”的效力,并无强约束力。《最高人民法院关于案例指导工作的规定》(法发〔2010〕51 号)第 7 条规定,最高人民法院发布的指导性案例,各级人民法院审判类似案例时应当参照。各级人民法院审判类似案例时“应当参照”指导性案例,而且只能将指导性案例作为裁判理由引述,不作为裁判依据引用。① 但是,对于各级人民法院不参照指导性案例审判类似案例时应如何处理又未作出明确规定。指导性案例是由司法机关所创制、发布的,“不可能获得规范法的效力,而仅具有事实上的拘束力”。② 所谓“事实上的拘束力”是指最高人民法院指导性案例的效力依靠上诉审来实现,违背指导性案例精神和意旨的判决有可能被上级法院所否定。但是,违背指导性案例是否可以作为法定的上诉理由在当前法律中并没有明确之规定。因此可以说,当前最高人民法院指导性案例的效力既模糊又微弱。这无疑是与构建案例指导制度的目的相背离的。指导性案例效力的模糊、微弱,不利于其统一法律适用功能的发挥。

(二)统一审判解释的效力来源

在统一法律解释制度之下,最高人民法院的统一审判解释

① 《〈最高人民法院关于案例指导工作的规定〉实施细则》(法〔2015〕130 号)第 10 条规定:各级人民法院审理类似案件参照指导性案例的,应当将指导性案例作为裁判理由引述,但不作为裁判依据引用。

② 江勇、马良骥、夏祖银:《案例指导制度的理论与实践探索》,中国法制出版社 2013 年版,第 270 页。

是其行使统一审判解释权的结果,统一审判解释的效力来源于统一审判解释权。统一审判解释权的来源、性质及功能决定了统一审判解释的效力强度及范围。此外,作为对法律的解释,统一审判解释的效力还受其所解释法律的效力的影响。

首先,统一审判解释的效力来自全国人大常委会的授权。最高人民法院的统一审判解释权是全国人大常委会统一法律解释权的下位权力,来自全国人大常委会的转授权。根据我国《宪法》的规定,全国人大常委会是唯一的法律解释权主体。全国人大常委会所拥有的法律解释权是一种独立的权力,是最高的法律解释权,具有统一其他法律解释的功能。这与法律实施机关在行使职权、适用和执行法律过程中所具有的对法律的解释权不同。全国人大常委会将自身统一法律解释权进行具化、分割,设置统一审判解释权这一下位权力,授权给最高人民法院,全国人大常委会统一法律解释权所具有的效力可以自然传导至最高人民法院,成为统一审判解释的效力源泉。最高人民法院的统一审判解释因全国人大常委会的授权而获得了相应的拘束效力。

其次,统一审判解释的效力也来源于最高人民法院所掌有的最高审判权。最高人民法院是我国《宪法》所规定的最高审判机关,职掌最高审判权,有权监督地方各级人民法院和专门人民法院的审判工作。最高人民法院的此种地位和职权为其统一审判解释赋予了实质上的拘束力。地方各级人民法院在事实上须遵守最高人民法院作出的法律解释。否则,地方各级人民法院作出的裁判将面临被上诉审否定以及在考评上的不利等后果。

最后,统一审判解释的效力与其所解释法律的效力密切相关。法律解释是对“法律”的解释。在理论上,这种解释应当是包含在法律之中的,是法律本身的意涵和内容。法律解释是附属于其所解释的法律的,法律解释的效力不能脱离其所解释的法律,更不能超越其所解释的法律。统一审判解释是作为有权解释主体的最高人民法院作出的,本身即有其效力。但此种效力要以其所解释法律的效力为依据,在效力强度及范围上不能超越其所解释的法律。

(三)统一审判解释的效力强度

针对我国最高人民法院司法解释效力的不明确,司法解释游离于法律体系之外,有学者提出“司法解释应当与其解释的具体法律条文同一效力”,[①]由此将司法解释纳入整个法律体系之中,并根据《立法法》所确定的规范冲突规则来解决司法解释与其他规范性文件之间的冲突问题。但也有学者鉴于我国司法解释的实质意义上的制定法性质,提出司法解释的效力位阶应分情况而论,即刑事司法解释的效力仅低于法律,其他司法解释与行政法规具有同等效力。[②] 这些不同的观点都是建基于将司法解释作为一种规范性文件的认识之上。在统一法律解释制度之下,最高人民法院的统一审判解释是针对具体法律条文的说理性解释,而不再是抽象的立法性解释,不应将其作为一种独立的规范纳入法律规范体系之中来确定其效力。既然不能将统一审判解释视为独立的规范,那么是否可以将统一审判解释与其所

① 王成:《最高法院司法解释效力研究》,载《中外法学》2016 年第 1 期。

② 参见苗炎:《论司法解释的性质和效力位阶》,载《中外法学》2023 年第 2 期。

解释的法律视为一体,从而获得与其所解释的法律同等的效力?统一审判解释仅是最高审判机关对法律的一种认识和理解,并不是有关法律的标准和权威解释。因此,不能将统一审判解释与其所解释的法律等同起来。

既然统一审判解释仅是一种对法律的认识和理解,那么它是否仅具有与普通审判机关在案件审判中对法律的解释同等的效力?一般而言,普通审判机关在裁判中对法律的解释只是针对具体的个案发生效力,并不具有超出个案的普遍效力。审判机关在个案中的法律解释只对案件当事人具有拘束力,并不具有拘束案件当事人之外其他主体的效力。当然,审判机关的个案解释也可能会对除本案当事人之外的其他主体产生约束。因为其他主体也可能会牵涉类似的法律纠纷,从而依据审判机关之前的裁判去预测案件可能的判决。但这种拘束力是事实上的而非法定的,是相对的而非绝对的。在成文法国家中,法院在个案中对法律的解释所具有的效力与法律的强制力相比显得非常微弱。同时,依据审判独立原则,审判机关在个案中的法律解释对于其他审判机关并无绝对的强制力。但是具有案件终审权的上级法院在裁判中对法律的解释除对个案产生效力外,还会对下级法院产生事实上的拘束力。因为下级法院对法律的解释如果与上级法院不一致,则有可能会被上级法院所否定。但是,最高人民法院的统一审判解释与普通审判机关的法律解释在效力强度上则有所不同。统一审判解释是最高人民法院行使统一审判解释权的产物,其效力不仅是事实上的,更是法律上的。

综上所述,统一审判解释既不能具有与其所解释的法律同等的强制力,也非与普通审判机关的个案法律解释一样仅具有相对的事实上的拘束力,而是具有介于二者之间的效力。具体而言有以下三点:

第一,最高审判机关的统一审判解释对整个审判系统具有强制拘束力。从构建统一法律解释制度的本旨而言,由最高人民法院行使统一审判解释权的目的就是统一审判系统的法律解释。因此,必须赋予最高人民法院的统一审判解释(包括作为统一审判解释形式之一的统一审判解释案例)约束整个审判系统适用相关法律的强制力,各级审判机关对相关法律的理解和适用应当与最高人民法院的统一审判解释保持一致。只有如此,才能够使统一审判解释真正发挥统一审判系统法律解释的功能,实现各审判机关对法律的解释的一致。统一审判解释所具有的强制力要求各级审判机关应当以最高人民法院的统一审判解释作为审判依据,并在裁判文书中将相应的统一审判解释与其所解释的法律条文一并援引。当然,最高人民法院统一审判解释对审判系统的强制效力也并非绝对的。各级审判机关若有较为坚实、充分之理由否定既有的统一审判解释,可以提请最高人民法院变更统一审判解释;或者认为最高人民法院的统一审判解释确实违背宪法或法律的基本精神和原则,可以提请全国人大常委会进行合宪性审查或作出统一法律解释。但地方各级审判机关不得径行变更统一审判解释。

第二,统一审判解释对审判机关之外的其他国家机关具有事实上的拘束效力。与全国人大常委会的统一法律解释不同,统一审判解释并不具有普遍的约束力。在审判系统内部,统一审判解释具有强制力。但跳脱出审判系统之外,最高人民法院也仅是众多的法律解释主体之一，其对法律的解释并不是唯一的和最终的。检察、监察、行政等机关有权根据自身对法律的理解行事。因此，统一审判解释对于除审判机关之外的其他国家机关不具有法定的拘束效力。但是，审判机关可以在裁判中对检察、监察、行政等机关的法律解释进行审查，如果检察、监察、行政等机关违背统一审判解释，可能要面临其行为被审判机关否决的风险。由此，统一审判解释在事实上对于除审判机关之外的其他国家机关具有实质拘束力。

第三，统一审判解释的效力受制于其所解释的法律的效力。统一审判解释以其所解释的法律条文为依据，适用于其所解释的法律条文所适用的对象、空间和时间。但统一审判解释的效力不能超越其所解释的法律。

（四）统一审判解释的时间效力

在时间效力上，需要特别探讨的是统一审判解释是否具有溯及力的问题，也即统一审判解释对其作出之前的行为是否有拘束力的问题。

当前，我国的刑事司法解释的效力溯及至其所解释的法律施行之时。根据 2001 年 12 月 7 日发布的《最高人民法院、最高人民检察院关于适用刑事司法解释时间效力问题的规定》，“两高”所制定发布的刑事司法解释的效力适用于法律的施行期间。也即，刑事司法解释与其所解释的法律同时生效，对法律施行之后、解释作出之前的期间亦发生效力，具有一定的溯及既往的效力。在司法解释实施之前发生的行为，行为时没有相关司法解释，司法解释施行后尚未处理或者正在处理的案件，依照司法解释的规定办理。在新的司法解释实施前发生的行为,若行为时有相关司法解释,依照行为时的司法解释办理,但适用新的司法解释对犯罪嫌疑人、被告人有利的,适用新的司法解释。在司法解释施行前已办结的案件,按照当时的法律和司法解释,认定事实和适用法律没有错误的,不再变动。

在民事、行政司法解释的时间效力上,最高人民法院倾向于将相应解释的效力回溯至司法解释所依据的法律的生效日期。2000 年 9 月 29 日最高人民法院审判委员会第 1133 次会议通过的《最高人民法院关于适用〈中华人民共和国担保法〉若干问题的解释》(已废止)第 133 条第 3 款规定:"担保法施行以后因担保行为发生的纠纷案件,在本解释公布施行后尚在一审或二审阶段的,适用担保法和本解释。"2003 年 3 月 24 日由最高人民法院审判委员会第 1267 次会议通过的《最高人民法院关于审理商品房买卖合同纠纷案件适用法律若干问题的解释》(已被修改)第 28 条规定:"本解释自 2003 年 6 月 1 日起施行。《中华人民共和国城市房地产管理法》施行后订立的商品房买卖合同发生纠纷的案件,本解释公布施行后尚在一审、二审阶段的,适用本解释。《中华人民共和国城市房地产管理法》施行后订立的商品房买卖合同发生纠纷的案件,在本解释公布施行前已经终审,当事人申请再审或者按照审判监督程序决定再审的,不适用本解释。《中华人民共和国城市房地产管理法》施行前发生的商品房买卖行为,适用当时的法律、法规和《最高人民法院〈关于审理房地产管理法施行前房地产开发经营案件若干问题的解答〉》。"2022 年 2 月 24 日发布的《最高人民法院关于适用〈中华人民共和国民法典〉总则编若干问题的解释》第 39 条规定:"本解释自

2022 年 3 月 1 日起施行。民法典施行后的法律事实引起的民事案件,本解释施行后尚未终审的,适用本解释;本解释施行前已经终审,当事人申请再审或者按照审判监督程序决定再审的,不适用本解释。”

但最高人民法院同时也将其部分司法解释的效力限定于“施行后受理的案件”。例如,2005 年 9 月 1 日施行的《最高人民法院关于审理涉及农村土地承包纠纷案件适用法律问题的解释》(已被修改)第 27 条规定“本解释自 2005 年 9 月 1 日起施行。施行后受理的第一审案件,适用本解释的规定。施行前已经生效的司法解释与本解释不一致的,以本解释为准。”2022 年 11 月 14 日发布的《最高人民法院关于涉外民商事案件管辖若干问题的规定》第 8 条规定:“本规定自 2023 年 1 月 1 日起施行。本规定施行后受理的案件适用本规定。”这些司法解释就不具有溯及既往的效力。

由此可见,最高人民法院对于自身所发布的司法解释适用于何种期间的规定即存在不一致。关于刑法司法解释的溯及力问题,学界也存在不同的观点:一是认为刑法司法解释应当具有溯及力。例如,曲新久基于刑法司法解释不是刑法的认识,认为刑法司法解释不能受刑法时间效力的限制,对于其颁布实施之前、刑法施行期间发生的尚未判决的刑事案件具有效力。① 二是认为原则上刑法司法解释不溯及既往,应以“从旧兼从轻”的原则来解决刑法司法解释的溯及力问题。例如,刘宪权认为刑

---

① 参见曲新久:《论刑法解释与解释文本的同步效力——兼论刑法适用的逻辑路径》,载《政法论坛(中国政法大学学报)》2006 年第 2 期。

法司法解释具有独立的时间效力，以其公布之日为生效之日，原则上不适用于刑事司法解释生效后尚未处理或者正在处理且行为时没有相关司法解释的案件，但刑法司法解释对行为人是有利的除外。[①] 利子平则主张禁止刑法司法解释溯及既往，应当坚持“从旧兼从轻”的刑法溯及力立场来确定刑法司法解释的溯及力问题。[②] 三是认为应当区分内容来判断司法解释是否具有溯及力。例如，张军认为，对于大多数司法解释而言，其生效之后就应当适用于正在办理或者尚未办理的案件，但对一些重要的，属于扩张性解释内容的，尤其是不利于被告人或者犯罪分子的司法解释，则不应适用司法解释，而是按照“从旧兼从轻”的原则办理。[③] 还有的学者则直接否定了刑法司法解释是否具有溯及力这一问题，认为刑法司法解释的效力从属于刑法效力，没有独立的时间效力，对刑法规范有效期内的任何时候发生的行为都适用，不存在有无溯及力的问题。[④]

我国司法解释在溯及力上遭遇的种种问题和争论，很大程度上是司法解释的特殊性质导致的。理论上，司法解释是司法权行使的附随活动，司法主体有关法律的解释是附属于既定法

① 参见刘宪权：《我国刑事司法解释时间效力的再思考》，载《法学》2002 年第 2 期。

② 参见利子平：《禁止刑法司法解释溯及既往原则之提倡》，载《南昌大学学报（人文社会科学版）》2013 年第 5 期。

③ 参见张军：《试论刑事司法解释的时间效力》，载《中国法学》1992 年第 2 期。

④ 参见刘艳红：《论刑法司法解释的时间效力》，载《中国刑事法杂志》2007 年第 2 期。

律规范的，并不具有独立性。而且，这种“新”的司法解释必然要适用于解释作出之前的行为。因此，司法解释的效力溯及至其所依据的法律生效之时是合理的。但我国的司法解释是一种脱离法律的具体实施活动而被创制出来的独立规范性文件，而且大多是抽象的“立法性”规范。司法解释是独立法律解释权行使的结果，甚至可以说是司法机关代行“立法”的产物。赋予这些形同立法的司法解释以溯及力无疑破坏了人们对法律的预期，使社会产生了极大的不确定性，增加了社会风险，正如学者所言，“司法解释的溯及效力是其天然缺陷”。①

要想避免司法解释具有溯及效力的缺陷，就要使司法解释真正回归其解释的本质。“基于司法解释的本质、司法机关的职责及溯及力所具有的维护法的安定性的积极功能，司法解释应当溯及既往”。② 在统一法律解释制度之下，最高审判机关的统一审判解释是针对具体法律问题的说理性解释或者是解释性的案例，改变了现行司法解释的立法性，即使赋予其溯及效力也不会出现严重的破坏法秩序稳定的问题。

统一审判解释的效力应回溯至其所解释的法律生效之时，适用于其作出之前尚未处理或正在处理的案件。当然，统一审判解释的溯及力应受被解释法律的时间效力范围、裁判的既判力和旧统一审判解释效力范围的限制。③

---

① 侯猛：《司法的运作过程：基于对最高人民法院的观察》，中国法制出版社2021年版，第26页。

② 杨登峰：《民事、行政司法解释的溯及力》，载《法学研究》2007年第2期。

③ 具体参见上文有关全国人大常委会统一法律解释溯及效力限制的有关内容。

（五）统一审判解释效力的丧失

统一审判解释在出现以下情形时丧失其效力：一是统一审判解释所解释的法律变更或废止；二是统一审判解释被变更或废止。统一审判解释依附于其所解释的法律，如果其所解释的法律被变更或废止，统一审判解释当然丧失其效力。统一审判解释被变更或废止的原因包括：(1)被全国人大常委会的宪法解释或统一法律解释所变更或废止；(2)接受全国人大常委会的备案审查时因违背宪法或法律的基本原则、精神或具体规定而被宣布无效；(3)最高人民法院创制新的统一审判解释而变更或废止旧的解释。

三、最高人民检察院统一检察解释的效力

（一）当前最高人民检察院司法解释与指导性案例的效力

在现行法律解释制度之下，最高人民检察院作为检察机关所行使的法律解释权来自全国人大常委会的转授权，并且得到了《人民检察院组织法》的确认。但关于检察解释的效力，并无何种法律加以规定。与最高人民法院一样，最高人民检察院也通过自身制定发布的规定赋予了其司法解释以“法律效力”。《最高人民检察院司法解释工作规定》(2019 年修订)第 5 条规定：“最高人民检察院制定并发布的司法解释具有法律效力。人民检察院在起诉书、抗诉书、检察建议书等法律文书中，需要引用法律和司法解释的，应当先援引法律，后援引司法解释。”最高人民检察院关于自身司法解释效力的此种认识和规定与最高人

民法院存在同样的问题,所谓的“法律效力”不仅模糊不清,而且于法无据。事实上,最高人民检察院的司法解释在司法活动中的实际效力并不高,不能与最高人民法院的司法解释相提并论。学者对检察文书、裁判文书等正式法律文书的统计研究结果显示:“最高人民检察院单独制定的司法解释中,仅有约三分之一在一百零七个判决中被引用过,在全部四千七百多万件案件中引用率并不高”。[①] 而且,最高人民检察院单独制定的司法解释并没有被检察机关在起诉书中作为起诉依据援引,审判机关也只是在法律、立法解释、最高人民法院司法解释均未规定且最高人民检察院的司法解释不与法律规定相冲突时才会考虑援引最高人民检察院的司法解释。

关于最高人民检察院指导性案例的效力,2019 年《最高人民检察院关于案例指导工作的规定》第 15 条第 1 款规定,各级人民检察院应当参照指导性案例办理类似案件,将指导性案例的效力定位为“应当参照”。该条款在 2019 年之前的规定中表述为:指导性案例发布后,各级人民检察院在办理同类案件、处理同类问题时,可以参照执行。2019 年的规定将“可以参照”改为了“应当参照”,增强了指导性案例的约束力。但最高人民检察院的指导性案例还是仅具有“参照”效力,而且相关指导性案例只能被引述来释法说理,不能代替法律或者司法解释作为案件处理决定的直接依据。2019 年最高人民检察院《关于案例指导工作的规定》第 15 条第 2 款规定:“各级人民检察院检察委员会

---

① 任婕:《最高人民检察院司法解释效力研究》,中共中央党校 2019 年博士学位论文,“摘要”。

审议案件时,承办检察官应当报告有无类似指导性案例,并说明参照适用情况。”这在一定程度上有利于提高指导性案例在检察工作中的受重视程度。但即使如此,最高人民检察院指导性案例的效力仍然是非常有限的。

(二)统一检察解释的效力来源、强度及范围

在统一法律解释制度之下,最高人民检察院的统一检察解释权来自全国人大常委会的授权,具有权力来源上的正当性。统一检察解释由此而获得相应的效力。同时,统一检察解释的效力也来源于最高人民检察院的法律监督权及其对下级检察机关的领导权。最高人民检察院有权领导地方各级人民检察院和专门人民检察院的工作,通过统一检察解释的方式对地方各级人民检察院和专门人民检察院的工作进行指示和规范。统一检察解释因此而获得了对地方各级人民检察院和专门人民检察院的强制效力。

统一检察解释在检察系统内部具有强制效力,地方各级人民检察院和专门人民检察院都应当遵守。那么,统一检察解释是否具有外部效力,即对检察系统之外的其他国家机关产生效力,其他国家机关是否需要遵守最高人民检察院的统一检察解释呢?

检察机关的权力同时具有司法、行政权的性质,故检察解释的效力因权力内容的不同而有所差异。最高人民检察院对于自身司法权行使中涉及的法律进行解释是终局性的,对此后类似案件的处理具有拘束力。而且此种统一检察解释对于审判系统、监察系统亦发生效力。除此之外,最高人民检察院有关检察

工作的法律解释的效力是相对的、有限的，只在检察系统内部有效。

在时间效力上，统一检察解释的效力应当溯及至其所解释的法律生效之时，但受被解释法律的时间效力范围、旧统一检察解释效力范围的限制。在空间效力上，统一检察解释与其所解释的法律适用于相同的空间范围。

（三）统一检察解释效力的丧失

统一检察解释的效力在以下情形下丧失：第一，所解释的法律变更或废止；第二，在备案审查中因违背宪法或法律而被宣布无效；第三，被全国人大常委会的宪法解释或统一法律解释变更或废止；第四，被最高人民检察院新的统一检察解释变更或废止。

四、国家监察委员会统一监察解释的效力

国家监察委员会有关监察法律法规的统一解释在监察机关系统内部具有拘束力，各级监察机关应当遵守。但统一监察解释的外部效力则因其解释内容之不同而应有所差异。

监察机关对于存在职务违法行为但情节较轻的公职人员、违法的公职人员、不履行或者不正确履行职责负有责任的领导人员的处置权具有裁量性和终局性，且与司法机关无涉，故监察机关对与此种权力行使相关的法律作出的解释并不发生效力外溢之问题。监察机关对于涉嫌职务犯罪的人员应当移送检察机关审查决定是否起诉，检察机关有权对监察机关对于罪与非罪的认定进行审查，监察机关的有关解释则不具有外部效力。“在审理贪腐渎职犯罪案件中，人民法院对监察机关反腐调查活动

的过程和结果的合法性进行司法审查”,[①]国家监察委员会关于贪腐渎职犯罪监察工作的解释应接受法院的司法审查,故不具有绝对效力。

在时间效力上,统一监察解释的效力应当溯及至其所解释的法律生效之时,但受被解释法律的时间效力范围、旧的统一监察解释效力范围的限制。在空间效力上,统一监察解释与其所解释的法律适用于相同的空间范围。

五、国务院统一行政解释的效力

(一)当前我国行政解释的效力

要探究行政解释的效力,首先要明确行政解释的含义。从字面上而言,行政解释就是行政机关对法律的理解和阐释。但这种定义并未明确所谓的行政机关是部分还是所有行政机关,没有明确是对何种法律规范的解释,没有交代这种解释是发生在行政权执行过程中还是事前的一种独立行为,也没有说明解释的具体形式是什么。在一般的法律解释理论中,行政解释应当是指所有行政机关在行使行政职权针对具体事务适用行政法律规范时对相关法律规范含义及适用范围的理解和阐释。但我们在理解行政解释的含义时,不能脱离我国现行法律解释制度及其实践。在我国当前法律解释制度下,所谓的行政解释可以区分为两类:“一种是行政机关作为法的执行机关,其在执行过程中对法的具体应用问题自身所进行的解释或请求其

① 秦前红主编:《监察法学教程》,法律出版社2019年版,第401页。

上级行政机关作出的解释,即行政具体应用解释;另一种是享有宪法、法律授权范围内之行政立法权的行政机关对其所立之法所进行的解释,即行政机关所进行的制定解释,有学者从理论上将其称之为行政立法性解释”。[①] 这两种不同类别的行政解释实质上都是脱离具体行政个案的抽象行政解释,并非具体行政解释。但即使同为抽象行政解释,或者同为行政具体应用解释或行政立法性解释,它们在效力上也并不相同。而且在行政系统内部与行政系统外部,各种类别的行政解释的效力也不相同。

1. 各类行政解释在行政系统内部的效力

在行政系统内部,行政解释具有强制效力,各级行政机关应当遵守相关的行政法律解释。只是各类行政解释因其创制主体在职权、地位上的差异而具有不同的效力层级。

行政具体应用解释包括国务院及其主管部门对与行政职权行使相关的法律的具体应用问题的解释,省、自治区、直辖市人民政府主管部门对地方性法规具体应用问题的解释。这种具体应用解释以实施办法、实施条例或实施细则的规范形式呈现,也可能是基于下级行政机关的解释请求而作出的“批复”。有的法律会在附则中授权国务院或其主管部门根据本法制定实施办法或实施细则,也即授权国务院或其主管部门对法律作出解释。同时,国务院又有制定行政法规的权力,国务院主管部门有权制定部门规章。这些实施办法、条例或实施细则实际上也被国务

---

① 彭霞:《走向司法审查:行政解释的困境与出路》,载《政治与法律》2018 年第 10 期。

院及其主管部门视为行政法规或规章。[①] 现实中，尽管有些法律并未授权国务院及其主管部门进行解释，国务院及其主管部门也以制定条例、细则的方式进行细化解释。[②] 由此，这些有关法律的解释就相当于行政法规或部门规章，与行政法规或部门规章处于同等效力层次。省、自治区、直辖市人民政府主管部门对地方性法规的具体应用解释相当于其所制定的规章，与地方政府规章处于同一效力等级。

行政立法性解释主要包括行政法规解释、部门规章或地方政府规章解释。有行政立法权的行政机关创制的行政解释与其所解释的行政法规或规章具有同等效力。国务院发布的《行政法规制定程序条例》第 31 条第 3 款规定："行政法规的解释与行政法规具有同等效力。"《规章制定程序条例》第 33 条第 4 款规定："规章的解释同规章具有同等效力。"行政立法性解释的效力来源于行政机关的行政法规、规章制定权。在时间、空间效力上，行政立法性解释与其所解释的法规、规章相同。

2. 各类行政解释在行政系统外部的效力

行政解释对于行政系统之外的其他机关亦发生效力。这里所讨论的主要是行政解释对审判机关的效力。司法权、行政权是国家的重要事权，二者具有密切的关系，它们都指向法律的执行。正如凯尔森所言："司法权和所谓'执行'权是不能用只有

① 参见魏胜强：《法律解释权的配置研究》，北京大学出版社 2013 年版，第 202 页。

② 例如，2000 年 8 月 25 日全国人大常委会修正的《专利法》并未授权国务院解释，但国务院于 2001 年 6 月 15 日公布了修订后的《专利法实施细则》（国务院令第 306 号）。

‘行政’权机关才‘执行’规范的事实来加以划分的。就这方面而论,这两种职能实际是一样的。区别仅仅在于:在一种情况下,一般规范的执行托付给法院;而在另一种场合下,则托付给所谓‘执行’或行政机关。由此可见,普通的三分法归根结底是一个二分法,即立法和立法的执行的基本区分。后一职能再被分为司法职能和行政职能。”①司法权与执法权的这种职能重叠使二者可能执行同一法律,产生解释上的冲突。审判机关作为法律适用机关在适用行政法律时也有权对相关行政法律进行解释,此时审判机关的法律解释与行政机关的法律解释可能发生效力上的冲突。行政解释是否对审判机关发生效力直接决定了其效力的范围和强度。实际上,在审判机关那里,性质不同的行政解释对审判机关的效力也不相同。

首先,抽象的行政立法性解释对审判机关具有约束力,但行政立法性解释又因其所解释规范的不同而对审判机关具有不同的效力。2004 年最高人民法院发布的《关于审理行政案件适用法律规范问题的座谈会纪要》(以下简称“最高法《审理行政案件纪要》”)提出“国务院或者国务院授权的部门公布的行政法规解释,人民法院作为审理行政案件的法律依据;规章制定机关作出的与规章具有同等效力的规章解释,人民法院审理行政案件时参照适用”。据此,行政法规解释对审判机关具有完全的拘束力,审判机关在审理行政案件时应当引以为据;规章解释对审判机关则只具有相对的拘束力,只有合法的规章解释才对审判

① [奥]凯尔森:《法与国家的一般理论》,沈宗灵译,中国大百科全书出版社 1996 年版,第 284 页。

机关有效。根据“最高法《审理行政案件纪要》”的规定，审判机关有权在参照规章审理案件时对规章是否合法有效进行判断，当然也有权对规章解释的合法性进行审查，对于合法的规章解释则应当适用。

其次，除国务院之外其他行政主体创制的行政具体应用解释对审判机关不具有法律规范意义上的约束力。根据“最高法《审理行政案件纪要》”的规定，国务院部门以及省、自治区、直辖市和较大的市的人民政府或其主管部门对于具体应用法律、法规或规章作出的解释，不是正式的法律渊源，对人民法院不具有法律规范意义上的约束力。在最高人民法院那里，除国务院创制的行政具体应用解释（行政法规、批复）属于正式法律渊源而有法律上的约束力之外，其他行政主体创制的行政具体应用解释都不是正式法律渊源，不具有法律上的约束力。人民法院可以对除国务院之外的其他行政主体的具体应用解释进行审查，在裁判理由中对具体应用解释是否合法、有效、合理或适当进行评述。人民法院经审查认为被诉具体行政行为依据的具体应用解释合法、有效并且合理、适当的，在认定被诉具体行政行为合法性时应承认其效力。

整体而言，我国的审判机关只能对行政解释进行一定限度的审查。国务院的行政解释（行政立法性解释、具体应用解释）对审判机关具有绝对的法律效力。审判机关仅有权对规章解释、除国务院之外的其他行政主体的具体应用解释（包括对法律、行政法规、规章作出的应用性解释）进行审查。我国现行法律并未正式规定审判机关对行政解释的审查权限、审查标准以及审查程序。但对于规章解释、除国务院之外的其他行政主体的具体应用解释的审查可以比照《行政诉讼法》所规定的法院对行政规范性文件的审查进行处理。①

根据我国《行政诉讼法》的规定,“行政法规、规章或者行政机关制定、发布的具有普遍约束力的决定、命令”不属于法院受理诉讼的事项,但法院可以对行政行为所依据的行政规范性文件进行审查。2014 年修正的《行政诉讼法》规定了行政规范性文件附带审查的相关制度。《行政诉讼法》第 53 条规定:“公民、法人或者其他组织认为行政行为所依据的国务院部门和地方人民政府及其部门制定的规范性文件不合法,在对行政行为提起诉讼时,可以一并请求对该规范性文件进行审查。前款规定的规范性文件不含规章。”2018 年《最高人民法院关于适用〈中华人民共和国行政诉讼法〉的解释》第 148 条规定了“规范性文件不合法”的判断标准:超越职权或授权,与上位法相抵触,没有上位法之依据而为公民、法人和其他组织增加义务或减损权益,程序违法及其他情形。对于不合法的行政规范性文件的处理,《行政诉讼法》第 64 条规定:“人民法院在审理行政案件中,经审查认为本法第五十三条规定的规范性文件不合法的,不作为认定行政行为合法的依据,并向制定机关提出处理建议。”《最高人民法院关于适用〈中华人民共和国行政诉讼法〉的解释》第 149 条、第 150 条详细规定了审判机关对不合法行政规范性文件的处

① 所谓行政规范性文件,是指除行政法规和规章以外,行政机关为执行法律、法规和规章,对社会实施管理,依照法定的权限和程序制作发布的具有普遍约束力的决定、命令、通知、答复等规范性文件。行政规范性文件又称为规章以下的规范性文件、其他规范性文件、非立法性抽象行政行为、行政规定、行政措施,俗称“红头文件”。

理。具体而言：人民法院经审查认为行政行为所依据的规范性文件不合法的，不作为人民法院认定行政行为合法的依据，并在裁判理由中予以阐明。在裁判生效之日起3个月内，人民法院向规范性文件制定机关提出修改或者废止该规范性文件的司法建议。如果规范性文件是由多个部门联合制定的，人民法院可以向该规范性文件的主办机关或者共同上一级行政机关发送司法建议。同时，人民法院可以将相关的司法建议抄送行政规范性文件制定机关的同级人民政府、上一级行政机关、监察机关以及规范性文件的备案机关。涉及国务院部门、省级行政机关制定的规范性文件，司法建议还应当分别层报最高人民法院、高级人民法院备案。接收司法建议的行政机关应当在收到司法建议之日起60日内予以书面答复。在紧急情况下，人民法院可以建议制定机关或者其上一级行政机关立即停止执行该规范性文件。另外，人民法院认为规范性文件不合法的，还应当在裁判生效后报送上一级人民法院进行备案。

虽然2018年最高人民法院的司法解释极力加强审判机关对行政规范性文件审查的效力，但这种审查的效力依然不强，审判机关只能在判决书中对行政案件涉及的行政解释进行违法的判断，而不能宣告相关行政解释无效，不能阻断其继续违法。当然，近年来行政规范性文件司法审查制度的完善也为行政解释司法审查制度的完善提供了契机和依据。

（二）统一行政解释的效力

在统一法律解释制度之下，国务院所发布的统一行政解释是有关行政法律规范的标准、权威解释，在行政系统内部具有绝对的强制效力，其他各级行政机关都应当遵守。在外部效力上，统一行政解释对于司法机关只具有相对效力。司法机关有权审查行政解释，但同时也应当尊重行政解释。

司法权与行政权虽然都指向法律执行，但司法机关与行政机关各有其职能和权力范围，而且司法权与行政权之间存在制约关系。司法审判机关是社会纠纷的终局裁决者，有关行政方面的纠纷同样最终要归由审判机关来裁判。审判机关在审理行政纠纷时，要对行政行为的合法与否进行裁判。这就必然涉及对行政行为背后的规范依据包括行政解释的审查。但与此同时，审判机关对行政规范、行政解释的审查也应在一定的限度内。随着经济社会的发展，社会事务日益繁多，社会关系日趋复杂，行政管理需要高度专业化的知识和技术，相关行政管理领域的规范也越来越复杂、精细、技术化。审判机关对行政纠纷的裁判不得不依赖相关的行政规范和行政解释。因此，有学者提出“立足于权力控制、权利保障等法治理念，法院应始终坚持对行政法规范解释的审查立场；同时，囿于司法机关专业能力不足、行为被动等特质，又应保持对行政法规范解释的尊重姿态”。① 在统一法律解释制度之下，统一行政解释是否对审判机关有效，或者说在审判机关是否有权审查统一行政解释的问题上，应当同样坚持审查并尊重的立场。

首先，审判机关对于包括统一行政解释在内的所有行政解释进行审查。在统一法律解释制度之下，不论是在行政诉讼中，

---

① 章志远、黄娟：《我国行政法规范解释司法审查的反思与重构》，载《苏州大学学报（哲学社会科学版）》2012 年第 4 期。

还是刑事或民事诉讼中，也不论当事人是否提请对相关行政解释的审查请求，审判机关都有权主动对于案件所涉及的各级行政机关的行政解释进行审查，并决定是否采纳。这是审判独立以及依法行政法治原则的当然之义。行政机关作为法律执行机关应当依法行政，不能变更、曲解法律。如果行政机关试图以解释的方式变更既定规范，司法机关有权宣告此种行政解释自始无效。否则，强势的行政权力将无所制约，引发行政权力的滥用，侵害行政相对人的利益。此外，在我国现实的审判机关与行政机关的力量对比中，审判机关处于相对弱势的地位，更应当以法律的方式明确审判机关对行政解释的审查权。

其次，审判机关对于行政解释应当进行实质及形式上的全面审查。审判机关应从以下方面对行政解释进行审查：创制解释的行政机关是否超越职权或授权、创制程序是否违法、行政解释内容是否违背上位法的规定、是否符合行政法的基本原理和原则以及行政解释在形式上是否规范等。当然，行政解释司法审查的标准还需要审判机关在实践中深入调查研究，不断总结经验，细化、完善相关标准。同时，为了维护法制的统一，审判机关应当以相对一致的态度对待同一行政解释，不能上下不一、前后相异。为此，有必要考虑“建立案涉规范性文件数据库，要求法官将自己首次判决的规范性文件录入库中，对于上级法院或本院已经判决的规范性文件，则应遵循上级法院的判决”。[①] 法官在审理案件时如果涉及相关的行政解释，则通过数据库检索

---

① 于立深、孙超然：《法院如何对待行政解释——美国经验的借鉴意义》，载《湖南大学学报（社会科学版）》2020 年第 3 期。

相关的案例,并遵循之前对行政解释的审查标准作出裁判。

最后,审判机关应当尊重行政解释尤其是国务院发布的统一行政解释。在社会高度发达的现代社会,社会的有效治理依赖发达的行政法律和专业高效的行政机关。行政机关往往对特定领域的事务比较熟悉,有时立法机关也依赖行政机关确立相关领域事务的管理规范从而授权行政机关进行专门立法。行政机关由此而发布的法规以及对法规的解释理应因其专业性而获得应有的尊重。审判机关对于相关的行政解释应当抱持尊重的态度,尊重专业人员的专业判断。除非审判机关认为相关解释违背了上位法的强行性规定或者经由大量的调研收集足够多的样本证明相关解释导致了公平正义的严重受损,否则不能认定其无效。对于国务院的统一行政解释,审判机关更应当首先予以尊重,除非认为统一行政解释违背了宪法和法律的基本原则和精神,否则不能径行认定其无效。这是因为统一行政解释本身是由国务院专门解释机构经由严格的程序权衡不同的解释观点之后作出的专业判断,审判机关应当予以充分而必要的尊重。如果审判机关认为统一行政解释存在违背宪法和法律基本原则及精神的情形,应提请最高人民法院进行审查、解释。

六、各系统最高机关之外各级机关法律解释的效力

中央及地方各机关在实施法律过程中,都可以对法律作出解释。除各系统最高机关作出的法律解释对本系统各下级机关具有强制约束力之外,其他各级机关的法律解释仅是其行使职权的附属产物,因其职权所具有的强制力而对相应的案件或事务产生拘束效力,并不具有一般性的普遍拘束力,不发生效力的

外溢，对其他机关或本机关后来之行为不产生强制拘束力。本机关在实施法律过程中对法律的理解、阐释可以被其他机关或者本机关后来之行为所变更。

第二节　统一法律解释效力的位阶及冲突解决机制

在统一法律解释制度之下，各个不同的国家机关在适用同一法律法规时，其解释可能并不一致，要实现各主体的法律解释权限泾渭分明事实上也非常困难。在不同法律解释主体的解释不可避免地出现分歧、冲突时，为防止争端升级导致法制运行不畅，影响纠纷事件的及时、妥当解决，应当确立明确的法律解释效力位阶以及法律解释冲突解决机制。

一、不同法律解释的效力位阶

在法学理论中，处于国家权力体系不同层级的国家机构所创制的法律规范具有不同的效力。这种法的效力差异称为效力位阶或效力层次。不同效力等级和位次的法律规范在适用时要遵循基本的规则，即法效力规则。法律解释不是“法”，但统一法律解释机关创制的法律解释具有法的性质，并且具有一定的内部及外部效力，在适用时也应当遵循基本的效力规则。

全国人大常委会的统一法律解释在除宪法解释之外的法律解释中居于最高地位，是其他法律解释主体的法律解释所不能比拟的。正如全国人大常委会行使立法权所制定的法律的效力是国务院行使立法权所制定的行政法规不能比拟的一样，全国人大常委会行使统一法律解释权创制的法律解释也不是各系统最高机关行使本系统最高法律解释权所创制的法律解释能够比拟的。从权力位阶上而言，各系统最高机关的法律解释权是全国人大常委会统一法律解释权的“下位”权力。此种权力位阶上的差异决定了各系统最高机关的法律解释的效力低于全国人大常委会的统一法律解释。各系统最高机关的解释如果与全国人大常委会的相关解释不一致，则丧失其效力。

对于全国人大常委会所创制的统一法律解释，可根据其所解释的法律规范确定其在整个法律体系中的地位。首先，统一法律解释所解释的法律如果有下位法，则其效力优于下位法及有关下位法的解释。例如，全国人大常委会对《民法典》条文所作的解释与《民法典》条文具有同等效力，其效力优先于为配合《民法典》实施而出台的法规、规章及其他规范性文件。其次，统一法律解释所解释的法律如果是特别法，则其效力优于普通法及有关普通法的解释。最后，依照新法优于旧法的原则，全国人大常委会对有关同一事项新的法律规定的解释优于旧条文及有关旧条文的解释、对同一法律条文所作的新的解释优于旧的解释。

最高人民法院、最高人民检察院、国家监察委员会、国务院作为各自系统的最高机关所创制的统一解释在各自系统内部具有强制约束力。各系统机关在适用本系统最高机关的统一解释时，应当按照统一解释所解释的法律规范确定该项解释在法律规范体系中的效力地位，并遵循一般的法律效力规则进行适用。但在系统外部，各系统最高机关统一解释的效力并不是绝对的（也不能是绝对的），而且并非平行。相对于最高检察机关、最高监察机关及最高行政机关的法律解释而言,最高人民法院的统一审判解释在效力上居于优位。除最高检察机关、最高监察机关有关其具有终局性、裁量性权力的行使所作的法律解释之外,审判机关有权对检察、监察及行政机关的其他法律解释进行审查。

在审判过程中,存在各种有关法律的不同解释的竞争,但最终法律如何解释由审判机关决定。审判机关在裁决中所表达的法律意见以及对法律的解释相对于其他机关或主体(全国人民代表大会及其常委会除外)而言是终局性的。检察系统、监察系统、行政系统的法律适用及其对法律的解释合理与否也要经受审判机关的审查。[①] 例如,行政主体依其对法律的解释而实施行政行为,若行政相对人针对相关行政行为提起诉讼,法院可以对该行政行为合法与否进行判断,实质上也在对行政主体的法律解释进行审查。从这一意义上来说,审判机关法律解释的效力及于检察、监察、行政等机关,统一审判解释的效力要高于其他各系统机关的法律解释。但如果最高人民检察院、国家监察委员会、国务院对于最高人民法院的统一审判解释持有异议,可以向全国人大常委会提出统一解释请求。

二、不同法律解释效力冲突的解决

解决不同主体法律解释之间的冲突,为法律适用提供最终、统一、权威的标准,是构建统一法律解释制度的重要目的之一。

---

① 如前所述,检察机关对有关具有终局性和裁量性司法权之行使适用法律法规的解释属于司法解释,其效力及于审判机关,不在审判机关审查的范围之内;监察机关有关政务处分的法律解释同样不在审判机关审查范围之内,此为例外。

在全国人大常委会主导的统一法律解释制度之下，全国人大常委会统一法律解释的主要功能是解决承担日常解释任务的最高人民法院、最高人民检察院、国家监察委员会、国务院在法律解释上可能存在的冲突。

各系统最高机关的统一解释之间出现矛盾分歧，应由全国人大常委会判定以何种解释为准。最高人民法院有权在具体的案件裁判中对统一检察、监察、行政解释有效与否进行裁定。但这并不代表统一审判解释的效力绝对高于其他系统最高机关的解释。如果法院否定了检察、监察、行政系统最高机关的统一解释，当事人或相关机关可以以此为由提起上诉。如果相关中级或高级人民法院作出的终审判决仍然否定了检察、监察、行政系统最高机关的统一解释，相关当事人可以提请最高人民法院作出统一审判解释。如果最高人民法院的统一审判解释否定了中级或高级人民法院在终审判决中的法律解释，相关当事人可以以此为由申请再审。如果最高人民法院的统一审判解释肯定了中级或高级人民法院的法律解释而否定了检察、监察、行政系统最高机关的统一解释，相关当事人可以提请全国人大常委会解释。对于最高人民法院的终审判决，如果最高人民检察院、监察机关及行政机关的统一解释与最高人民法院的法律解释具有原则性的分歧，或者相关当事人认为最高人民法院的法律解释违背了宪法和法律的基本原则和精神，可以提请全国人大常委会进行统一解释。如果全国人大常委会认为最高人民法院对相关法律的解释不当或错误，当事人有权以此为依据提请最高人民法院再审。

审判机关对检察、监察、行政系统最高机关统一解释的审查一般是在案件审理过程中进行的。因法律解释的不一致而对终审判决中的法律解释提请统一解释，一定程度上会损害司法审判的权威，也不利于案件纠纷的及时解决和社会关系的迅速修复。因此，为了保障法院依法独立行使审判权，维护审判权威，在全国人大常委会的最终裁决作出之前，最高人民检察院、国家监察委员会、国务院及其主管部门都应当遵守审判机关的裁判。

第三节　统一法律解释的效力保障机制

法律效力的真正实现需要法律实施机制予以保障。如果没有执法机关的执行以及司法机关的适用，法律就只是一纸空文。同样，法律解释效力的实现也需要一定的机制予以保障。统一法律解释是有关法律的标准、统一的理解和认识。如果想要使这种标准、统一的理解和认识得到法律实施主体的认可、遵行，获得真正的统一、权威效力，需要建构一套切实可行的统一法律解释效力实现保障机制。

一、全国人大常委会统一法律解释效力的保障

统一法律解释的强制效力主要依靠行政权和司法权予以保障。全国人大常委会的统一法律解释具有与其所解释的法律同等的效力。各级各类国家机关、社会团体和组织、法人、公民都应当遵守。如果相关主体不予遵守，则构成违法，将面临行政机关的处罚或审判机关的否定性裁判。行政机关依据全国人大常委会统一法律解释文件的规定行使职权，对行政相对人进行管

理，对违背相应法律及解释的主体进行处罚，从而使统一法律解释的效力得以实现。当事人如果违反统一法律解释文件的规定被提起诉讼，由司法机关依据相关法律及解释作出判决，从而维护统一法律解释的权威。

审判机关在裁判案件时必须依据相关的全国人大常委会统一法律解释，并在裁判文书中与其解释的法律一并援引。如果审判机关在相关案件中违背全国人大常委会的统一法律解释，可以成为当事人提起上诉的理由，上级审判机关应当依据相关的统一法律解释进行改判，以纠正下级审判机关与全国人大常委会统一法律解释不一致的法律见解。对于终审裁判中的法律解释，当事人如果认为存在不当或错误，可以提请全国人大常委会解释。全国人大常委会作出与终审机关解释不一致的解释，可以作为当事人提起再审的理由及依据。

二、最高人民法院统一审判解释效力的保障

如前所述，最高人民法院的统一审判解释对审判系统内部机关具有强制效力，同时对于除审判机关之外的国家机关、社会团体、个人亦具有事实上的约束效力。最高人民法院的统一审判解释的外部效力主要依靠司法审判权予以保障。也即，当事人如果违反了统一审判解释所解释的法律而进入诉讼中，就要接受统一审判解释的约束。在审判系统内部，最高人民法院的统一审判解释具有强制效力，并且主要依靠审级的设置、上诉审及再审制度、法官责任追究制度来保障其效力的具体实现。只要统一审判解释在审判系统内部得到了切实遵行，也就自然而然地保障了其外部效力的实现。

各级人民法院应当遵守最高人民法院的统一审判解释。如果下级法院的判决违背最高人民法院的统一审判解释，当事人可以以此为理由提起上诉。上级人民法院应当依据统一审判解释对上诉案件作出裁判，纠正下级审判机关与最高人民法院不一致的法律解释。如果当事人认为中级人民法院、高级人民法院在终审判决中的法律解释与最高人民法院的统一审判解释不一致而侵损了自身权益，可以以此为理由申请再审。

对于不依据最高人民法院统一审判解释裁判从而导致错案发生的法官，是否可以追究其错案责任呢？根据我国《法官法》第 7 条的规定，法官享有依法审判而不受行政机关、社会团体和个人干涉的权利。法官有权依据自己对法律、法规、规章的理解来审判案件，可以对法律作出与上级法院法官不同的解释，但这种解释不一致必须是在法官专业认知范围内能够合理说明的。《最高人民法院关于完善人民法院司法责任制的若干意见》（法发〔2015〕13 号）第 28 条规定："因下列情形之一，导致案件按照审判监督程序提起再审后被改判的，不得作为错案进行责任追究：(1) 对法律、法规、规章、司法解释具体条文的理解和认识不一致，在专业认知范围内能够予以合理说明的……"这里强调的是因法官的专业认知能力和水平与上级法院法官不同，从而导致了其对法律、法规、规章、司法解释具体条文的理解和认识与上级法院法官不一致，是可以允许的。但是这并不代表法官可以不顾已有关于法律的一致性认识，故意地错误解释法律，也并不是说下级法院的法官可以擅自变更最高人民法院的司法解释。在统一法律解释制度之下，各级法官有权依据自身对法律、法规、规章的理解来审判案件，但同时应当遵守最高人民法院的统一审判解释。如果下级法官有较为坚实、充分的理由认为统一审判解释确有错误,应当提请最高人民法院变更统一审判解释,而不能径自不予适用而对法律作出新的解释。如果法官不遵从统一审判解释导致判决错误,又不能够在其专业认知范围内作出合理说明,应当追究其错案责任。

在此需要说明的是,在统一法律解释制度之下,最高人民法院发布的指导性案例改称为统一审判解释案例,获得统一审判解释的效力。部分统一审判解释案例虽然来源于地方各级法院,但因最高人民法院的认可而获得统一审判解释效力。在统一法律解释制度之下,应当通过法律法规明确赋予统一审判解释案例以法律拘束力,使其可以作为裁判的依据,成为法律渊源,并加强其事实约束力。具体而言,最高人民法院的统一审判解释案例可依靠审判程序和审级制度来实现其效力的贯彻。下级法院在审理同类案件时,必须参照相关的统一审判解释案例。如果当事人因判决违背统一审判解释案例所适用法律的原则和精神而提起上诉,上级法院应当予以受理,进行改判或发回重审,纠正原判决对统一审判解释案例的偏离和违背。如因违背统一审判解释案例而导致错案的出现,应追究相关裁判人员的责任,并在相关的管理考核中将统一审判解释案例的适用情况作为评定指标予以必要的考量。当然,统一审判解释案例效力的实现还需要法律职业共同体尊重先例、参照先例意识的自觉,在诉讼中切实关注、遵照统一审判解释案例,为统一审判解释案例功能的发挥营造良好的环境和氛围。

三、最高人民检察院统一检察解释效力的保障

在检察系统内部，最高人民检察院的统一检察解释具有强制效力，各级人民检察院都应当遵守。最高人民检察院统一检察解释的效力主要依靠检察系统自上而下的领导、监督来实现。《人民检察院组织法》第 24 条规定，上级人民检察院认为下级人民检察院的决定错误的，指令下级人民检察院纠正，或者依法撤销、变更。“下级人民检察院的决定错误”应当包括下级人民检察院的决定中对法律的理解和适用与统一检察解释不一致的情形。上级人民检察院如果发现下级人民检察院的决定对法律的理解和适用与统一检察解释不一致，有权指令下级人民检察院纠正，或者依法予以撤销、变更，以维护统一检察解释的权威和效力。最高人民检察院居于检察机关系统的最高位置，对下级检察机关的检察工作具有最高的领导权力，可依靠“行政性”管理，保障其统一检察解释的贯彻落实。

为保障统一检察解释的贯彻落实，维护统一检察解释的效力和权威，应当确立违背统一检察解释的追责机制。根据我国《检察官法》第 47 条的规定，检察官故意违反法律法规办理案件的，因重大过失导致案件错误并造成严重后果的，应当给予处分，构成犯罪的，依法追究刑事责任。检察官在办案过程中故意违反统一检察解释，或者因重大过失忽视或误解统一检察解释导致案件错误并造成严重后果的，应当给予处分，构成犯罪的，依法追究刑事责任。当然，如果检察官因专业认知能力和水平有限而对相关法律作出与统一检察解释不一致的解释，但能够对这种解释不一致作出合理说明，可以不追究其错案责任。

如果检察官有坚实、充分之理由认为统一检察解释错误，可以提请最高人民检察院变更解释，而不能擅自变更或弃而不用。《人民检察院组织法》第25条规定："下级人民检察院应当执行上级人民检察院的决定；有不同意见的，可以在执行的同时向上级人民检察院报告。"下级人民检察院如果对统一检察解释有不同意见，而且有坚实、充分之理由，可以向上级人民检察院报告，提出不同意见。上级人民检察院将相关意见层转至最高人民检察院，由最高人民检察院作出维持原解释或变更原解释的决定。

对于最高人民检察院所发布的统一检察解释案例，各级人民检察院也应当严格遵守。如果有坚实、充分之理由认为相关案例存在错误，应当提请最高人民检察院予以废止，或者由最高人民检察院创制新的统一检察解释替代之。

四、国家监察委员会统一监察解释效力的保障

国家监察委员会的统一监察解释在监察系统内部具有强制效力。统一监察解释的此种强制效力可以通过上级监察委员会对下级监察委员会的领导来保障实现。我国《监察法》第10条规定："国家监察委员会领导地方各级监察委员会的工作，上级监察委员会领导下级监察委员会的工作。"2021年国家监察委员会公布的《监察法实施条例》第10条第2款规定："上级监察委员会应当加强对下级监察委员会的领导。下级监察委员会对上级监察委员会的决定必须执行，认为决定不当的，应当在执行的同时向上级监察委员会反映。上级监察委员会对下级监察委员会作出的错误决定，应当按程序予以纠正，或者要求下级监察委员会予以纠正。"上级监察委员会对下级监察委员会的领导应当

包括对法律理解和执行上的领导。如果下级监察委员会作出了违背统一监察解释的错误决定,上级监察委员会有权按照程序予以纠正,或者要求下级监察委员会予以纠正,从而维护统一监察解释的效力。

为加强对监察权行使的监督,我国《监察法》确立了“复查—申诉”制度。被调查人及其近亲属有权对监察机关及其工作人员违反法律法规、侵害被调查人合法权益的行为进行申诉。如果申诉人对处理决定不服,可以向上一级监察机关申请复查。上级监察机关应当对复查申请作出处理,情况属实的,及时予以纠正。“复查—申诉制度的建立,充分说明了上级监察机关有权对下级监察机关的履职行为是否合法、正确等方面进行全方位监督,以确保监察机关能够在法治轨道上行使监察权。”[①]上级监察机关可以对下级监察机关违背统一监察解释作出的处理决定进行复查、纠正,从而保障统一监察解释的贯彻落实。

五、国务院统一行政解释效力的保障

国务院统一行政解释在行政系统内部具有强制效力。统一行政解释的行政效力主要依靠上级行政机关对下级行政机关的领导监督来实现。具体而言,主要是通过行政规章、决定及命令文件备案审查和行政复议制度来纠正下级行政机关违背统一行政解释的抽象及具体行政行为。

---

① 马怀德主编:《中华人民共和国监察法理解与适用》,中国法制出版社 2018 年版,第 40 页。

(一)通过备案审查改变、撤销下级机关违背统一行政解释的规章、决定及命令

在我国现行行政体制中,上级行政机关领导下级行政机关,上级行政机关有权改变、撤销下级行政机关不适当的决定、命令。《宪法》第 89 条中规定国务院职权包括改变或者撤销各部、各委员会发布的不适当的命令、指示和规章;改变或者撤销地方各级国家行政机关的不适当的决定和命令。《宪法》第 108 条规定:“县级以上的地方各级人民政府领导所属各工作部门和下级人民政府的工作,有权改变或者撤销所属各工作部门和下级人民政府的不适当的决定。”《宪法》第 110 条第 2 款规定:“地方各级人民政府对上一级国家行政机关负责并报告工作。全国地方各级人民政府都是国务院统一领导下的国家行政机关,都服从国务院。”对于下级机关所发布的与统一行政解释不一致的决定、命令等文件,上级行政机关有权予以改变、撤销,从而维护统一行政解释的权威和效力。

当前国务院和各省、自治区、直辖市对行政机关发布的决定、命令等文件的审查进行了规定。国务院各部门,省、自治区、直辖市和较大的市的人民政府发布的规章及其他具有普遍约束力的行政决定、命令由国务院进行备案审查;省、自治区、直辖市人民政府对下级行政机关发布的规章和其他具有普遍约束力的行政决定、命令进行监督。国务院及省、自治区、直辖市人民政府在对规章、决定、命令进行备案审查时,应当审查相关行政文件是否符合统一行政解释,对于不符合统一行政解释的行政文件,指令制定机关予以修正或者径行变更、撤销。

(二)经由行政复议审查下级行政机关行政行为是否违背统一行政解释

行政复议是利用行政系统内部的层级监督关系,由上级行政机关纠正下级行政机关的违法或不当行政行为,以保护行政相对人合法权益的一种行政救济制度。《行政复议法》第12条明确将"行政法规、规章或者行政机关制定、发布的具有普遍约束力的决定、命令等规范性文件"排除在行政复议范围之外。但是,在对行政行为进行审查时,可以对其所依据的规章以下的规范性文件进行审查。根据我国《行政复议法》第13条的规定,公民、法人或者其他组织认为行政机关的行政行为所依据的国务院部门的规范性文件,县级以上地方各级人民政府及其工作部门的规范性文件,乡、镇人民政府的规范性文件以及法律、法规、规章授权的组织的规范性文件不合法,在对行政行为申请行政复议时,可以一并向行政复议机关提出对该规定的审查申请。《行政复议法》第57条规定:"行政复议机关在对被申请人作出的行政行为进行审查时,认为其依据不合法,本机关有权处理的,应当在三十日内依法处理;无权处理的,应当在七日内转送有权处理的国家机关依法处理。"

为增强上级行政机关对下级行政机关的领导和监督,保障行政法令的统一,应当将抽象行政行为与具体行为一并纳入行政复议范围。除经由备案审查对各级机关对行政法律进行解释的规章、决定、命令进行统一之外,还应当赋予公民对行政机关的抽象行政行为进行监督的权利,公民有权对其认为存在错误、不当(包括与统一行政解释不一致)的行政规范文件提起复议申请。上级行政机关在对下级行政机关的具体行政行为进行审查时应当对下级行政机关具体行政行为的法律依据及其对行政法律的具体理解和适用一并进行审查。一是审查具体行政行为所依据的行政规章、决定、命令是否符合国务院统一行政解释；二是审查行政机关在作出具体行政行为时对于具体法律、法规、规章等的理解和认识是否与统一行政解释相违背。由此，全面保障统一行政解释效力的实现。

第七章 统一法律解释文件的清理及汇编

在统一法律解释制度之下，法律解释主体多元，法律解释的数量随着时间的推移将会逐渐增多。如果各种法律解释文件散布各处，格式混乱，不成体系，使用起来将极为不便。而且，新创制的法律解释可以变更、废止旧的解释，如果不及时地对法律解释文件进行清理、汇编，前后解释之间的变动不为适用者所清晰知悉，将严重影响统一法律解释的严肃性，进而损害法制的统一性。为了方便统一法律解释文件的翻检使用，维护统一法律解释的权威，应当建立科学合理的统一法律解释文件清理、汇编制度。

第一节 统一法律解释文件的清理

法的清理是立法上的一项重要活动。“法的清理，是指有权的政权机关，在自己的职权范围内，按照一定的方法，对现存的规范性法律文件从内容上进行审查并作出继续适用、需要修改、补充或废止决定的活动。”[①]及时地进行法律清理有利于消除法律规范相互之间的矛盾、冲突和不协调，保障法律规范体系的统一性、协调性。法律解释文件在创制发布之后，随着数量的不断增多，也会出现相互矛盾、冲突、不协调的问题。而且法律解释依附其所解释的法律而存在，法律本身又是不断变动的，或被修改，或被废止，相应的法律解释也应适时进行清理，以确定其继续适用、进行修改，或者予以废止。统一法律解释文件的清理直接关系着统一法律解释的存废，事关司法、行政、监察等相关事务的处置。因此，统一法律解释文件的清理必须由有权主体按照法定的程序进行。

一、当前我国法律解释文件清理制度及存在的问题

（一）有关法律解释文件清理的规定

我国法律并没有关于全国人大常委会法律解释清理工作的任何规定。“两高”则通过自身有关司法解释工作的规定，对司法解释的修改、废止进行了安排。最高人民法院司法解释修改、废止的程序参照制定程序进行，要由审判委员会讨论决定。《最高人民法院关于司法解释工作的规定》第 30 条规定：“司法解释需要修改、废止的，参照司法解释制定程序的相关规定办理，由审判委员会讨论决定。”最高人民检察院明确规定要对司法解释进行定期清理。《最高人民检察院司法解释工作规定》（2019 年修订）第 26 条规定：“……最高人民检察院对相关司法解释应当

---

① 周旺生主编：《立法学教程》，法律出版社 1995 年版，第 317 页。

及时予以修改或者废止。”第 27 条规定：“最高人民检察院定期对司法解释进行清理，并对现行有效的司法解释进行汇编。司法解释清理参照司法解释制定程序的相关规定办理。司法解释清理情况应当及时报送全国人民代表大会常务委员会。”

行政解释以行政法规、规章、规范性文件等形式存在，所以行政解释的清理与行政法规、规章、规范性文件的清理是一致的。《行政法规制定程序条例》第 38 条规定：“行政法规的修改、废止程序适用本条例的有关规定。行政法规修改、废止后，应当及时公布。”《规章制定程序条例》第 37 条规定：“国务院部门，省、自治区、直辖市和设区的市、自治州的人民政府，应当根据全面深化改革、经济社会发展需要以及上位法规定，及时组织开展规章清理工作。对不适应全面深化改革和经济社会发展要求、不符合上位法规定的规章，应当及时修改或者废止。”第 39 条规定：“规章的修改、废止程序适用本条例的有关规定。”2004 年 3 月 22 日国务院印发的《全面推进依法行政实施纲要》(国发〔2004〕10 号)提出“制定机关要定期对规章、规范性文件进行清理”。2007 年 2 月 26 日发布的《国务院办公厅关于开展行政法规规章清理工作的通知》(国办发〔2007〕12 号，已废止)，要求各省、自治区、直辖市人民政府以及国务院各部委、各直属机构于 2007 年 10 月底前完成对现行行政法规、规章的全面清理。2008 年发布的《国务院关于加强市县政府依法行政的决定》要求“市县政府及其部门每隔两年要进行一次规范性文件清理工作”。2015 年 12 月 27 日中共中央、国务院印发的《法治政府建设实施纲要(2015—2020 年)》提出要建立行政法规、规章和规范性文件清理长效机制，并明确了清理工作的完成时间,“自2015年起用3年时间,对国务院文件进行全面清理,清理结果向社会公布。2017年年底前,有关部门和地方政府要完成对现行行政法规、规章、规范性文件的清理工作,清理结果向社会公布”。

(二)法律解释文件清理的实践

鉴于最高人民法院、最高人民检察院发布的司法解释文件数量众多,开展司法解释文件清理工作的频次较高,并在实践中形成了较为固定、具体的司法解释清理程序,以下仅以“两高”的司法解释清理工作为中心考察我国的法律解释文件清理的实践。

1.“两高”清理司法解释的活动

在实践中,最高人民法院不定期地分批次对自身的司法解释及相关文件进行清理,1993年至2022年12月31日共发布了14批予以废止的司法解释及相关文件的目录(见表7-1)。1993年,最高人民法院开始对1979年至1993年发布的司法解释进行全面清理,并于1994年发布了《最高人民法院关于废止1993年底以前发布的部分司法解释的通知》,通知之后附录了《最高人民法院予以废止的1993年底以前发布的司法解释目录(第一批)》,详细列明了所废止司法解释的类别(刑事审判、经济审判、行政审判、海事审判)、名称、发文日期及字号、废止理由。被废止的司法解释自通知公布之日起失效,但在此之前按照司法解释所作的裁判仍然有效。

表7－1 最高人民法院十四批次废止司法解释及相关文件概况一览

序号	公布时间	文件名称	文件号	废止数量/件	发文形式
1	1994年7月27日	《最高人民法院关于废止1993年底以前发布的部分司法解释的通知》	法发〔1994〕16号	11	通知
2	1996年12月31日	《最高人民法院关于废止1979年至1989年间发布的部分司法解释的通知(第二批)》	法发〔1996〕34号	69	通知
3	2000年7月13日	《最高人民法院予以废止的1999年底以前发布的有关司法解释目录(第三批)》	法释〔2000〕20号	10	公告
4	2001年12月27日	《最高人民法院予以废止的2000年底以前发布的有关司法解释目录(第四批)》	法释〔2001〕32号	20	公告
5	2002年3月6日	《最高人民法院予以废止的2000年底以前发布的有关司法解释目录(第五批)》	法释〔2002〕6号	16	公告
6	2002年5月23日	《最高人民法院予以废止的2000年底以前发布的有关司法解释目录(第六批)》	法释〔2012〕13号	14	公告
7	2008年12月18日	《最高人民法院关于废止2007年底以前发布的有关司法解释(第七批)的决定》	法释〔2008〕15号	27	决定

续表

序号	公布时间	文件名称	文件号	废止数量/件	发文形式
8	2012 年 8 月 21 日	《最高人民法院关于废止 1979 年底以前发布的部分司法解释和司法解释性质文件(第八批)的决定》	法释〔2012〕13 号	144	决定
9	2013 年 1 月 14 日	《最高人民法院关于废止 1980 年 1 月 1 日至 1997 年 6 月 30 日期间发布的部分司法解释和司法解释性质文件(第九批)的决定》	法释〔2013〕2 号	429	决定
10	2013 年 2 月 26 日	《最高人民法院关于废止 1997 年 7 月 1 日至 2011 年 12 月 31 日期间发布的部分司法解释和司法解释性质文件(第十批)的决定》	法释〔2013〕7 号	81	决定
11	2015 年 1 月 12 日	《最高人民法院关于废止部分司法解释和司法解释性质文件(第十一批)的决定》	法释〔2015〕2 号	11	决定
12	2017 年 9 月 22 日	《最高人民法院关于废止部分司法解释和司法解释性质文件(第十二批)的决定》	法释〔2017〕17 号	15	决定
13	2019 年 7 月 8 日	《最高人民法院关于废止部分司法解释(第十三批)的决定》	法释〔2019〕11 号	103	决定
14	2020 年 12 月 29 日	《最高人民法院关于废止部分司法解释及相关规范性文件的决定》	法释〔2020〕16 号	116	决定

最高人民检察院的司法解释清理工作与最高人民法院一样也是自 1993 年开始的，并且在 1993 年当年就率先发布了第一批废止的司法解释和业务文件目录。此后，最高人民检察院不定期发布废止司法解释及相关文件目录，截至 2022 年 12 月 31 日共发布 9 批（见表 7－2）。

表 7－2　最高人民检察院废止司法解释及相关文件概况一览

序号	公布时间	文件名称	文件号	废止数量	发文形式
1	1993 年 11 月 3 日	《最高人民检察院关于废止部分司法解释和业务文件的通知》	高检发研字〔1993〕9 号	43 件	通知
2	2002 年 2 月 25 日	《最高人民检察院关于废止部分司法解释和规范性文件的决定》	高检发释字〔2002〕2 号	最高人民检察院单独制发的司法解释和规范性文件 98 件；最高人民检察院主办、与有关部门联合制发的司法解释和规范性文件 29 件；最高人民检察院在相关文件中已明确规定废止的司法解释和规范性文件 13 件	决定

续表

序号	公布时间	文件名称	文件号	废止数量	发文形式
3	2010年11月19日	《最高人民检察院关于废止部分司法解释和司法解释性文件的决定》	高检发释字〔2010〕1号	最高人民检察院单独制发的司法解释和司法解释性文件14件； 最高人民检察院与有关单位联合制发的司法解释和司法解释性文件2件； 最高人民检察院单独制发或联合其他部门制发的文件中已明确废止的司法解释和司法解释性文件10件	决定
4	2012年8月21日	《最高人民检察院关于废止1979年底以前制发的部分司法解释性质文件的决定》	高检发释字〔2012〕1号	2件	决定
5	2013年1月4日	《最高人民检察院关于废止1980年1月1日至1997年6月30日期间制发的部分司法解释和司法解释性质文件的决定》	高检发释字〔2013〕1号	最高人民检察院单独制发的司法解释和司法解释性质文件25件； 最高人民检察院与有关单位联合制发的司法解释性质文件2件	决定

续表

序号	公布时间	文件名称	文件号	废止数量	发文形式
6	2013 年 3 月 1 日	《最高人民检察院关于废止 1997 年 7 月 1 日至 2012 年 6 月 30 日期间制发的部分司法解释性质文件的决定》	高检发释字〔2013〕2 号	最高人民检察院单独制发的司法解释性质文件 11 件	决定
7	2015 年 6 月 3 日	《最高人民检察院关于废止部分司法解释和司法解释性质文件的决定》	高检发释字〔2015〕3 号	最高人民检察院单独制发的司法解释和司法解释性质文件 12 件； 最高人民检察院与有关单位联合制发的司法解释性质文件 1 件	决定
8	2019 年 6 月 14 日	《最高人民检察院关于废止部分司法解释性质文件和规范性文件的决定》	高检发释字〔2019〕3 号	最高人民检察院单独制发的司法解释性质文件和规范性文件 22 件； 最高人民检察院与有关单位联合制发的司法解释性质文件和规范性文件 22 件； 最高人民检察院与有关单位联合制发的文件中已被废止的司法解释性质文件和规范性文件 2 件	决定

续表

序号	公布时间	文件名称	文件号	废止数量	发文形式
9	2020年12月26日	《最高人民检察院关于废止部分司法解释和司法解释性质文件的决定》	高检发释字〔2020〕4号	最高人民检察院单独制发的司法解释和司法解释性质文件5件； 最高人民检察院与最高人民法院联合制发的司法解释性质文件1件	决定

最高人民法院、最高人民检察院还联合发文废止两家共同制发的司法解释和司法解释性质文件。自1993年起，“两高”共同对1979年至1993年联合发布的司法解释进行了全面清理，并于1994年8月29日发布了《最高人民法院　最高人民检察院予以废止的1993年底以前联合发布的司法解释目录(第一批)》。自1994年至2022年12月31日，“两高”共发布5批废止司法解释和司法解释性质文件目录(见表7－3)。

表7－3　“两高”联合废止司法解释及相关文件目录概况一览

序号	公布时间	文件名称	文件号	废止数量/件	发文形式
1	1994年8月29日	《最高人民法院、最高人民检察院关于废止1993年底以前联合发布的部分司法解释的通知》	法发〔1994〕21号 高检会〔1994〕37号	4	通知

续表

序号	公布时间	文件名称	文件号	废止数量/件	发文形式
2	2010年12月13日	《最高人民法院、最高人民检察院关于废止部分司法解释和规范性文件的决定》	法释〔2010〕17号	37	决定
3	2012年8月21日	《最高人民法院、最高人民检察院关于废止1979年底以前制发的部分司法解释和司法解释性质文件的决定》	法释〔2012〕12号	13	决定
4	2013年1月4日	《最高人民法院、最高人民检察院关于废止1980年1月1日至1997年6月30日期间制发的部分司法解释和司法解释性质文件的决定》	法释〔2013〕1号	44	决定
5	2013年3月1日	《最高人民法院、最高人民检察院关于废止1997年7月1日至2011年12月31日期间制发的部分司法解释和司法解释性质文件的决定》	法释〔2013〕6号	4	决定

“两高”清理司法解释文件的时间频次并无何种规律，一般是根据实际需要或者全国人大常委会的要求来开展司法解释清理工作。“两高”的司法解释清理工作大体可以分为以下四个阶段：

第一阶段，适应改革开放需要初步开展清理工作。1993年最高人民法院首次开始司法解释清理工作是按照时任院长任建新在第十六次全国法院工作会议上的报告中提出的“抓紧对过去的司法解释进行清理,对其中不适应加快改革开放和经济建设要求的,分别不同情况,进行修改、补充或者废止”的要求开展的。最高人民检察院在1993年首次废止部分司法解释和业务文件时说明了开展这项工作是“为适应进一步改革开放的需要”。[①]

第二阶段,适应加入世贸组织需要集中开展清理工作。2000年至2002年,最高人民法院分4批废止了60件司法解释;最高人民检察院虽然只发布了一个批次的废止目录,但废止的文件达140件之多。如此频繁、大量地废止司法解释是为我国当时加入世贸组织所做的司法准备工作,以适应世贸组织规则。[②] 2002年《最高人民检察院关于废止部分司法解释和规范性文件的决定》中也提出废止部分司法解释和规范性文件是“为了适应我国加入世界贸易组织的进程,实施依法治国的方略,保证国家法律的统一正确实施”。[③]

第三阶段,适应中国特色社会主义法律体系的形成而大规模开展清理工作。2010年至2013年,最高人民法院分3批废止了654件司法解释及司法解释性质文件;最高人民检察院发布

---

① 《最高人民检察院关于废止部分司法解释和业务文件的通知》,载《中华人民共和国最高人民检察院公报》1994年第1期。

② 参见王艳彬、汪治平:《为“入世”所做的重要司法准备工作 最高人民法院第四批、第五批司法解释清理及其相关问题》,载《法律适用(国家法官学院学报)》2000年第6期。

③ 《最高人民检察院关于废止部分司法解释和规范性文件的决定》,载《中华人民共和国最高人民检察院公报》2002年第2期。

了4批废止的司法解释和司法解释性质文件目录；“两高”还联合发布了4批废止目录。这主要是因为2010年中国特色社会主义法律体系形成，全国人大常委会在开展法律清理工作的同时，要求“两高”集中开展司法解释及司法解释性质文件的清理工作。最高人民法院、最高人民检察院按照全国人大常委会的要求和部署，集中对1949年至2011年年底之前的司法解释和司法解释性质文件进行了清理。

第四阶段，配合相关法律的变更及时开展清理工作。自2015年至2022年12月31日，最高人民法院分4批次废止了245件文件；最高人民检察院分3批次共废止65件文件。而且“两高”并未再联合废止司法解释文件。这一阶段司法解释的清理主要是配合相关法律的出台或修正。最高人民法院2015年废止司法解释主要是配合《刑事诉讼法》的修改，2017年废止司法解释则是因为《行政诉讼法》作了修正，2021年的大规模集中清理工作主要是为了保障《民法典》的实施。最高人民检察院于2019年清理司法解释是为贯彻落实新出台的《监察法》及2018年修正的《刑事诉讼法》。2020年最高人民检察院清理司法解释则是为贯彻落实同年颁布的《民法典》。

2. “两高”清理司法解释工作的具体程序

关于“两高”清理工作的具体程序，日常的清理工作与集中清理有所不同。“两高”的日常司法解释清理是参照司法解释制定程序进行的，要经过立项、起草、审核、审议讨论、发布、备案等程序。最高人民法院研究室、最高人民检察院法律政策研究室具体负责立项、起草、审核等工作。最终，解释修改、废止决定的作出要经过审判委员会或检察委员会讨论决定。《最高人民检察院司法解释工作规定》第 7 条第 2 款规定："最高人民检察院与最高人民法院联合制定的司法解释需要修改、补充或者废止的，应当与最高人民法院协商。"如果司法解释和司法解释性质文件是由"两高"联合制发的，则需要分别经过审判委员会、检察委员会会议决定，并联合发文。[①] 如果相关解释文件是由"两高"单独或者共同联合其他部门制发的，则最高人民法院或最高人民检察院还应征得其他部门的同意。此外，相关司法解释清理工作情况应及时报送全国人大常委会。

集中清理的工作流程比日常清理更为复杂。在 2010 年至 2013 年集中清理工作中，"两高"在全国人大常委会的部署下专门成立了清理工作领导小组，建立了工作机制和规程。"两高"对相关的司法解释和司法解释性质文件进行收集、整理、研究，逐件提出拟保留、修改或废止的意见，并将清理情况书面征询全国人大常委会法制工作委员会的意见。法制工作委员会则提出意见供"两高"参考。对于拟修改的司法解释和司法解释性质文件，"两高"按照司法解释制定程序，经过立项、论证、审判（检察）委员会讨论等程序进行修改。[②] 对于拟废止的司法解释和司法解释性质文件，由审判委员会或检察委员会会议决定是否废

① 2020 年最高人民检察院在征得最高人民法院同意后，单独发文废止了 1 件最高人民检察院与最高人民法院联合制发的司法解释性质文件，而并未与最高人民法院联合发文。

② 参见信春鹰：《全国人民代表大会常务委员会法制工作委员会关于司法解释集中清理工作情况的报告——2013 年 4 月 23 日在第十二届全国人民代表大会常务委员会第二次会议上》，载《中华人民共和国全国人民代表大会常务委员会公报》2013 年第 3 期。

止。2020 年至 2021 年，最高人民法院为确保《民法典》实施成立了由院长任组长的《民法典》贯彻实施领导小组（以下简称领导小组），领导开展司法解释的全面清理工作。最高人民法院有关部门组建了专门的团队、指定专人进行司法解释清理工作，拟定每个司法解释条文的“废、改、留”意见。各牵头部门将相关清理意见汇总、论证后，提交领导小组办公室。领导小组办公室在研究审核基础上，拟定废止、修改的司法解释初步目录，形成阶段性工作报告，提交审判委员会审议。各部门在领导小组办公室组织下对清理结果进行了四轮复核和修改调整。同时，最高人民法院还专门向全国人大常委会法制工作委员会汇报司法解释清理与制定的工作情况。领导小组办公室起草完成司法解释全面清理工作情况报告，经全体会议讨论后，提交审判委员会审议。最终，最高人民审判委员会作出废止、修改相关司法解释的决定。①

（三）当前法律解释文件清理存在的问题

当前，我国法律解释文件清理工作存在的问题主要是各法律解释主体各自为政，清理的周期不确定，没有建立起常态化的清理机制。

首先，各法律解释主体对法律解释清理工作未作系统的制度化安排。除最高人民检察院对自身司法解释的清理进行了简单的规定之外，其他主体都未对自身法律解释的清理工作进行

---

① 参见《最高人民法院民法典贯彻实施工作领导小组办公室关于为确保民法典实施进行司法解释全面清理的工作情况报告》，载《中华人民共和国最高人民法院公报》2021 年第 3 期。

明确规定。虽然最高人民法院对其所制发的司法解释进行了多次清理，但《最高人民法院关于司法解释工作的规定》只是规定了司法解释的修改、废止参照司法解释制定的程序办理，并未对司法解释清理工作进行规定，甚至其规定中都没有出现“清理”这一语词。而最高人民检察院也仅规定司法解释的清理由法律政策研究室负责，参照司法解释制定程序的相关规定办理，司法解释清理情况应当及时报送全国人大常委会。至于清理工作的启动、部门之间的协调、不同清理情形的处理、清理工作的流程等方面，都没有系统详细的规定。

其次，法律解释文件清理的周期不确定。最高人民检察院虽然规定要定期对司法解释进行清理，但在实践中最高人民检察院的司法解释清理工作并无一定之期。如前所述，“两高”的司法解释清理往往根据实际需要开展，并没有定期进行清理。行政系统对行政法规、规章、规范性文件的清理也多是“运动式”的。不确定清理周期，使清理工作带有一定的随意性，无法常态化、规范化开展。这不利于法律解释文件的及时清理，不利于法律解释文件的贯彻落实。

二、统一法律解释文件清理的制度构设

（一）清理的主体

实质上，法律解释文件的清理属于法律解释创制活动的一部分。因此，法律解释文件的清理应当由法律解释的创制主体进行。在统一法律解释制度之下，按照“谁创制，谁清理”的原则确定法律解释文件的清理主体，应当由法律解释的创制主体负

责清理工作。具体而言,全国人大常委会负责统一法律解释文件的清理;最高人民法院、最高人民检察院、国家监察委员会、国务院分别负责统一审判解释文件、统一检察解释文件、统一监察解释文件、统一行政解释文件的清理工作。

法律解释文件的清理是一项经常性的工作,应当由专门的机构负责。各统一法律解释主体应当设立或指定专门的机构负责整理、审查相关的法律解释文件,及时将已经被变更或者失效的法律解释文件汇集起来。此项工作可以由全国人大常委会法制工作委员会、最高人民法院研究室、最高人民检察院法律政策研究室、国家监察委员会法规室、[1]国务院司法部立法局等具体的工作机构来承担。

(二)清理的频次

为及时地清理法律解释文件,统一法律解释的清理应当定期进行。同时,为了配合立法上重大的“立改废”工作,应当适时开展法律解释文件集中清理工作。定期清理是常态化清理工作,以保障法律解释能够在较短时间内及时得到清理;集中清理是机动性清理工作,针对重大的立法活动集中开展清理工作,能够保障相关法律得到贯彻落实。

定期清理的间隔时间,不宜过短,亦不宜过长。清理的周期

---

① 国家监察委员会法规室负责提出纪检监察法规制度建设规划、计划和立法立规建议;起草、修改纪检监察法规制度;参与起草制定党和国家相关法律、法规和规范性文件;负责纪检监察法规制度的咨询答复、解释指导、立法立规后评估、备案审查、清理、编纂等。

如果过短,则没有足够的法律解释文件以供清理,为一两件法律解释文件而启动清理程序,成本较高;清理的周期如果过长,数年甚至十几年清理一次,则长时期积累的法律解释文件得不到系统清理,将会给法律解释文件的使用带来不便,而且由于时间久远、资料散乱,清理工作将变得非常困难。各法律解释主体可以以年为周期对法律解释文件进行清理,在本年度将上一年度的法律解释文件进行集中整理、审查,并发布清理的法律解释文件目录。

集中清理工作的启动则视情况而定,并无固定的周期。集中清理一般是为配合法律的重大修改、废止,或者国家政治、经济制度的重大调整而开展的。清理主体可以根据实际需要,及时针对某部法律或特定事项对过往所有的相关法律解释文件进行集中全面的清理。

(三)清理的程序

清理法律解释文件主要是对既有的法律解释文件进行审查,以决定修改或废止相关的法律解释文件,与法律解释的创制同等重要。统一法律解释文件的修改、废止应当参照统一法律解释的创制程序。统一法律解释文件所解释的相关法律修改、废止,或者与其所解释的法律的上位法相抵触,或者被后来的解释所变更的,相关法律解释文件自然失其效力。对于这些失效的法律解释文件,各法律解释主体的工作机构应当及时进行收集、整理,提出修改、废止的建议,提交相应的统一法律解释会议进行审查决议。统一法律解释会议主席将清理目录交付相关的人员进行拟稿或审核,并召开全体会议来决定是否修改或废止相关的法律解释文件。

在统一法律解释制度之下,法律解释文件的集中清理工作应当由全国人大常委会统一协调部署,确定清理的基本原则,把握清理的进度。全国人大常委会的法律解释文件清理工作由法制工作委员会负责开展,提出清理意见,报宪法和法律委员会审议,提出表决稿,最终由全国人大常委会表决通过。各系统最高机关成立清理工作领导小组,按照全国人大常委会的部署负责本系统法律解释文件的清理。各系统清理工作领导小组将具体的清理任务进行分解,指定牵头部门和专门人员负责。相关部门和人员对本系统所有法律解释进行审查,逐个提出保留、修改或废止的意见,提交清理工作领导小组汇总,形成清理报告。然后,由清理工作领导小组报本系统统一法律解释会议审议,并按照审议意见进行修改,形成正式的清理报告。各系统清理报告应当报全国人大常委会征求意见。最终,由本系统统一法律解释会议表决通过法律解释清理文件。

(四)清理文件的发布

各法律解释主体应当及时将法律解释清理文件公布。法律解释清理文件应当包括法律解释修改文件和法律解释废止文件两种。法律解释修改文件应当列明被修改的原法律解释文件名称、字号以及修改后的法律解释文件名称、字号,修改变动的内容以及关联法条。法律解释废止文件应当列明被废止的法律解释文件名称、字号、废止理由及关联法条。法律解释清理文件应当及时公布,登载各系统最高机关公报,并下发相关的各下级机关,以方便适用者全面了解法律解释文件的变动情况。

（五）清理工作的监督

全国人大常委会对各系统最高机关的法律解释文件清理工作进行监督。各系统最高机关每年应当将本系统法律解释文件的清理情况向全国人大常委会报告，提交法律解释文件清理报告。全国人大常委会法制工作委员会负责对各系统最高机关的法律解释清理文件进行备案审查。

第二节　统一法律解释文件的汇编

统一法律解释文件的汇编是指在统一法律解释文件清理的基础上，对现行有效的法律解释文件按照一定的标准和格式系统地编排成册，或者进行数字化处理建为数据库的活动。统一法律解释文件的汇编并不改变法律解释文件的内容，只是使散乱的法律解释文件系统化、体系化，便于法律解释文件使用者翻检、查阅，保障统一法律解释文件的具体贯彻、实施。统一法律解释文件的汇编应当由特定的主体按照一定的标准、格式进行。

一、我国当前法律解释文件的汇编情况

（一）全国人大常委会对法律解释文件的汇编

当前，全国人大常委会没有对自身所创制的法律解释文件的汇编程序及体例格式作明确规定，也并未专门将立法解释文

件单独汇编成册。[①] 实践中,全国人大常委会法制工作委员会在汇编法律文件时,将立法解释文件全文(包括标题、通过时间及主体、具体内容)收录。在编排体例上,立法解释文件最初与其他法律文件按门类(宪法、宪法相关法、民法商法、行政法、经济法、社会法、刑法、诉讼与非诉讼程序法)编在一起;有关立法解释文件并不紧随其所解释的法律之后;有关同一法律的立法解释文件也不是前后排列在一起,而是与其他法律文件(如全国人大及其常委会发布的决定)按时间顺序混排。[②] 2023 年全国人大常委会法制工作委员会编辑出版的《中华人民共和国法律(2023 年版)》则将有关的立法解释文件按时间顺序紧排在其所解释的法律之后,不再与其他法律文件混排,凸显了立法解释文件与其所解释法律的密切关系,也更加便于查阅使用。[③]

此外,全国人大常委会法制工作委员会还曾对司法解释文件进行汇编。2014 年全国人大常委会法制工作委员会在 2011 年至 2013 年"两高"司法解释集中清理工作的基础上,编辑出版了《最高人民法院司法解释》《最高人民检察院司法解释》。两书收录了 1979 年至 2014 年 1 月底,最高人民法院、最高人民检察院当时有效的司法解释、司法解释性质文件和司法业务文件,

---

① 全国人大常委会发布的法律解释数量较少。自 1996 年全国人大常委会发布首个以"解释"命名的文件至 2023 年 12 月 31 日,全国人大常委会发布的法律解释共有 26 件(其中 2 件已废止),平均每年不到 1 件。而且在时间上,各解释文件零散公布,甚至前一件解释与后一件解释发布时间间隔长达 6 年。因此,没有定期专门汇编的必要。

② 参见全国人大常委会法制工作委员会审定:《中华人民共和国法律(2014 年修订版)》,中国民主法制出版社 2014 年版,"具体分目录"第 1 ~ 9 页。

③ 参见全国人民代表大会常务委员会法制工作委员会编:《中华人民共和国法律(2023 年版)》,法律出版社 2023 年版,"目录"第 1 ~ 17 页。

分为综合类、民商法类、民事诉讼法类、刑法类、刑事诉讼法类、行政诉讼法类、国家赔偿法类等七大类，每一大类又根据内容分为若干小类，每一小类中的文件按时间顺序编排。[①]

（二）最高人民法院对司法解释的汇编

最高人民法院对于司法解释的编纂问题有所注意，并通过自身规定明确了编纂的决定、编纂工作的责任主体及参加部门。《最高人民法院关于司法解释工作的规定》第 29 条规定："司法解释的编纂由审判委员会决定，具体工作由研究室负责，各审判业务部门参加。"但对于司法解释编纂的频次、格式等问题则没有涉及。因此，只能通过最高人民法院编纂司法解释的实践来探讨司法解释编纂方面的问题。

1997 年 1 月 1 日、10 月 1 日，修改后的《刑事诉讼法》《刑法》分别施行。最高人民法院针对修改后的《刑法》《刑事诉讼法》作了一批司法解释，在《刑法》《刑事诉讼法》修改前，也发布了数量不少的相关司法解释。为了便于司法机关在办案中准确适用相关法律和司法解释，最高人民法院研究室于 1998 年编辑了《最高人民法院最新刑事法律司法解释汇编》。该书收录了当时有效的司法解释及司法解释性质文件以及可参照执行的司法解释及司法解释性质文件，按照刑法、刑事诉讼法规定的章节顺序予以编排，查阅方便。[②] 此后，最高人民法院研究室于 1999

① 参见全国人大常委会法制工作委员会审定：《最高人民检察院司法解释》，中国民主法制出版社 2014 年版，"出版说明"。

② 参见最高人民法院研究室编：《最高人民法院最新刑事法律司法解释汇编》，警官教育出版社 1999 年版，"修订版说明"。

年、2001 年、2003 年对该书进行了修订，不断增加新的司法解释，删除已被废止的司法解释。

自 2011 年下半年开始，最高人民法院历时两年对自 1949 年建院至 2011 年六十余年来单独制定以及与最高人民检察院、中央有关部门联合制定的共计 3351 件司法解释和司法指导性文件进行了全面、彻底的清理。此后，为巩固清理成果，最高人民法院研究室协调各业务庭室联合编纂了《最高人民法院司法解释汇编（1949～2013）》。该书收录了三个方面的内容：一是截止日期为 2013 年 12 月 31 日继续有效的司法解释；二是最高人民法院单独以及与其他国家机关联合发布的虽然不属于司法解释，但具有法律适用内容的规范性文件；三是废止的司法解释和司法解释性质文件。这是最高人民法院建院六十余年来首次对司法解释进行系统的清理、编纂。但这种司法解释的清理、编纂工作尚未形成定制，清理、编纂司法解释的周期有必要进一步明确。

自 2013 年，《最高人民法院司法解释与指导性案例理解与适用》每年出版一卷，收录上一年度最高人民法院的司法解释、指导性案例以及司法文件，附有司法解释、司法文件起草者及指导性案例编选者等撰写的理解与适用文章。但是这一系列丛书是由人民法院出版社所策划，主编者起初为时任最高人民法院副院长江必新，后改为“最新法律文件解读丛书编选组”，并非最高人民法院研究室。

2021 年，最高人民法院为配合《民法典》的贯彻实施而大规模进行司法解释的全面清理，并将清理成果进行了汇编，编辑出版了《最高人民法院实施民法典清理（立改废）司法解释文件汇编》《最高人民法院实施民法典继续有效适用的司法解释文件汇编》。《最高人民法院实施民法典清理(立改废)司法解释文件汇编》收录了为贯彻实施民法典而制定、修改的司法解释,以及宣告废止的司法解释的目录。《最高人民法院实施民法典继续有效适用的司法解释文件汇编》收录了清理后未经修改而直接保留适用的司法解释。在编纂体例上,《最高人民法院实施民法典清理(立改废)司法解释文件汇编》收录了5件新制定的司法解释、111件新修改的司法解释以及废止决定及废止目录;《最高人民法院实施民法典继续有效适用的司法解释文件汇编》将372件司法解释分为综合、刑事和刑事诉讼、民事、商事、知识产权、民事诉讼、行政和国家赔偿7类,收录相关司法解释文件的全文。①

实践中,最高人民法院的各审判庭也对与自身审判业务相关的司法解释进行汇编。2001年,最高人民法院行政审判庭将1982年至2001年有关行政诉讼的相关法律和司法解释汇集成《行政诉讼司法解释汇编》一书。该书收集相关法律6部,最高人民法院有关行政诉讼方面的解释、规定、通知、批复和解答等文件186件,最高人民检察院有关行政诉讼方面的文件3件;分为总类、受案范围、管辖、诉讼参加人、证据、起诉与受理、审理与判决、法律适用、行政赔偿、抗诉、执行、诉讼费用、其他、已废止的司法解释等14个部分。② 2019年,最高人民法院执行

---

① 参见最高人民法院民法典贯彻实施工作领导小组、最高人民法院研究室编:《最高人民法院实施民法典清理(立改废)司法解释文件汇编》,人民法院出版社2021年版,"出版说明"。

② 参见最高人民法院行政审判庭编:《行政诉讼司法解释汇编》,金城出版社2001年版,"编者的话"。

局编辑了《最高人民法院执行司法解释条文适用编注》对 1949 年之后出台的涉及执行工作的 16 部法律、86 部司法解释、69 部规范性文件、8 篇指导性案例、105 个请示答复进行了全面梳理、归类整合、逐条注释。[①]

(三)最高人民检察院对司法解释的汇编

最高人民检察院司法解释的汇编、清理工作由法律政策研究室具体负责。《最高人民检察院司法解释工作规定》(2019 年修订)第 27 条规定:“最高人民检察院定期对司法解释进行清理,并对现行有效的司法解释进行汇编……”按照此规定,最高人民检察院应定期对其发布的现行有效的司法解释进行汇编。最高人民检察院法律政策研究室曾于 1996 年主编了《中华人民共和国现行法律法规及司法解释大全》,但并非专门对检察法律解释的汇编,目的也不是对检察法律解释进行系统整理、编辑,以使其系统化、体系化。2005 年最高人民检察院研究室编写了《中华人民共和国最高人民检察院司法解释全集》收录了最高人民检察院单独或者与有关部门联合制定的当时有效的司法解释和司法解释性质文件,分为综合篇、刑法篇、刑事诉讼篇、国家赔偿篇、民事行政诉讼篇等七部分。[②] 自 2015 年开始,最高人民检察院法律政策研究室编辑出版《最高人民检察院司法解释指导性案例理解与适用》,收录上

---

① 参见最高人民法院执行局编著:《最高人民法院执行司法解释条文适用编注》,人民法院出版社 2019 年版,“出版前言”。

② 参见最高人民检察院研究室编:《中华人民共和国最高人民检察院司法解释全集》,法律出版社 2005 年版。

一年度或前两年度的司法解释、指导性案例及司法文件。①

综上可知,我国当前法律解释文件汇编的主体非常多元,包括全国人大常委会法制工作委员会、最高人民法院研究室、最高人民法院下设的审判庭及执行局、最高人民检察院法律政策研究室,还有由法学组织、出版社策划而由全国人大常委会法制工作委员会审定或最高人民法院主要领导挂名的。汇编的对象有的是专门的法律解释文件汇编,有的则是与法律法规编在一起,还有的加了注释、附了相关创制者的理解和适用说明;有的是收录有效的解释文件,有的同时收录有效解释文件及修改、废止的解释文件。在编排上,有的是按时间全文收录相关解释文件,有的是将法律解释文件区分为不同类别汇编,还有的是针对某类事项专门汇编。在体裁上,有的只是汇编解释文件,有的则附录相关的理解和适用意见。在汇编的周期上,有的是逐年汇编,有的是配合清理工作集中汇编。总之,我国当前的法律解释文件汇编工作缺乏条理性。

二、统一法律解释文件汇编的主体、体裁及频率

第一,法律解释的系统编纂应当由权威部门进行,以保证法

---

① 参见最高人民检察院法律政策研究室已经编辑出版《最高人民检察院司法解释指导性案例理解与适用 2013—2014》《最高人民检察院司法解释指导性案例理解与适用 2015》《最高人民检察院司法解释指导性案例理解与适用 2016》《最高人民检察院司法解释指导性案例理解与适用 2017》《最高人民检察院司法解释指导性案例理解与适用 2018》《最高人民检察院司法解释指导性案例理解与适用 2019》《最高人民检察院司法解释指导性案例理解与适用 2020—2021》《最高人民检察院司法解释指导性案例理解与适用 2022》。

律解释汇编的准确性及权威性。所谓的权威部门即是享有法律解释权的机关,由最高人民法院、最高人民检察院、国家监察委员会、国务院各自成立专门的编辑委员会负责本系统统一解释文件的编辑。在统一法律解释制度之下,因为存在多个平行的法律解释主体,为避免解释编纂上的各自为政,体例不一,甚至内容相互冲突,除由各主体对自身所作解释进行汇编外,还应注意其相互之间的协调,由统一法律解释机关监督其编纂活动。

第二,在法律解释的编纂体裁上,应以准确、方便、实用为准则。在法律解释文件的编排顺序上主要有两种方法:一是按照发文年份字号顺序排列;二是按照所解释的法律规定的章节顺序编排。法律解释的编纂刊行无非为了方便使用者的查找及正确引用,按法律门类和条文顺序汇编可方便使用者的查阅,不失为一种可取的较好的编纂方式。因此,在编纂形式上,应当区分民事、刑事、行政等类分别汇编,以方便查找。在具体的法律解释格式上,应当收录法律解释文件的全文。在汇编统一法律解释案例时,应当将案例全文照录,尤其不能将基本案情、裁判结果及裁判理由省略,而仅录裁判要点。如此,下级法院可以将所遇到的案件与统一法律解释案例进行详细的比对,有利于案例的正确适用,也可以避免统一法律解释异化为抽象的“司法解释”。

第三,法律解释文件汇编应当定期进行。由于法律解释不断更新,替代频率较高,为保证法律解释文件的准确、权威,应当定期对法律解释文件进行系统编纂。汇编的频率不能太高,否则汇编的成本会较高。汇编的周期也不能过长,否则会无法满足使用需求。可以将每一年度新增的法律解释及废止的解释先单行汇编刊布;每隔 5 年,进行一次大规模、整体性的汇编。

三、建设统一法律解释文件数据库

在数字化时代,信息的载体和传播方式发生了巨变,现代信息技术为信息的获取提供了很大的便利。通过纸质载体进行法律解释文件的传播,无论是在时效性上,还是在使用的便利性上,还是在成本效益上,都不能与数字化手段相提并论。建立法律解释文件数据库可以及时地补充新创制的解释文件,标识已修改、废止的解释文件,甚至可以实现与法律解释活动的同步进行。使用者可以通过科学、先进的数据检索手段精准、快捷地在浩如烟海的解释文件中获取自己所需的文件。

当前官方并没有建立专门的法律解释文件数据库。全国人大常委会的法律解释在"中国人大网"上无迹可寻。"两高"仅在各自的官方网站上收录了自 2010 年至今的部分司法解释文件。最高人民法院官方网站"权威发布"栏下设有"司法解释"子栏,收录了自 2010 年至 2023 年 3 月的 347 件司法解释文件;最高人民检察院官方网站"法律规章"栏下设有"司法解释"子栏,收录了自 2010 年至 2023 年 3 月的 65 件司法解释文件。[①] 截至 2023 年 3 月 27 日,由全国人大常委会办公厅建立并维护的"国家法律法规数据库"收录有全国人大常委会的法律解释 26 件、最高人民法院及最高人民检察院的司法解释 816 件(包括已

---

① 参见中华人民共和国最高人民法院官方网站,https://www.court.gov.cn/fabu-gengduo-16.html,2023 年 3 月 27 日访问;中华人民共和国最高人民检察院官方网站,https://www.spp.gov.cn/spp/flfg/sfjs/index.shtml,2023 年 3 月 27 日访问。

修改的123件、已废止的127件、修改废止的决定31件)。[①]

在统一法律解释制度之下,为了方便各法律实施主体及公民查阅法律解释文件,同时保障法律解释文件的权威性、规范性,建议建立由全国人大常委会主导的专门的国家统一法律解释文件数据库。数据库的日常维护可以由全国人大常委会法制工作委员会负责,法制工作委员会及时将全国人大常委会创制的统一法律解释文件以及经过全国人大常委会备案审查的各系统统一解释文件录入数据库,或者标明已修改、已废止情况。所有法律解释文件分为全国人大常委会统一法律解释、最高人民法院统一审判解释、最高人民检察院统一检察解释、国家监察委员会统一监察解释、国务院统一行政解释等5大模块,每一模块下按照时间由近及远顺序排列每一号解释文件。数据库的检索应当支持标题、主题词、内容、发文字号简单检索,同时可以参考"国家法律法规数据库"设置高级检索。最高人民法院、最高人民检察院、国家监察委员会、国务院应在官方网站设置统一解释文件专栏,链接到国家统一法律解释文件数据库。

① 参见国家法律法规数据库,https://flk. npc. gov. cn/sfjs. html,2023年3月27日访问。

结　语

从广义上来说,所有人都可以对法律进行解释。法律被制定出来之后,任何知晓法律文本的人都会产生自身对法律的理解和认识。所谓“仁者见仁,智者见智”,解释主体的多元将导致法律的多解。不同主体对法律的理解可能不一致,甚至出现分歧、矛盾。但法律解释的不一致是与法律本身的性质、目标、功能相悖的。法律解释的不一致将损害法律的可预期性,消解法律的权威性,进而威胁到社会的有序运转和国家的政治稳定。法律解释具有法续造功能,关系到权利义务的实质分配,必须规范统一。现代法治对公正的价值追求也要求法律解释的统一,以保障司法公正。因此,统一法律解释有其必要性。

所谓统一法律解释是指由专设的机构对不同法律解释主体所作出的违背法律本旨或者不一致的法律解释进行统一,作出对法律的准确、权威、统一解释。统一法律解释制度是有关统一法律解释活动的规则,是关于统一法律解释权的配置、行使方式及程序、解释的效力及保障、解释文件清理及汇编的一整套规范体系。统一法律解释制度具有其独特的功能,它重在“统一”不同主体对法律的不同解释,经由统一法律解释实现法律适用的统一,从而实现法制的统一,保障法律的权威和公正。

从历史角度来说,构建统一法律解释制度是历史发展的潮流趋势,中国以及西方法制先进各国都积累了宝贵的统一法律解释的经验。近代以来大陆法系国家关于法律解释权主体的安排经历了由立法机关向司法机关的转变。法律解释权归属于司法机关系统,最高审判机关通过上诉审、发布司法判例的方式来实现法律的统一解释。在现代大陆法系国家,最高法院被赋予了统一法律解释的职能,并建立起了包括审前、审判过程中及审判后三个阶段的统一法律解释制度化安排。英美法系国家通过遵循先例原则以及审级的设立实现法律解释的统一,高层级审判机关的法律解释对低层级审判机关具有约束力。美国联邦最高法院享有司法审查及上诉复审权,实现了宪法和法律解释的统一。近代中国构建了由最高司法机关主导的统一解释法令制度。中国共产党领导的革命政权学习借鉴苏联以最高权力机关为主导、多元主体共同解释的法律解释体制,建立起了既集中统一又多元协同的法律解释体制。

我国现行法律解释制度确立、运行四十余年来,发挥了重要的法律规范发展功能,弥补了既有立法粗疏、滞后的缺失,贯彻并遵循了基本的法治理念和原则,促进了我国法律规范体系的发展完善,适应了经济社会高速发展对法律规范的需求。但同时,我国现行法律解释制度也存在法律解释权限不清,程序不一,效力层级不明,部分法律解释失当,抑制法律实施主体解释法律的主动性和能力等问题。调研发现,法院、检察院等法律实施机关在实践中广泛使用法律解释文件,法律解释对于法律更好地实施非常必要,但同时各法律实施主体也认为现行法律解释制度有进一步改革完善的必要，认为法律解释应当在内容上具体详尽、与时俱进，不同法律解释应协调一致、具有清晰的效力层次，在编纂体例上应方便使用。部分公民也表达了完善现行法律解释制度、加强法律解释统一性的意见，要求赋予普通公民提请全国人大常委会解释法律的权利，改变当前法律解释文件繁多杂乱、过于抽象的状况。

鉴于此，应当立足于我国本土实际，从传统中国统一法律解释实践及近代中国统一解释法令制度中汲取经验，借鉴其他法制文明有关统一法律解释的优长之处，在我国宪法和法律规定的制度框架范围内，以既有的法律解释体制为基础，围绕法律解释的目标和功能，重新定性法律解释权，确立法律解释权力体系，划定各主体的法律解释权限，细化法律解释程序，构建由全国人大常委会主导的统一法律解释制度。

构建统一法律解释制度首先要重构法律解释权力体系，按照法律解释是否具有统一功能，将法律解释权区分为统一法律解释权和普通法律解释权。在法律解释权的配置上，按"统一法律解释权归特定机关""普通法律解释权归实施主体"的原则配置。统一法律解释制度是建立在承认各法律实施机关的法律解释权基础上的，是对不同主体法律解释分歧的统一，能够纠正现有解释权力划分的混乱及与法律解释理论的背离。在我国，应当构建由最高立法机关主导的统一法律解释制度，由全国人大常委会职掌最高的统一法律解释权，以保证法律及其解释体现民众的意志和利益，保障法律的统一性和权威性。统一法律解释权之下设置统一审判解释权、统一检察解释权、统一监察解释权、统一行政解释权。最高人民法院、最高人民检察院、国家监察委员会、国务院分别职掌统一审判、检察、监察、行政解释权，负责本系统内部法律解释之统一；全国人大常委会负责对四大机关无权解释、四大机关各自系统内部及相互之间无法解决的法律解释问题进行统一解释。

在法律解释的创制程序上，全国人大常委会统一法律解释的日常工作由宪法和法律委员会具体组织承担，通过全国人大常委会会议议决解释案的方式创制统一法律解释文件；最高人民法院、最高人民检察院、国家监察委员、国务院设置专门的统一法律解释会议，创制相应的统一解释文件。统一法律解释文件应当以说理性法律解释文件为主。立法性法律解释文件只能由全国人大常委会创制，其他统一解释主体不可以创制立法性法律解释。同时，将案例指导制度整合到统一法律解释制度之中，将指导性案例改称为统一解释案例，作为最高人民法院、最高人民检察院、国家监察委员会、国务院统一解释的形式之一。

在法律解释的效力上，全国人大常委会的统一法律解释具有与其所解释的法律同等的效力，在所有法律解释中（除宪法解释）具有最终、权威的强制效力，国家各级机关、社会团体和组织、公民都应当遵守。统一审判、检察、监察与行政解释只在各自系统内部具有拘束力；在系统外部，统一审判解释的效力及于检察、监察、行政机关，但统一检察、监察、行政解释的效力不及于审判机关。审判机关有权在审判过程中对检察解释、监察解释、行政解释进行审查，并拒绝适用。最高人民检察院、国家监察委员会、国务院对最高人民法院审判解释不服的，可提请全国人大常委会裁决。如此一来，各解释主体权限清晰，解释程序统一有序，解释效力层级分明，有利于法律解释的统一、稳定和权威。

在法律解释文件的清理和汇编上，应当确立科学、完备的清理和汇编制度。清理汇编的主体可以按照“谁创制，谁清理，谁汇编”的原则确定，由法律解释的创制主体负责清理汇编工作。全国人大常委会法制工作委员会、最高人民法院研究室、最高人民检察院法律政策研究室、国家监察委员会法规室、国务院司法部立法局等工作机构来承担具体的清理工作。定期清理和集中清理相结合，在日常清理工作中以年为周期进行清理，同时针对重大的法律调整及时开展集中清理。在法律文件清理的基础上，各法律解释主体应当定期进行法律解释文件汇编。在编纂体裁上，可以按照解释文件所涉及的法律事类的不同而分类编辑，将法律解释文件的全文收录在相关的法律部门、条文之下。同时，建立由全国人大常委会主导的统一法律解释文件数据库，方便各法律实施主体检索查阅，保障法律解释文件的贯彻落实。

统一法律解释制度的构建并非凭空虚拟或另起炉灶。我国现行法律解释制度已运行四十余年，尽管存在理论及实践上的种种问题，但在发展、细化法律规范，指导、统一法律适用，促进法治发展等方面都发挥了重要作用，而且形成了一套法律解释的程序、规则和惯行做法，积累了丰富的法律解释实践经验，并在制度发展完善及创新上进行了有益的探索。构建统一法律解释制度并非否定我国既有法律解释制度的推倒重建，而是建基于我国的基本政治制度以及宪法、法律对法律解释体制的安排之上，注重本土实际和现实条件的制度设计。当然，统一法律解释制度的构建设想与真正付诸实践之间还有巨大的鸿沟，如何跨越这道鸿沟，构建既符合法律解释内在要求又适应中国特色社会主义法治社会需求的统一法律解释制度，需要更多法律人的共同努力。

附　　录

附录一　2014 年至 2020 年各高级人民法院、江苏省各市中级人民法院以及南京市各区基层人民法院对《最高人民法院关于审理交通肇事刑事案件具体应用法律若干问题的解释》的适用情况

法院	司法解释条文	案件名称
高级人民法院(全国)		
河南省高级人民法院	《最高人民法院关于审理交通肇事刑事案件具体应用法律若干问题的解释》第 6 条	阮某停、邢某贤故意杀人二审刑事判决
甘肃省高级人民法院	《最高人民法院关于审理交通肇事刑事案件具体应用法律若干问题的解释》第 7 条	酒泉市肃北蒙古族自治县人民检察院指控原审被告人郭某隆犯交通肇事罪一案刑事判决
湖南省高级人民法院	《最高人民法院关于审理交通肇事刑事案件具体应用法律若干问题的解释》第 6 条	杨某春故意杀人案刑事附带民事判决

续表

法院	司法解释条文	案件名称
安徽省高级人民法院	《最高人民法院关于审理交通肇事刑事案件具体应用法律若干问题的解释》第6条	刘某军、王某故意杀人二审刑事裁定
广西壮族自治区高级人民法院	《最高人民法院关于审理交通肇事刑事案件具体应用法律若干问题的解释》第6条	冯某解故意杀人罪二审刑事判决
江西省高级人民法院	《最高人民法院关于审理交通肇事刑事案件具体应用法律若干问题的解释》第2条第2款第6项	帅某辉等人贩卖毒品、交通肇事刑事附带民事二审判决
中级人民法院(江苏省各市)		
江苏省淮安市中级人民法院	《最高人民法院关于审理交通肇事刑事案件具体应用法律若干问题的解释》第2条第2款第1项	赵某交通肇事罪二审刑事判决
江苏省盐城市中级人民法院	《最高人民法院关于审理交通肇事刑事案件具体应用法律若干问题的解释》第2条第1款第1项、第3条	魏某交通肇事罪二审刑事判决
江苏省宿迁市中级人民法院	《最高人民法院关于审理交通肇事刑事案件具体应用法律若干问题的解释》第2条	胡某千交通肇事罪二审刑事判决
江苏省常州市中级人民法院	《最高人民法院关于审理交通肇事刑事案件具体应用法律若干问题的解释》第2条第1款第1项	孙某海交通肇事罪二审刑事判决
江苏省盐城市中级人民法院	《最高人民法院关于审理交通肇事刑事案件具体应用法律若干问题的解释》第3条	梅某祥交通肇事罪二审刑事判决
江苏省无锡市中级人民法院	《最高人民法院关于审理交通肇事刑事案件具体应用法律若干问题的解释》第2条第2款第6项	朱某光交通肇事罪二审刑事判决

续表

法院	司法解释条文	案件名称
江苏省扬州市中级人民法院	《最高人民法院关于审理交通肇事刑事案件具体应用法律若干问题的解释》第2条第2款第5项	王某交通肇事罪二审刑事判决
江苏省苏州市中级人民法院	《最高人民法院关于审理交通肇事刑事案件具体应用法律若干问题的解释》第2条第2款第6项	吴某交通肇事罪二审刑事判决
江苏省扬州市中级人民法院	《最高人民法院关于审理交通肇事刑事案件具体应用法律若干问题的解释》第1条	张某红交通肇事罪、伪造、变造居民身份证罪审判监督刑事判决
江苏省淮安市中级人民法院	《最高人民法院关于审理交通肇事刑事案件具体应用法律若干问题的解释》第2条第2款第5项	韩某文交通肇事罪二审刑事判决
江苏省镇江市中级人民法院	《最高人民法院关于审理交通肇事刑事案件具体应用法律若干问题的解释》第1条、第2条、第3条	彭某英交通肇事罪二审刑事判决
江苏省苏州市中级人民法院	《最高人民法院关于审理交通肇事刑事案件具体应用法律若干问题的解释》第4条第1项	黄某强交通肇事罪二审刑事判决
江苏省扬州市中级人民法院	《最高人民法院关于审理交通肇事刑事案件具体应用法律若干问题的解释》第4条	施某青交通肇事罪二审刑事判决
江苏省淮安市中级人民法院	《最高人民法院关于审理交通肇事刑事案件具体应用法律若干问题的解释》第2条第1款第1项	周某交通肇事罪二审刑事判决
江苏省淮安市中级人民法院	《最高人民法院关于审理交通肇事刑事案件具体应用法律若干问题的解释》第2条第1款第1项	韩某建交通肇事罪二审刑事判决

续表

法院	司法解释条文	案件名称
江苏省徐州市中级人民法院	《最高人民法院关于审理交通肇事刑事案件具体应用法律若干问题的解释》第 2 条第 3 款、第 3 条	靳某峰交通肇事罪二审刑事判决
江苏省泰州市中级人民法院	《最高人民法院关于审理交通肇事刑事案件具体应用法律若干问题的解释》第 2 条第 1 款第 1 项	朱某犯交通肇事罪二审刑事判决
江苏省盐城市中级人民法院	《最高人民法院关于审理交通肇事刑事案件具体应用法律若干问题的解释》第 2 条第 2 款第 2 项	顾某犯交通肇事罪二审刑事判决
江苏省泰州市中级人民法院	《最高人民法院关于审理交通肇事刑事案件具体应用法律若干问题的解释》第 2 条	张某喜犯交通肇事罪二审刑事判决
江苏省连云港市中级人民法院	《最高人民法院关于审理交通肇事刑事案件具体应用法律若干问题的解释》第 2 条第 1 款	伏某犯交通肇事罪二审刑事附带民事判决
江苏省常州市中级人民法院	《最高人民法院关于审理交通肇事刑事案件具体应用法律若干问题的解释》第 2 条第 1 款第 1 项	王某犯交通肇事罪二审刑事判决
江苏省泰州市中级人民法院	《最高人民法院关于审理交通肇事刑事案件具体应用法律若干问题的解释》第 4 条第 1 项	吴某犯交通肇事罪二审刑事判决
江苏省常州市中级人民法院	《最高人民法院关于审理交通肇事刑事案件具体应用法律若干问题的解释》第 2 条第 1 款第 1 项、第 3 条	周某甲犯交通肇事罪二审刑事判决
江苏省扬州市中级人民法院	《最高人民法院关于审理交通肇事刑事案件具体应用法律若干问题的解释》第 1 条、第 2 条第 1 款第 1 项、第 3 条	汤某甲犯交通肇事罪二审刑事判决

续表

法院	司法解释条文	案件名称
江苏省扬州市中级人民法院	《最高人民法院关于审理交通肇事刑事案件具体应用法律若干问题的解释》第1条、第3条、第4条第1项	徐某兵犯交通肇事罪二审刑事判决
江苏省宿迁市中级人民法院	《最高人民法院关于审理交通肇事刑事案件具体应用法律若干问题的解释》第2条第2款第6项	石某甲交通肇事罪二审刑事判决
江苏省泰州市中级人民法院	《最高人民法院关于审理交通肇事刑事案件具体应用法律若干问题的解释》第2条第2款第1项	张某交通肇事罪二审刑事判决
江苏省南京市中级人民法院	《最高人民法院关于审理交通肇事刑事案件具体应用法律若干问题的解释》第4条第1项	上诉人韩某交通肇事一案的刑事判决
江苏省苏州市中级人民法院	《最高人民法院关于审理交通肇事刑事案件具体应用法律若干问题的解释》第2条第1款第1项	徐某犯交通肇事罪二审刑事判决
江苏省镇江市中级人民法院	《最高人民法院关于审理交通肇事刑事案件具体应用法律若干问题的解释》第2条第1款第1项、第3条	李某甲交通肇事罪二审刑事判决
江苏省镇江市中级人民法院	《最高人民法院关于审理交通肇事刑事案件具体应用法律若干问题的解释》第2条第1款第1项、第3条	李某乙交通肇事案二审刑事判决
基层人民法院(南京市各区)		
南京市建邺区人民法院	《最高人民法院关于审理交通肇事刑事案件具体应用法律若干问题的解释》第2条第2款第2项、第4项,第3条	葛某平交通肇事罪一审刑事判决

续表

法院	司法解释条文	案件名称
南京市建邺区人民法院	《最高人民法院关于审理交通肇事刑事案件具体应用法律若干问题的解释》第 8 条第 2 款	被告人张某过失致人死亡罪一审刑事判决
南京市建邺区人民法院	《最高人民法院关于审理交通肇事刑事案件具体应用法律若干问题的解释》第 8 条第 2 款	被告人胡某过失致人死亡罪一审刑事判决
南京市建邺区人民法院	《最高人民法院关于审理交通肇事刑事案件具体应用法律若干问题的解释》第 2 条第 1 款	被告人曹某交通肇事罪刑事判决
南京市浦口区人民法院	《最高人民法院关于审理交通肇事刑事案件具体应用法律若干问题的解释》第 2 条	被告人张某甲交通肇事案刑事判决
南京市浦口区人民法院	《最高人民法院关于审理交通肇事刑事案件具体应用法律若干问题的解释》第 2 条第 2 款第 2 项	被告人胡某交通肇事一案的刑事判决书
南京市浦口区人民法院	《最高人民法院关于审理交通肇事刑事案件具体应用法律若干问题的解释》第 2 条第 2 款第 2 项	被告人张某乙交通肇事一案的刑事判决
南京市浦口区人民法院	《最高人民法院关于审理交通肇事刑事案件具体应用法律若干问题的解释》第 4 条第 1 项	被告人张某丙交通肇事一案的刑事判决
南京市浦口区人民法院	《最高人民法院关于审理交通肇事刑事案件具体应用法律若干问题的解释》第 3 条	时某交通肇事罪一审刑事判决
南京市浦口区人民法院	《最高人民法院关于审理交通肇事刑事案件具体应用法律若干问题的解释》第 4 条第 1 项	韩某交通肇事罪一审刑事判决

续表

法院	司法解释条文	案件名称
南京市浦口区人民法院	《最高人民法院关于审理交通肇事刑事案件具体应用法律若干问题的解释》第 2 条第 2 款第 5 项	被告人丁某交通肇事罪刑事判决
南京市浦口区人民法院	《最高人民法院关于审理交通肇事刑事案件具体应用法律若干问题的解释》第 4 条第 1 项	被告人费某交通肇事罪刑事判决
南京市浦口区人民法院	《最高人民法院关于审理交通肇事刑事案件具体应用法律若干问题的解释》第 4 条第 1 项	被告人司某交通肇事罪刑事判决
南京市浦口区人民法院	《最高人民法院关于审理交通肇事刑事案件具体应用法律若干问题的解释》第 2 条第 2 款第 2 项	被告人谭某交通肇事罪刑事判决
南京市浦口区人民法院	《最高人民法院关于审理交通肇事刑事案件具体应用法律若干问题的解释》第 2 条第 2 款第 5 项	被告人李甲交通肇事罪刑事判决
南京市浦口区人民法院	《最高人民法院关于审理交通肇事刑事案件具体应用法律若干问题的解释》第 2 条第 1 款第 1 项	被告人赵某交通肇事罪刑事判决
南京市浦口区人民法院	《最高人民法院关于审理交通肇事刑事案件具体应用法律若干问题的解释》第 2 条第 2 款第 5 项	被告人李乙交通肇事罪刑事判决
南京市浦口区人民法院	《最高人民法院关于审理交通肇事刑事案件具体应用法律若干问题的解释》第 2 条第 2 款第 5 项	被告人沈某交通肇事案刑事判决
南京市浦口区人民法院	《最高人民法院关于审理交通肇事刑事案件具体应用法律若干问题的解释》第 4 条第 1 项	孙某洋交通肇事罪刑事判决

续表

法院	司法解释条文	案件名称
南京市浦口区人民法院	《最高人民法院关于审理交通肇事刑事案件具体应用法律若干问题的解释》第2条第2款第1项、第2项、第4项、第6项,第3条	刘某恒交通肇事罪刑事判决
南京市浦口区人民法院	《最高人民法院关于审理交通肇事刑事案件具体应用法律若干问题的解释》第2条第2款第2项、第4项	吴某才交通肇事罪刑事判决
南京市浦口区人民法院	《最高人民法院关于审理交通肇事刑事案件具体应用法律若干问题的解释》第2条第2款第2项、第4项	被告人吴某交通肇事案刑事判决
南京市浦口区人民法院	《最高人民法院关于审理交通肇事刑事案件具体应用法律若干问题的解释》第4条第1项	喻某树交通肇事罪刑事判决
南京市浦口区人民法院	《最高人民法院关于审理交通肇事刑事案件具体应用法律若干问题的解释》第3条	被告人李某余交通肇事罪刑事判决
南京市浦口区人民法院	《最高人民法院关于审理交通肇事刑事案件具体应用法律若干问题的解释》第3条	被告人李某交通肇事罪刑事判决
南京市浦口区人民法院	《最高人民法院关于审理交通肇事刑事案件具体应用法律若干问题的解释》第2条第1款第1项	被告人夏某交通肇事罪刑事判决
南京市浦口区人民法院	《最高人民法院关于审理交通肇事刑事案件具体应用法律若干问题的解释》第2条第2款第6项	被告人赵某交通肇事罪刑事判决

续表

法院	司法解释条文	案件名称
南京市浦口区人民法院	《最高人民法院关于审理交通肇事刑事案件具体应用法律若干问题的解释》第2条	被告人翟某交通肇事罪刑事判决
南京市浦口区人民法院	《最高人民法院关于审理交通肇事刑事案件具体应用法律若干问题的解释》第2条第2款第1项	被告人刘某交通肇事案刑事判决
南京市栖霞区人民法院	《最高人民法院关于审理交通肇事刑事案件具体应用法律若干问题的解释》第4条第1项	被告人王某甲交通肇事罪一审刑事裁定
南京市栖霞区人民法院	《最高人民法院关于审理交通肇事刑事案件具体应用法律若干问题的解释》第2条	被告人刘某交通肇事罪一审刑事判决
南京市江宁区人民法院	《最高人民法院关于审理交通肇事刑事案件具体应用法律若干问题的解释》第2条第2款第2项	被告人张某交通肇事罪刑事判决
南京市江宁区人民法院	《最高人民法院关于审理交通肇事刑事案件具体应用法律若干问题的解释》第2条第2款第1项	被告人刘某交通肇事罪刑事判决
南京市江宁区人民法院	《最高人民法院关于审理交通肇事刑事案件具体应用法律若干问题的解释》第2条第2款第2项	被告人邓某、张某交通肇事罪,窝藏、包庇罪刑事判决
南京市江宁区人民法院	《最高人民法院关于审理交通肇事刑事案件具体应用法律若干问题的解释》第2条第2款第4项	被告人苗某交通肇事罪刑事判决
南京市江宁区人民法院	《最高人民法院关于审理交通肇事刑事案件具体应用法律若干问题的解释》第2条第2款第5项	被告人孙某交通肇事罪刑事判决

续表

法院	司法解释条文	案件名称
南京市江宁区人民法院	《最高人民法院关于审理交通肇事刑事案件具体应用法律若干问题的解释》第 2 条第 2 款第 5 项	陈某交通肇事罪一审刑事判决
南京市江宁区人民法院	《最高人民法院关于审理交通肇事刑事案件具体应用法律若干问题的解释》第 2 条第 2 款第 2 项	被告人沈某交通肇事罪刑事判决
南京市江宁区人民法院	《最高人民法院关于审理交通肇事刑事案件具体应用法律若干问题的解释》第 2 条第 2 款第 1 项	被告人陶某交通肇事罪刑事判决
南京市江宁区人民法院	《最高人民法院关于审理交通肇事刑事案件具体应用法律若干问题的解释》第 2 条第 2 款第 5 项	被告人张某交通肇事罪刑事判决
南京市江宁区人民法院	《最高人民法院关于审理交通肇事刑事案件具体应用法律若干问题的解释》第 2 条第 2 款第 6 项	被告人刘某交通肇事罪刑事判决
南京市江宁区人民法院	《最高人民法院关于审理交通肇事刑事案件具体应用法律若干问题的解释》第 2 条第 2 款第 6 项	被告人曹某甲交通肇事罪刑事判决
南京市江宁区人民法院	《最高人民法院关于审理交通肇事刑事案件具体应用法律若干问题的解释》第 2 条第 2 款第 1 项	被告人金某交通肇事罪刑事判决
南京市江宁区人民法院	《最高人民法院关于审理交通肇事刑事案件具体应用法律若干问题的解释》第 2 条第 2 款第 6 项	被告人梁某交通肇事罪刑事判决
南京市江宁区人民法院	《最高人民法院关于审理交通肇事刑事案件具体应用法律若干问题的解释》第 2 条第 2 款第 1 项	被告人徐某交通肇事罪刑事判决

续表

法院	司法解释条文	案件名称
南京市江宁区人民法院	《最高人民法院关于审理交通肇事刑事案件具体应用法律若干问题的解释》第2条第2款第1项	被告人王某交通肇事罪刑事判决
南京市江宁区人民法院	《最高人民法院关于审理交通肇事刑事案件具体应用法律若干问题的解释》第2条第2款	被告人马某甲交通肇事罪刑事判决
南京市江宁区人民法院	《最高人民法院关于审理交通肇事刑事案件具体应用法律若干问题的解释》第2条第2款第6项	被告人张某交通肇事罪刑事判决
南京市六合区人民法院	《最高人民法院关于审理交通肇事刑事案件具体应用法律若干问题的解释》第4条	被告人杨某交通肇事罪一审刑事判决
南京市六合区人民法院	《最高人民法院关于审理交通肇事刑事案件具体应用法律若干问题的解释》第2条第2款第2项、第4项	被告人徐某交通肇事罪一审刑事判决
南京市溧水区人民法院	《最高人民法院关于审理交通肇事刑事案件具体应用法律若干问题的解释》第2条第2款第1项	被告人谭某交通肇事罪一审刑事判决
南京市溧水区人民法院	《最高人民法院关于审理交通肇事刑事案件具体应用法律若干问题的解释》第2条第2款第1项	被告人陶某甲交通肇事罪一审刑事判决
南京市溧水区人民法院	《最高人民法院关于审理交通肇事刑事案件具体应用法律若干问题的解释》第2条第2款第1项	被告人张某交通肇事罪一审刑事判决
南京市溧水区人民法院	《最高人民法院关于审理交通肇事刑事案件具体应用法律若干问题的解释》第2条第2款第1项	被告人何某交通肇事罪一审刑事判决

续表

法院	司法解释条文	案件名称
南京市溧水区人民法院	《最高人民法院关于审理交通肇事刑事案件具体应用法律若干问题的解释》第4条	被告人曹某交通肇事罪一审刑事判决
南京市溧水区人民法院	《最高人民法院关于审理交通肇事刑事案件具体应用法律若干问题的解释》第2条	被告人吴某交通肇事罪一审刑事判决
南京市溧水区人民法院	《最高人民法院关于审理交通肇事刑事案件具体应用法律若干问题的解释》第2条第2款第1项	被告人黄某交通肇事罪一审刑事判决
南京市溧水区人民法院	《最高人民法院关于审理交通肇事刑事案件具体应用法律若干问题的解释》第4条	被告人王某甲交通肇事罪一审刑事判决
南京市溧水区人民法院	《最高人民法院关于审理交通肇事刑事案件具体应用法律若干问题的解释》第2条	被告人王某乙交通肇事罪一审刑事判决
南京市溧水区人民法院	《最高人民法院关于审理交通肇事刑事案件具体应用法律若干问题的解释》第2条第1款第1项	被告人张某交通肇事罪一审刑事判决
南京市溧水区人民法院	《最高人民法院关于审理交通肇事刑事案件具体应用法律若干问题的解释》第2条第2款第2项	张某交通肇事罪一审刑事判决
南京市溧水区人民法院	《最高人民法院关于审理交通肇事刑事案件具体应用法律若干问题的解释》第2条第1款第1项	孙某交通肇事罪一审刑事判决
南京市溧水区人民法院	《最高人民法院关于审理交通肇事刑事案件具体应用法律若干问题的解释》第4条	练某交通肇事罪刑事判决

续表

法院	司法解释条文	案件名称
南京市溧水区人民法院	《最高人民法院关于审理交通肇事刑事案件具体应用法律若干问题的解释》第4条	朱某交通肇事案的一审刑事判决
南京市高淳区人民法院	《最高人民法院关于审理交通肇事刑事案件具体应用法律若干问题的解释》第4条第1款	杨某云交通肇事罪刑事判决

2014年至2020年各高级人民法院、江苏省各市中级人民法院以及南京市各区基层人民法院对《最高人民法院关于审理交通肇事刑事案件具体应用法律若干问题的解释》各条款引用的次数统计

引用条款	引用次数
第1条	5
第2条	73
第3条	9
第4条	17
第5条	0
第6条	4
第7条	1
第8条	2
第9条	0

附录二　相关调查问卷

"审判工作中法律解释使用情况及需求"调查问卷

尊敬的法官同志：

您好！

我们是国家社会科学基金青年项目"我国统一法律解释制度构建研究"（编号：18CFX005）的研究成员。本次调查主要是想了解法律解释在审判工作中的实际作用，还存在哪些问题，审判工作对法律解释的实际需求，以及您对完善我国法律解释制度的建议。

本调查是不记名的，对于您的回答我们将严格保密。调查数据只进行整体分析，以用于学术研究，不会单独用于任何政治或商业活动。本调查不会给您带来任何麻烦，希望您能如实反映您的看法和意见。

非常感谢您的合作！

填答说明：

第一，本问卷所称的"法律解释文件"包括全国人大常委会发布的法律解释文件，最高人民法院、最高人民检察院发布的司法解释，多部门联合发布的法律解释，国务院及主管部门发布的行政法规、部门规章解释，地方国家机关发布的地方性法规、地方政府规章解释。

第二,您可以完全根据您的理解回答,不必严格遵照现行相关法律规定。

第三,多选题可选择 1 个或 1 个以上的选项。

(本问卷共有 28 题,大约需要 10 分钟,感谢您的支持!)

1. 您在日常工作中是否使用法律解释文件?

A. 经常使用

B. 偶尔使用

C. 从不使用

2. 过去一年您适用法律解释文件处理的案件大约有多少件?

A. 0 件

B. 1 ~ 50 件

C. 51 ~ 100 件

D. 100 件以上

3. 如果您使用法律解释文件,您所使用的是何种解释?(多选)

A. 全国人大常委会发布的法律解释

B. 最高人民法院发布的法律解释

C. 最高人民检察院发布的法律解释

D. "两高"等多部门联合发布的法律解释

E. 国务院发布的行政法规解释

F. 国务院各部门发布的规章解释

G. 地方人大常委会发布的法规解释

H. 地方人民政府发布的规章解释

I. 其他法律解释文件

4. 您是从何处获取相关的法律解释文本？(多选)

A. 全国人大常委会办公厅建立并维护的“国家法律法规数据库”

B. 最高人民法院、最高人民检察院等官方编纂的法律解释文件汇编

C. 最高人民法院、最高人民检察院等官方网站上收录的法律解释文件

D. 出版社自行编辑、出版的法律解释汇编

E. 北大法意网、法信网等网络数据库

F. 本院自行编纂或印制(包括打印)的法律解释文件汇编

G. 自行在网络上搜索相关法律解释文件

H. 其他

5. 与您的工作相关的法律解释发布后,您是否能够第一时间知晓并学习？

A. 能够,单位会传达并组织学习

B. 能够,会主动自行学习

C. 能够,单位会传达,自行学习

D. 不能,无从知晓

E. 不能,知晓了也不会学习

6. 您认为对于审判工作而言,法律解释文件有没有存在的必要？

A. 非常有必要

B. 有一定的必要

C. 没有必要

D. 不清楚

7. 您认为法律解释文件对审判工作的意义是？（多选）

A. 可以为案件处理提供明确的规范依据

B. 有利于统一法律适用，避免法官自由裁量权的滥用，促进司法公正

C. 有利于提高办案效率

D. 有利于获得当事人的认可和信服

E. 其他________

8. 作为法官，您认为自己是否可以对法律进行解释？

A. 可以，法官适用法律必然要对法律进行解释

B. 不可以，因为有权对法律进行解释的只能是法定机关

C. 不清楚

9. 在遇有法律疑问（如语词含义不明、法律规定模糊、规范冲突、法律漏洞等）时，您会如何处理？

A. 自己研究解决（包括与其他法官共同讨论、请教法学专家等）

B. 提交本院审判委员会解决

C. 转请上级法院提出法律解释请求（包括案件请示）

D. 其他方式解决________

E. 不清楚

10. 您在工作中，有没有向上级机关提起法律解释请求（包括由您动议发起的提请解释）？

A. 有

B. 没有

11. 您知道提起制定法律解释的建议或对法律应用问题进行请示的程序和要求吗？

A. 知道,非常熟悉

B. 知道,但不熟悉

C. 不知道

12. 有人认为检察机关、行政机关可以在适用法律时对法律进行解释,但它们的法律解释在理论上都要接受审判机关的审查,审判机关对法律的解释才是标准的、有效的。因此,统一法律解释的权力应当归属审判机关。您是否同意这种观点?

A. 同意

B. 不同意

C. 不清楚

13. 您认为是否可以由最高人民法院来统一法律的解释?(多选)

A. 不可以,全国人大常委会是宪法确立的法律解释机关,由全国人大常委会来统一法律解释比较恰当

B. 不可以,在我国"一府一委两院"的体制下,最高人民法院并不具有特殊的较高地位,不能够统一行政、检察、监察系统的法律解释

C. 可以,全国人大常委会虽然是宪法确立的法律解释机关,但它不具体地适用法律,无法承担起统一法律解释的任务

D. 可以,最高人民法院是我国的最高审判机关,行政、检察、监察系统对法律的理解和适用在理论上应当接受最高审判机关的审查

E. 最高人民法院可以统一审判系统的法律解释

F. 其他________

14. 您认为有没有必要赋予省级审判机关以法律解释权?

A. 有必要，省级审判机关可以结合本省实际情况制定解释文件，以使法律法规更好地适用于本区域；省级审判机关事实上已经通过会议纪要等方式统一本区域审判机关的法律适用和解释

B. 没有必要，若赋予省级审判机关以法律解释权容易导致地方保护主义，且导致解释的混乱

C. 其他________

D. 不清楚

15. 您认为是否应当赋予国家监察委员会解释与监察事务相关法律的权力？（多选）

A. 应当，“一府两院”都有法律解释权，国家监察委员会作为与它们并列的国家机关，也应当有法律解释权

B. 应当，我国当前法律解释体制贯彻了“谁制定，谁解释”“谁主管，谁解释”的原则，国家监察委员会作为负责全国监察工作的最高监察机关，有权制定监察法规，应当有权对与监察实务相关的法律及自身制定的监察法规进行解释

C. 应当，现实中监察机关对于法律规范条文的适用以及有效执行法律规范需要对相关的法律规范进行细化、解释

D. 不应当，法律没有明确授权

E. 不应当，监察机关自己制定规范、自己解释规范、自己执行规范，容易导致权力滥用

F. 不清楚

16. 公民个人如果认为法院对法律的解释有错误，是否可以提请全国人大常委会解释？

A. 不可以。案件若未终审，可以提起上诉，由上级法院纠正

下级法院的错误解释;案件若已经终审,可以提起申诉

B. 可以。全国人大常委会有法律解释权,是最高的法律解释机关,有权监督审判机关对法律的解释和适用

C. 其他________

17. 公民个人发现法律规定存在不明确、相互冲突、有缺漏等问题,是否可以向全国人大常委会提出法律解释要求?(多选)

A. 可以,在人民主权国家,一切权力属于人民,人民有权对立法进行监督,有提出法律解释要求的权力

B. 可以,公民提请解释可以最大限度地发现法律中存在的问题,有利于法律的发展完善

C. 不可以,大量的法律解释要求将使全国人大常委会难以应付

D. 不可以,公民不适用、执行法律,没有提起法律解释要求的必要

E. 其他________

18. 若最高人民检察院单独发布的法律解释与最高人民法院的解释相冲突,审判机关应如何处置?

A. 以最高人民检察院的解释为准

B. 以最高人民法院的解释为准

C. 自行决定遵守哪种解释

D. 自行作出新的解释

E. 提请最高人民法院决定

F. 提请最高人民检察院决定

G. 提请全国人大常委会统一解释

H. 不清楚

19. 若国务院的行政法规解释与司法解释相冲突，审判机关应如何处置？

A. 以国务院的解释为准

B. 以司法解释为准

C. 对国务院的行政法规解释进行审查以决定是否适用

D. 提请全国人大常委会统一解释

E. 不清楚

20. 您认为审判机关应如何对待国务院的行政法规解释、部门规章解释？

A. 严格遵守

B. 审查后根据实际情况决定是否适用

C. 其他________

D. 不清楚

21. 您认为审判机关应如何对待地方性法规解释、地方政府规章解释？

A. 严格遵守

B. 审查后决定适用或不适用

C. 其他________

D. 不清楚

22. 据您的了解，法律解释文件是否存在下列问题？（多选）

A. 法律解释本身含义不明

B. 法律解释本身不恰当或错误

C. 法律解释相互之间存在冲突

D. 法律解释与法律条文之间存在冲突

E. 未遇到以上情形

23. 如果您发现法律解释相互之间、法律解释与法律条文之间存在矛盾,或者法律解释不恰当,会如何做?

A. 没有遇到过相关情形

B. 不予适用,并动议提请有权主体重新解释

C. 自己决定适用或不适用

D. 其他________

E. 不清楚

24. 您认为最高人民法院、最高人民检察院发布的抽象的规范性司法解释,是否侵犯了立法权?

A. 侵犯了,抽象的规范性司法解释与法律无异,最高人民法院、最高人民检察院作为法律实施机关无权这样做

B. 没有侵犯,最高人民法院、最高人民检察院获得了法律的授权,可以发布抽象的规范性司法解释

C. 不清楚

25. 与您的业务相关的法律解释文件已变更或废止,您是否能够及时知晓?

A. 能够

B. 不能够

26. 结合您的工作需要,您认为法律解释以何种形式呈现比较好?(多选)

A. 可以以抽象规范性文件的方式呈现,比较系统、全面地对法律进行细化

B. 不能以抽象规范性文件的方式呈现,那样与立法无异,不是法律解释

C. 以说理性文件的方式呈现,阐明创制该解释的目的、理由

D. 应当与案件事实相结合,以案例(或判例)的方式呈现

E. 可以以抽象规范性文件和案例(或判例)两种形式呈现

F. 可以以说理性文件和案例(或判例)两种形式呈现

G. 可以以抽象规范性文件、说理性文件、案例(或判例)三种形式呈现

H. 其他

27. 英美法系国家以判例的方式创制、解释规则。大陆法系国家最高法院的判决也在解释、发展法律规范,并对下级法院具有事实上的约束力。当前我国建立了案例指导制度,您认为指导性案例可否作为法律解释的形式?

A. 可以

B. 不可以

C. 不清楚

28. 您认为法律解释以何种格式编纂比较好?(多选)

A. 按照年字号顺序编纂,先将某机关发布的法律解释文件单独编在一起,再将所有机关的法律解释文件全部编在一起

B. 按照内容分门别类编纂,比如将现行有效的所有有关《刑事诉讼法》的解释编在一起,再根据内容分为若干小类,每一小类中的文件按时间顺序编排

C. 将法律和解释编为一体,法律解释附录于相关的法律条文之后

D. 建成可检索的法律解释文件数据库

E. 其他________

“检察工作中法律解释使用情况及需求”调查问卷

尊敬的检察官同志：

您好！

我们是国家社会科学基金青年项目“我国统一法律解释制度构建研究”（编号：18CFX005）的研究成员。本次调查主要是想了解法律解释在检察工作中的实际作用，还存在哪些问题，检察工作对法律解释的实际需求，以及您对完善我国法律解释制度的建议。

本调查是不记名的，对于您的回答我们将严格保密。调查数据只进行整体分析，以用于学术研究，不会单独用于任何政治或商业活动。本调查不会给您带来任何麻烦，希望您能如实反映您的看法和意见。

非常感谢您的合作！

填答说明：

第一，本问卷所称的“法律解释文件”包括全国人大常委会发布的法律解释文件，最高人民法院、最高人民检察院发布的司法解释，多部门联合发布的法律解释，国务院及主管部门发布的行政法规、部门规章解释，地方国家机关发布的地方性法规、地方政府规章解释。

第二，您可以完全根据您的理解回答，不必严格遵照现行相关法律规定。

第三，多选题可选择 1 个或 1 个以上的选项。

（本问卷共有 28 题，大约需要 10 分钟，感谢您的支持！）

1. 您在日常工作中是否使用法律解释文件？

A. 经常使用

B. 偶尔使用

C. 从不使用

2. 过去一年您适用法律解释文件处理的案件大约有多少件？

A. 0 件

B. 1 ~ 50 件

C. 51 ~ 100 件

D. 100 件以上

3. 如果您使用法律解释文件,您所使用的是何种解释？（多选）

A. 全国人大常委会发布的法律解释

B. 最高人民法院发布的法律解释

C. 最高人民检察院发布的法律解释

D. “两高”等多部门联合发布的法律解释

E. 国务院发布的行政法规解释

F. 国务院各部门发布的规章解释

G. 地方人大常委会发布的法规解释

H. 地方人民政府发布的规章解释

I. 其他法律解释文件________

4. 您是从何处获取相关的法律解释文本？（多选）

A. 全国人大常委会办公厅建立并维护的“国家法律法规数据库”

B. 最高人民法院、最高人民检察院等官方编纂的法律解释

文件汇编

C. 最高人民法院、最高人民检察院等官方网站上收录的法律解释文件

D. 出版社自行编辑、出版的法律解释汇编

E. 北大法意网、法信网等网络数据库

F. 本院自行编纂或印制(包括打印)的法律解释文件汇编

G. 自行在网络上搜索相关法律解释文件

H. 其他________

5. 与您的工作相关的法律解释发布后,您是否能够第一时间知晓并学习?

A. 能够,单位会传达并组织学习

B. 能够,会主动自行学习

C. 不能,无从知晓

D. 不能,知晓了也不会学习

6. 您认为对于检察工作而言,法律解释文件有没有存在的必要?

A. 非常有必要

B. 有一定的必要

C. 没有必要

D. 不清楚

7. 您认为法律解释文件对检察工作的意义是?(多选)

A. 可以为案件处理提供明确的规范依据

B. 有利于法律的统一正确实施,促进司法公正

C. 有利于提高办案效率

D. 有利于获得当事人的认可

E. 其他________

8. 作为检察官,您认为自己是否可以对法律进行解释?

A. 可以,检察官运用法律办案必然要对法律进行解释

B. 不可以,因为有权对法律进行解释的只能是法定机关

C. 不清楚

9. 在遇有法律疑问(如语词含义不明、规范冲突、法律漏洞等)时,您会如何处理?

A. 自己研究解决(包括与其他检察官共同讨论、请教法学专家等)

B. 提交本院检察委员会解决

C. 转请上级检察院提出法律解释请求(包括案件请示)

D. 其他方式解决________

E. 不清楚

10. 您在工作中,有没有向上级机关提起法律解释请求(包括由您动议发起的提请解释)?

A. 有

B. 没有

11. 您知道提起制定法律解释的建议或对法律应用问题进行请示的程序和要求吗?

A. 知道,非常熟悉

B. 有所了解,但不熟悉

C. 不知道

12. 有人认为检察、监察、行政机关可以在适用法律时对法律进行解释,但它们的法律解释在理论上都要接受审判机关的审查,审判机关对法律的解释才是标准的、有效的。因此,统一

法律解释的权力应当归属审判机关。您是否同意这种观点？

A. 同意

B. 不同意

C. 不清楚

13. 您认为是否可以由最高人民法院来统一法律的解释？(多选)

A. 不可以，全国人大常委会是宪法确立的法律解释机关，由全国人大常委会来统一法律解释比较恰当

B. 不可以，在我国“一府一委两院”的体制下，最高人民法院并不具有特殊的较高地位，不能够统一行政、检察、监察系统的法律解释

C. 可以，全国人大常委会虽然是宪法确立的法律解释机关，但它不具体地适用法律，无法承担起统一法律解释的任务

D. 可以，最高人民法院是我国的最高审判机关，行政、检察、监察系统对法律的理解和适用在理论上应当接受最高审判机关的审查

E. 最高人民法院可以统一审判系统的法律解释

F. 其他________

14. 您认为有没有必要赋予省级检察机关以法律解释权？

A. 有必要，省级检察机关可以结合本省实际情况制定解释文件，以使法律法规更好地适用于本区域；省级检察机关事实上已经通过会议纪要等方式统一本区域检察机关的法律适用和解释

B. 没有必要，若赋予省级检察机关以法律解释权容易导致地方保护主义，且导致解释的混乱

C. 其他________

D. 不清楚

15. 您认为是否应当赋予国家监察委员会解释监察事务相关法律的权力?(多选)

A. 应当,“一府两院”都有法律解释权,国家监察委员会作为与它们并列的国家机关,也应当有法律解释权

B. 应当,我国当前法律解释体制贯彻了“谁制定,谁解释”“谁主管,谁解释”的原则,国家监察委员会作为负责全国监察工作的最高监察机关,有权制定监察法规,应当有权对与监察实务相关的法律及自身制定的监察法规进行解释

C. 应当,现实中监察机关对于法律规范条文的适用以及有效执行法律规范需要对相关的法律规范进行细化、解释

D. 不应当,法律没有明确授权

E. 不应当,监察机关自己制定规范、自己解释规范、自己执行规范,容易导致权力滥用

F. 不清楚

16. 公民个人如果认为检察院对法律的解释有错误,是否可以提请全国人大常委会解释?

A. 不可以。案件若未终审,法院可以纠正检察院的错误解释;案件若已经终审,可以提起申诉

B. 可以。全国人大常委会有法律解释权,是最高的法律解释机关,有权监督检察机关对法律的解释和适用

C. 其他________

17. 公民个人发现法律规定存在不明确、有缺漏等问题,是否可以向全国人大常委会提出法律解释要求?(多选)

A. 可以,在人民主权国家,一切权力属于人民,人民有权对立法进行监督,有提出法律解释要求的权力

B. 可以,公民提请解释可以最大限度地发现法律中存在的问题,有利于法律的发展完善

C. 不可以,大量的法律解释要求将使全国人大常委会难以应付

D. 不可以,公民不适用、执行法律,没有提起法律解释要求的必要

E. 其他________

18. 最高人民法院单独发布的法律解释文件与最高人民检察院的解释相冲突,检察机关应如何处置?

A. 以最高人民检察院的解释为准

B. 以最高人民法院的解释为准

C. 自行决定遵守哪种解释

D. 自行作出新的解释

E. 提请最高人民法院决定

F. 提请最高人民检察院决定

G. 提请全国人大常委会统一解释

H. 不清楚

19. 若国务院的行政法规解释与司法解释相冲突,检察机关应如何处置?

A. 以国务院的解释为准

B. 以司法解释为准

C. 对国务院的行政法规解释进行审查以决定是否适用

D. 提请全国人大常委会统一解释

E. 不清楚

20. 您认为检察机关应如何对待国务院的行政法规解释、部门规章解释？

A. 严格遵守

B. 审查后根据实际情况决定是否适用

C. 其他________

D. 不清楚

21. 您认为检察机关应如何对待地方性法规解释、地方政府规章解释？

A. 严格遵守

B. 审查后决定适用或不适用

C. 其他________

D. 不清楚

22. 据您的了解，法律解释文件是否存在下列问题？（多选）

A. 法律解释本身含义不明

B. 法律解释本身不恰当或错误

C. 法律解释相互之间存在冲突

D. 法律解释与法律条文之间存在冲突

E. 未遇到以上情形

23. 如果您发现法律解释相互之间、法律解释与法律条文之间存在矛盾，或者法律解释不恰当，会如何做？

A. 没有遇到过相关情形

B. 不予适用，并动议提请有权主体重新解释

C. 自己决定适用或不适用

D. 其他________

E. 不清楚

24. 您认为最高人民法院、最高人民检察院发布的抽象的规范性司法解释,是否侵犯了立法权?

A. 侵犯了,抽象的规范性司法解释与法律无异,最高人民法院、最高人民检察院作为法律实施机关无权这样做

B. 没有侵犯,最高人民法院、最高人民检察院获得了法律的授权,可以发布抽象的规范性司法解释

C. 不清楚

25. 与您的业务相关的法律解释文件已变更或废止,您是否能够及时知晓?

A. 能够

B. 不能够

26. 结合您的工作需要,您认为法律解释以何种形式呈现比较好?(多选)

A. 可以以抽象规范性文件的方式呈现,比较系统、全面地对法律进行细化

B. 不能以抽象规范性文件的方式呈现,那样与立法无异,不是法律解释

C. 以说理性文件的方式呈现,阐明创制该解释的目的、理由

D. 应当与案件事实相结合,以案例(或判例)的方式呈现

E. 可以以抽象规范性文件和案例(或判例)两种形式呈现

F. 可以以说理性文件和案例(或判例)两种形式呈现

G. 可以以抽象规范性文件、说理性文件、案例(或判例)三种形式呈现

H. 其他________

27. 英美法系国家以判例的方式创制、解释规则。大陆法系国家最高法院的判决也在解释、发展法律规范，并对下级法院具有事实上的约束力。当前我国建立了案例指导制度，您认为指导性案例可否作为法律解释的形式？

A. 可以

B. 不可以

C. 不清楚

28. 您认为法律解释以何种格式编纂比较好？（多选）

A. 按照年字号顺序编纂，先将某机关发布的法律解释文件单独编在一起，再将所有机关的法律解释文件全部编在一起

B. 按照内容分门别类编纂，比如将现行有效的所有有关《刑事诉讼法》的解释编在一起，再根据内容分为若干小类，每一小类中的文件按时间顺序编排

C. 将法律和解释编为一体，法律解释附录于相关的法律条文之后

D. 建成可检索的法律解释文件数据库

E. 其他________

参 考 文 献

一、著作

1.（西周）《周礼》（全 2 册），徐正英、常佩雨译注，中华书局 2014 年版。

2.（战国）商鞅：《商君书》，石磊译注，中华书局 2011 年版。

3.（汉）司马迁：《史记》，中华书局 2009 年版。

4.（汉）班固：《汉书》，中华书局 1962 年版。

5.（唐）房玄龄等：《晋书》，中华书局 1974 年版。

6.（后晋）刘昫等：《旧唐书》，中华书局 1975 年版。

7.（清）张廷玉等：《明史》，中华书局 1974 年版。

8.《第五届全国人民代表大会常务委员会关于加强法律解释工作的决议　关于处理逃跑或者重新犯罪的劳改犯和劳教人员的决定　关于死刑案件核准问题的决定　关于刑事案件办案期限问题的决定》，法律出版社 1982 年版。

9. 白鹏飞：《法学通论》（四版），上海民智书局 1931 年版。

10. 陈金钊：《法律解释的哲理》，山东人民出版社 1999 年版。

11. 陈兴良主编：《中国案例指导制度研究》，北京大学出版社 2014 年版。

12. 蔡定剑:《中国人民代表大会制度》,法律出版社 2003 年版。

13. 董皞:《司法解释论》,中国政法大学出版社 1999 年版。

14. 董皞主编:《中国判例解释构建之路》,中国政法大学出版社 2009 年版。

15. 葛遵礼:《新编法学通论》,上海会文堂书局 1922 年版。

16. 韩大元、张翔:《宪法解释程序研究》,中国人民大学出版社 2016 年版。

17. 何勤华:《中国法学史》(第 1 卷),法律出版社 2006 年版。

18. 何勤华主编:《英国法律发达史》,法律出版社 1999 年版。

19. 何任清:《法学通论》(三版),商务印书馆 1946 年版。

20. 洪浩:《法律解释的中国范式——造法性司法解释研究》,北京大学出版社 2017 年版。

21. 侯猛:《司法的运作过程:基于对最高人民法院的观察》,中国法制出版社 2021 年版。

22. 胡庆育:《法学通论》,上海太平洋书店 1933 年版。

23. 黄学贤、杨红:《行政法学热点问题探讨》,当代世界出版社 2019 年版。

24. 黄源盛:《中国法史导论》,广西师范大学出版社 2014 年版。

25. 江勇、马良骥、夏祖银:《案例指导制度的理论与实践探索》,中国法制出版社 2013 年版。

26. 焦洪昌:《宪法学》,北京大学出版社2010年版。

27. 孔庆泰等:《国民党政府政治制度史》,安徽教育出版社1998年版。

28. 李步云、汪永清主编:《中国立法的基本理论和制度》,中国法制出版社1998年版。

29. 李培峰:《英美法要论》,上海人民出版社2013年版。

30. 李相森:《民国法律解释制度研究》,北京大学出版社2020年版。

31. 梁慧星:《民法解释学》,中国政法大学出版社1995年版。

32. 刘平:《法律解释:良法善治的新机制》,上海人民出版社2015年版。

33. 刘政、程湘清:《民主的实践:全国人民代表大会及其常委会的组织和运作》,人民出版社1999年版。

34. 楼桐孙:《法学通论》(十四版),正中书局1943年版。

35. 陆丰:《苏联司法制度》,大东书局1945年版。

36. 马怀德主编:《中华人民共和国监察法理解与适用》,中国法制出版社2018年版。

37. 毛家骐:《法学通论》,中央陆军军官学校政治训练处1931年版。

38. 欧阳谿:《法学通论》,会文堂新记书局1946年版。

39. 潘大道、李庭恺:《法学通论》,右文社1914年版。

40. 钱端升等:《民国政制史》,上海人民出版社2008年版。

41. 乔晓阳主编:《〈中华人民共和国立法法〉导读与释义》,中国民主法制出版社2015年版。

42. 秦前红主编:《监察法学教程》,法律出版社 2019 年版。

43. 丘汉平:《法学通论》(六版),商务印书馆 1937 年版。

44. 全国人大内务司法委员会办公室编:《全国人民代表大会专门委员会工作手册》,中国民主法制出版社 1992 年版。

45. 商务印书馆编译所:《日本六法全书》,陈承泽校订,黄琴唐点校,世纪出版集团 2013 年版。

46. 沈宝昌:《法院编制法释义》,嘤鸣社 1911 年版。

47. 沈家本:《历代刑法考 · 附寄簃文存》,中华书局 1985 年版。

48. 沈宗灵主编:《法理学》,北京大学出版社 2000 年版。

49. 舒国滢主编:《法理学导论》,北京大学出版社 2019 年版。

50. 孙广宁等:《指导性案例如何参照:历史经验与现实应用》,知识产权出版社 2020 年版。

51. 睡虎地秦墓竹简整理小组编:《睡虎地秦墓竹简》,文物出版社 1978 年版。

52. 台湾大学法律学院、台大法学基金会编译:《德国民法典》,北京大学出版社 2017 年版。

53. 汪荣宝、叶澜:《新尔雅》,文明书局光绪二十九年(1903 年)发行,光绪三十二年(1906 年)三版。

54. 王利明:《法律解释学》,中国人民大学出版社 2016 年版。

55. 魏胜强:《法律解释权的配置研究》,北京大学出版社 2013 年版。

56. 魏胜强:《法律解释权研究》,法律出版社 2009 年版。

57. 吴清友:《苏联法制》,商务印书馆 1938 年版。

58. 熊彦、俞成铣编辑:《裁判所构成法》(再版),长沙府正街集成书社 1913 年版。

59. 徐爱国、王振东主编:《西方法律思想史》,北京大学出版社 2003 年版。

60. 徐世虹主编:《中国法制通史 · 第二卷 · 战国秦汉》,法律出版社 1999 年版。

61. 杨广誉:《法学大纲》,北京撷华印书局 1924 年版。

62. 雍琦、金承光、姚茂荣:《法律适用中的逻辑》,中国政法大学出版社 2002 年版。

63. 张伯元:《出土法律文献研究》,商务印书馆 2005 年版。

64. 张春生主编:《中华人民共和国立法法释义》,法律出版社 2000 年版。

65. 张光博主编:《简明法学大词典》,吉林人民出版社 1991 年版。

66. 张晋藩:《中华法制文明的演进》,法律出版社 2010 年版。

67. 张立刚:《法律解释体制重构研究》,光明日报出版社 2014 年版。

68. 张卫平等:《司法改革:分析与展开》,法律出版社 2003 年版。

69. 张文显主编:《法理学》(第三版),高等教育出版社 2007 年版。

70. 张文显:《法哲学范畴研究》,中国政法大学出版社 2001 年版。

71. 张映南:《法学通论》,大东书局 1933 年版。

72. 张志铭:《法律解释操作分析》,中国政法大学出版社 1999 年版。

73. 张志铭:《法律解释学》,中国人民大学出版社 2015 年版。

74. 郑淑娜主编:《〈中华人民共和国立法法〉释义》,中国民主法制出版社 2015 年版。

75. 郑小悠:《人命关天:清代刑部的政务与官员(1644—1906)》,上海人民出版社 2022 年版。

76. 中国政法大学法律古籍整理研究所编著:《历代刑法志注译》,中国政法大学出版社 1994 年版。

77. 周枏:《罗马法原论》,商务印书馆 1994 年版。

78. 周旺生主编:《立法学教程》,法律出版社 1995 年版。

79. 朱采真:《法学通论》,上海世界书局 1929 年版。

80. 吴大英、沈宗灵:《中国社会主义法律基本理论》,法律出版社 1987 年版。

81. 孙本文:《社会学原理》,商务印书馆 1935 年版。

82. 庞树奇、范明林主编:《普通社会学理论》,上海大学出版社 2011 年版。

83. 彭和平:《制度学概论》,国家行政学院出版社 2015 年版。

84. 徐凤:《法律解释权模式研究》,法律出版社 2020 年版。

85. 王志林:《中国传统法律解释的技术、意蕴与近代转型》,中国书籍出版社 2018 年版。

86. 谷春德主编:《西方法律思想史》,中国人民大学出版社

2006年版。

87. 郭华成:《法律解释的比较研究》,中国人民大学出版社1993年版。

88. 何勤华编:《律学考》,商务印书馆2004年版。

89. 张晋藩:《清律研究》,法律出版社1992年版。

90. 法学教材编辑部《法学基础理论》编写组:《法学基础理论》,法律出版社1982年版。

91.《简明法律辞典》编写组:《简明法律辞典》,湖北人民出版社1982年版。

92. 中国大百科全书编辑委员会《法学》编辑委员会、中国大百科全书出版社编辑部编:《中国大百科全书·法学》,中国大百科全书出版社1984年版。

93. 杨仁寿:《法学方法论》,中国政法大学出版社1999年版。

94. 北京大学法律系法学理论教研室编:《法学基础理论》(新编本),北京大学出版社1984年版。

95. 沈宗灵主编:《法理学》,高等教育出版社1994年版。

96. 中国人民大学法律系国家和法权理论教研室集体编写:《国家和法权理论讲义》,中国人民大学出版社1957年版。

二、中文译著

1. [古希腊]亚里士多德:《政治学》,吴寿彭译,商务印书馆1965年版。

2. [德]卡尔·拉伦茨:《法学方法论》,陈爱娥译,商务印书馆2003年版。

3. [美]理查德·A. 波斯纳:《法理学问题》,苏力译,中国政法大学出版社 2002 年版。

4. [德]K. 茨威格特、H. 克茨:《比较法总论》,潘汉典等译,法律出版社 2003 年版。

5. [美]约翰·亨利·梅利曼:《大陆法系》,顾培东、禄正平译,法律出版社 2004 年版。

6. [苏]П. И. 库德利雅夫采夫主编:《苏联法律辞典第三分册(国家和法的理论部分)》,中国人民大学国家与法的理论教研室等译,法律出版社 1957 年版。

7. 苏联科学院法权研究院编著:《马克思列宁主义关于国家与法权理论教程》,中国人民大学马列主义关于国家与法权理论教研室译,华东政法学院教务处 1953 年翻印版。

8. [苏]杰尼索夫:《国家与法律的理论》,方德厚译,中华书局 1951 年版。

9. [德]伯恩·魏德士:《法理学》,丁小春、吴越译,法律出版社 2003 年版。

10. [美]麦克斯·J. 斯基德摩、马歇尔·卡特·特里普:《美国政府简介》,张帆、林琳译,中国经济出版社 1998 年版。

11. [美]罗斯科·庞德:《法理学》(第四卷),王保民、王玉译,法律出版社 2007 年版。

12. [意]朱塞佩·格罗索:《罗马法史》,黄风译,中国政法大学出版社 1996 年版。

13. [英]巴里·尼古拉斯:《罗马法概论》,黄风译,法律出版社 2004 年版。

14. [日]菱谷精吾:《裁判所构成法》,熊彦、俞成铣译,长沙政法学社 1913 年版。

15. [美]汉密尔顿、杰伊、麦迪逊:《联邦党人文集》,程逢如、在汉、舒逊译,商务印书馆 1995 年版。

16. [日]奥田义人:《法学通论》,卢弼、黄炳言译,政治经济社 1910 年版。

17. [奥]凯尔森:《法与国家的一般理论》,沈宗灵译,中国大百科全书出版社 1996 年版。

18. [德]马克斯·韦伯:《论经济与社会中的法律》,张乃根译,中国大百科全书出版社 1998 年版。

19. [美]琳达·格林豪斯:《美国最高法院通识读本》,何帆译,译林出版社 2013 年版。

20. [德]何意志:《法治的东方经验——中国法律文化导论》,李中华译,北京大学出版社 2010 年版。

21. [法]孟德斯鸠:《论法的精神》,许明龙译,商务印书馆 2011 年版。

22. [美]E. 博登海默:《法理学:法律哲学与法律方法》,邓正来译,中国政法大学出版社 2017 年版。

23. [美]富勒:《法律的道德性》,郑戈译,商务印书馆 2005 年版。

24. [意]彼得罗·彭梵得:《罗马法教科书》,黄风译,中国政法大学出版社 1992 年版。

25. [苏]玛·巴·卡列娃、斯·费·凯契克扬、亚·谢·费道谢也夫、加·伊·费其金:《国家和法的理论》,李嘉思等译,中国人民大学出版社 1956 年版。

26. [苏]彼·斯·罗马什金、米·斯·斯特罗果维奇、弗·

阿·图曼诺夫主编:《国家和法的理论》,中国科学院法学研究所译,法律出版社1963年版。

27. [英]威廉·布莱克斯通:《英国法释义》(第1卷),游云庭、缪苗译,上海人民出版社2006年版。

28. [日]川岛武宜:《现代化与法》,申政武、王志安、渠涛、李旺译,中国政法大学出版社1994年版。

三、文献汇编

1.《刑事法规汇编》编辑组编:《刑事法规汇编》,黑龙江人民出版社1990年版。

2. 蔡鸿源:《民国法规集成》(影印本),黄山书社1999年版。

3. 大理院书记厅编辑:《大理院解释法律文件》(第一辑),1913年刊行。

4. 郭卫编:《大理院解释例全文》,上海会文堂书局1931年版。

5. 郭卫编:《司法院解释例全文》,上海法学编译社1946年版。

6. 全国人大常委会办公厅秘书局、全国人大常委会办公厅联络局审定:《人大代表常用法律选读》,中国民主法制出版社2007年版。

7. 全国人大常委会法制工作委员会编:《法律询问答复(2000—2005)》,中国民主法制出版社2006年版。

8. 全国人大常委会法制工作委员会办公室编:《法律询问答复选编》,中国民主法制出版社2017年版。

9. 全国人大常委会法制工作委员会编:《法律询问答复汇

编》(第1辑),中国民主法制出版社2001年版。

10. 全国人大常委会法制工作委员会编:《法律询问答复汇编》(第2辑),中国民主法制出版社2002年版。

11. 全国人大常委会法制工作委员会编:《法律询问答复汇编》(第3辑),中国民主法制出版社2003年版。

12. 全国人大常委会法制工作委员会审定:《最高人民检察院司法解释》,中国民主法制出版社2014年版。

13. 辛亥革命武昌起义纪念馆、政协湖北省委员会文史资料研究委员会合编:《湖北军政府文献资料汇编》,武汉大学出版社1986年版。

14. 最高人民法院民法典贯彻实施工作领导小组、最高人民法院研究室编:《最高人民法院实施民法典清理(立改废)司法解释文件汇编》,人民法院出版社2021年版。

15. 最高人民法院行政审判庭编:《行政诉讼司法解释汇编》,金城出版社2001年版。

16. 最高人民法院研究室编:《最高人民法院最新刑事法律司法解释汇编》,警官教育出版社1999年版。

17. 最高人民法院执行局:《最高人民法院执行司法解释条文适用编注》,人民法院出版社2019年版。

18. 最高人民检察院研究室编:《中华人民共和国最高人民检察院司法解释全集》,法律出版社2005年版。

19. 张希坡编著:《革命根据地法律文献选辑》(第二辑),中国人民大学出版社2017年版。

20. 张希坡编著:《革命根据地法律文献选辑》(第三辑),中国人民大学出版社2017年版。

21. 韩延龙、常兆儒编:《中国新民主主义革命时期根据地法制文献选编》,中国社会科学出版社 1981 年版。

22.《红色档案——延安时期文献档案汇编》编委会编纂:《陕甘宁边区参议会史料汇编》(上卷),陕西人民出版社 2013 年版。

23. 中国法制出版社编:《最高人民法院 最高人民检察院指导性案例全书》,中国法制出版社 2021 年版。

四、论文类

1. 孙国华、郭华成:《法律解释新论》,载《政治与法律》1988 年第 5 期。

2. 苏力:《解释的难题:对几种法律文本解释方法的追问》,载《中国社会科学》1997 年第 4 期。

3. 曹士兵:《最高人民法院裁判、司法解释的法律地位》,载《中国法学》2006 年第 3 期。

4. 陈金钊:《何谓法律解释——对〈立法法〉中设置"法律解释"一节的认识》,载《法学论坛》2001 年第 1 期。

5. 陈景辉:《法律解释的效力:一个难题的追问》,载《浙江社会科学》2004 年第 5 期。

6. 陈甦:《司法解释的建构理念分析——以商事司法解释为例》,载《法学研究》2012 年第 2 期。

7. 陈兴良:《从"法官之上的法官"到"法官之前的法官"》,载《中外法学》2000 年第 6 期。

8. 丁广宇:《欧洲各国最高法院保证法律统一解释的作用与机制》,载《法律适用》2007 年第 3 期。

9. 丁戊:《法律解释体系问题研究》,载《法学》2004 年第 2 期。

10. 范进学:《全国人大宪法和法律委员会的功能与使命》,载《华东政法大学学报》2018 年第 4 期。

11. 贺日开:《司法解释权能的复位与宪法的实施》,载《中国法学》2004 年第 3 期。

12. 蒋惠岭:《论司法解释的程序》,载《行政法学研究》1995 年第 2 期。

13. 蒋集跃、杨永华:《司法解释的缺陷及其补救——兼谈中国式判例制度的建构》,载《法学》2003 年第 10 期。

14. 老遇春:《依据我国现行法研究法令解释与判例之效力》,载《法学丛刊》1936 年第 4 期。

15. 李相森:《当前案例指导制度存在的若干问题及其完善——以民国判例制度为参照》,载《东方法学》2016 年第 1 期。

16. 李相森:《清末法律解释制度:中国法律解释制度近代化的初步尝试》,载《学术探索》2016 年第 12 期。

17. 李相森:《异化与回归:近代中国判例发展演变的轨迹》,载《苏州大学学报(法学版)》2016 年第 1 期。

18. 李相森:《论近代以来中国司法解释概念的变迁》,载《江苏社会科学》2019 年第 2 期。

19. 李相森:《论民国统一解释法令制度及其历史启示》,载《南京大学法律评论》2017 年第 1 期。

20. 利子平:《禁止刑法司法解释溯及既往原则之提倡》,载《南昌大学学报(人文社会科学版)》2013 年第 5 期。

21. 梁慧星:《关于法律统一解释问题及设立统一解释法律

委员会的建议》,载《法学》1999 年第 3 期。

22. 林彦:《法律询问答复制度的去留》,载《华东政法大学学报》2015 年第 1 期。

23. 刘风景:《司法解释权限的界定与行使》,载《中国法学》2016 年第 3 期。

24. 刘宪权:《我国刑事司法解释时间效力的再思考》,载《法学》2002 年第 2 期。

25. 马冬梅、邢荣允:《论我国司法解释的主体》,载《河北大学学报(哲学社会科学版)》2004 年第 1 期。

26. 马岭:《我国宪法解释的程序设计》,载《法学评论》2015 年第 4 期。

27. 聂辛东:《论监察解释权的法治化原理及其方案》,载《南大法学》2020 年第 4 期。

28. 聂友伦:《司法解释场域的"央地矛盾"及其纾解——以"地方释法"为中心的分析》,载《法律科学(西北政法大学学报)》2021 年第 1 期。

29. 彭霞:《走向司法审查:行政解释的困境与出路》,载《政治与法律》2018 年第 10 期。

30. 曲新久:《论刑法解释与解释文本的同步效力——兼论刑法适用的逻辑路径》,载《政法论坛(中国政法大学学报)》2006 年第 2 期。

31. 苏永钦:《谁统一谁和谁的什么?——从第 668 号解释看大法官统一解释制度的日薄崦嵫》,载《法令月刊》2010 年第 2 期。

32. 田芳:《法律解释如何统一——关于司法解释权的法律

统一解释功能的思考》,载《法律科学(西北政法学院学报)》2007年第6期。

33. 田芳:《论全国人大常务委员会法律统一解释体制构建》,载《西南政法大学学报》2013年第3期。

34. 汪全胜:《司法解释正当性的困境及出路》,载《国家检察官学院学报》2009年第3期。

35. 王成:《最高法院司法解释效力研究》,载《中外法学》2016年第1期。

36. 王宠惠:《改良司法意见》,载《东方杂志》1920年第17卷第20号。

37. 王艳彬、汪治平:《为"入世"所做的重要司法准备工作:最高人民法院第四批、第五批司法解释清理及其相关问题》,载《法律适用(国家法官学院学报)》2000年第6期。

38. 魏胜强:《谁来解释法律——关于我国法律解释权配置的思考》,载《法律科学(西北政法学院学报)》2006年第3期。

39. 魏胜强:《司法解释的错位与回归——以法律解释权的配置为切入点》,载《法律科学(西北政法大学学报)》2010年第3期。

40. 魏胜强:《我国需要制定统一的法律解释法》,载《法学》2007年第1期。

41. 魏治勋:《法律解释体制与法官的法律解释权》,载《东方法学》2013年第3期。

42. 夏正林、李新天:《高级人民法院发布抽象规范性文件问题研究》,载《政治与法律》2019年第11期。

43. 杨建军:《现行法律解释机制的完善》,载《政法论丛》

2016 年第 2 期。

44. 杨登峰:《民事、行政司法解释的溯及力》,载《法学研究》2007 年第 2 期。

45. 杨与龄:《声请解释宪法及统一解释法令之程序》,载《法令月刊》1993 年第 5 期。

46. 于立深、孙超然:《法院如何对待行政解释——美国经验的借鉴意义》,载《湖南大学学报(社会科学版)》2020 年第 3 期。

47. 严海良:《论我国司法解释的备案审查及其制度完善——以人权保障为视角的分析》,载《法治现代化研究》2022 年第 2 期。

48. 袁明圣:《司法解释"立法化"现象探微》,载《法商研究》2003 年第 2 期。

49. 张嘉尹:《司法院大法官释宪制度的历史发展与宪法基础》,载廖福特主编:《宪法解释之理论与实务》(第八辑)(上册),台北,"中央研究院"法律学研究所 2014 年版。

50. 张洁:《法律解释体系的重新构建——论我国的法律解释体系及其完善途径》,载《复旦学报(社会科学版)》2001 年第 6 期。

51. 张玖利:《论我国司法解释权的归属》,载《山东社会科学》2002 年第 1 期。

52. 张军:《试论刑事司法解释的时间效力》,载《中国法学》1992 年第 2 期。

53. 章志远、黄娟:《我国行政法规范解释司法审查的反思与重构》,载《苏州大学学报(哲学社会科学版)》2012 年第 4 期。

54. 周旺生:《中国现行法律解释制度研究》,载《现代法学》

2003 年第 2 期。

55. 周永坤:《我国现行法律解释与法治观念的冲突》,载《现代法学》2006 年第 4 期。

56. 朱福惠、刘心宇:《论行政解释形式的制度逻辑与实践图景》,载《四川师范大学学报(社会科学版)》2018 年第 6 期。

57. 苗炎:《司法解释制度之法理反思与结构优化》,载《法制与社会发展》2019 年第 2 期。

58. 苗炎:《论司法解释的性质和效力位阶》,载《中外法学》2023 年第 2 期。

59. 龙宗智:《立法原意何处寻:评 2021 年最高人民法院适用刑事诉讼法司法解释》,载《中国法学》2021 年第 4 期。

60. 柏孟仁:《合法与谦抑:司法解释权规范运作之基本遵循》,载《学习与实践》2018 年第 3 期。

61. 张晋藩:《清代律学及其转型(上)》,载《中国法学》1995 年第 3 期。

62. 季长龙:《规范性司法解释的法源地位研究》,中国人民大学 2008 年博士学位论文。

63. 刘晓宏:《最高人民法院司法解释权力、程序、文件研究》,吉林大学 2012 年博士学位论文。

64. 任婕:《最高人民检察院司法解释效力研究》,中共中央党校 2019 年博士学位论文。

65. 田一博:《我国法律解释权配置的优化》,华东政法大学 2020 年博士学位论文。

66. 孙超然:《中美行政解释模式之比较研究》,吉林大学 2020 年博士学位论文。

67. 蔡金林:《台湾地区法院“统一法律见解制度”改革研究》,厦门大学2018年硕士学位论文。

五、外文文献

1. Wiatrowski, *Piotr Supreme Court Resolutions and Their Role in Ensuring the Uniformity of the Application of Law in Court Decisions*, Cracow Review of Economics and Management, No. 887(2012).

2. Benjamin Pissler & Von Knut, *The Role of the Supreme People's Court in Law-Making by Means of Judicial Interpretations in the People's Republic of China*, Rabels Zeitschrift fuer auslaendisches und internationales Privatrecht, No. 2(2016).

3. Lo Vai Io, *Towards the Rule of Law: Judicial Lawmaking in China*, Bond Law Review, Vol. 28:2, p. 149 – 168 (2016).

4. Jeong Yi-Keun, *The Judicial Interpretation System of the Supreme People's Court of China*, Public Law Journal, Vol. 11:3, p. 129 – 152 (2010).

5. Ronald C. Keith & Zhiqiu Lin, *Judicial Interpretation of China's Supreme People's Court as "Secondary Law" with Special Reference to Criminal Law*, China Information, Vol. 23:2, p. 223 – 255(2009).

6. Jin Zhu, *Review on the Judicial Interpretation System of China-Focus on Judicial Interpretation of the Chinese Supreme Court*, The Jounal of Comparative Private Law, p. 373 – 397 (2008).

后　记

这本书是课题研究的产物，是国家社会科学基金青年项目“我国统一法律解释制度构建研究”（项目号：18CFX005）的最终成果。

2016 年 7 月，我博士毕业，入职南京审计大学法学院，成为一名“青椒”，考核、职称晋升的压力扑面而来，论文、课题都是硬性指标。领导督促，同事谈论，自我施压，很“自然”地加入了申请课题的大军。

最初，只要有课题申报公告，就积极申请。2016 年下半年我先后申报了江苏省社会科学基金项目、司法部国家法治与法学理论研究项目、中国法学会部级法学研究课题，结果获批了一项中国法学会的自选课题。虽然没有经费资助，但却给了我很大的鼓励和信心。2016 年年底、2017 年年初，我又摸索着申报国家社科基金。结果，铩羽而归，有点儿泄气。2017 年年底的寒冬，传来了司法部课题命中的消息，让消沉了很久的自己重新振作了起来。

2018 年年初，我再次申报国家社科基金课题。课题指南中有一个选题是“法律解释制度研究”。恰巧，我在攻读硕士学位、博士学位期间关注的是民国法律解释制度，博士学位论文《民国法律解释制度研究》(已于2019年由北京大学出版社出版)的最后一章，讨论了民国时期的统一解释法令制度对完善我国当前法律解释制度的启示。于是，抱着试试看的态度，我以“我国统一法律解释制度构建研究”为题申报。

整个寒假都在写稿、改稿中度过。每一句话，每一个字，甚至每一个标点，都看了又看，审了又审。最后去打印店打印定稿，走在街上，一时无法适应这车水马龙的热闹，大脑一片空白。站在街边，深吸一口气，湿湿的，暖暖的。抬眼看，绿色爬上了柳梢。小雨淅淅沥沥地飘起来，才发觉江南的春天已经到来。

申请书交上去后，是漫长的等待。已然没有了第一次申报时的兴奋和忐忑。出乎意料的是，项目被批准了。

拿到课题，确实高兴了那么几天。然而，申请课题难，做课题更难。首先是有拖延心态，总觉得离截止日期还早，手头上又有不少事要做，一拖再拖。再一个便是，申请课题时天马行空，夸下海口，但真正行诸文字，便陷入了旷日持久的搜肠刮肚、苦思冥想。此外，情随事迁，向之所欣，今觉索然，再有趣的研究题目变成了工作任务，都令人倍感无趣。但既然开始了，就要做下去。

下载几篇文章，买几本书，翻翻看看，做几条笔记。打开电脑，敲几个字，又合上。写写停停，时间倏忽而过，眼看承诺的结项日期日益临近，又赶紧拾起来。制订了研究计划，每天写500字，坚持写一年。实际上，并不能保证每天都能完成任务。有时候写了几百字，结果第二天反而删了千把字。当然，有时候想通了，一口气写个一两千字也不在话下。就这样从新年的钟声，写到草长莺飞，再到炎炎夏日，熬过“阳”了的痛不欲生，才有了些许眉目。后面修修补补，又费了半年时间，才终于提交结项。

在申请课题、做课题的七年之间，自己从一名“青椒”成为两鬓花白的“老教师”。每项课题都力求尽心去做，但最后的成果很难说令人满意。在为课题奔命的日子，时常自问，这是自己想要的学术研究吗？一度想着，在完成手头的课题后，再也不要申请了。但事实上，这是不可能的。不过，在经历了这场申请课题、做课题的磨砺和修行之后，会更清楚自己想做什么、能做什么。

当然，课题的申报、完成以及成果的出版是很多人共同努力的结果，在此一并表示感谢。感谢在我课题申请之路上提供支持和帮助的各位师友，是你们的鼓励让我有了屡败屡战的勇气。感谢诸位课题组成员，是大家的共同努力，使本研究得以顺利推进。感谢为课题调研提供帮助的各位法律实务工作者，是你们反馈的各项数据和信息让本研究有了立基的土壤。感谢项目评审专家提出的宝贵修改意见。感谢南京审计大学法学院对本书出版的支持。特别要感谢的是我的家人，感谢你们的宽容，让我将更多的时间和精力投入到工作中。

感谢本书责任编辑邢艳萍女士的精心校对、编辑，使本书得以美观、规范地问世。

囿于学识水平和能力，本书一定存在不少问题，敬请大家批评指正，一切文责由作者自负。

2023 年 9 月 6 日于南京